Tra Morte e Vita

di
Dolores Cannon

Traduzione a cura di: Gabriele Orlandi

© 1993 by Dolores Cannon
Prima traduzione italiana - 2021

Tutti diritti riservati. Nessuna parte di questo libro, per intiero o sezione puo' essere riprodotta, trasmessa o utilizzata in qualsiasi forma o qualsiasi mezzo, elettronico, fotografico o meccanico che sia, incluse la fotocopiatura, registrazione o altro metodo di registrazione informatica o recupero dati; senza il permesso scritto di Ozark Mountain Publishing, Inc.; ad eccezione di brevi quotazioni inserite in articoli e riviste letterarie.

Per permessi, serializazioni, condensazioni, adattamenti, o per il catalogo delle nostro publicazioni, scrivere a Ozark Mountain Publishing, Inc., P.O. box 754, Huntsville, AR 72740, ATTN: Permissions Department.

Library of Congress Cataloging-in-Publication Data
Cannon, Dolores, 1931-2014

Tra Morte e Vita , Conversazioni con uno Spirito; titoli precedenti: Conversazioni con uno spirito: tra morte e vita di Dolores Cannon
   Quello che avviene tra la morte e la vita, come rivelato da numerosi soggetti attraverso la regressione ipnotica della vita passata.

1. Ipnosi 2. Reincarnazione 3. Terapia vite passate 4. Metafisica
5. La vita dopo la morte
I. Cannon, Dolores, 1931-2014 II. Reincarnazione III. Metafisica IV. Title

Library of Congress Catalog Card Number: 2021945157
ISBN: 978-1-950608-53-9

Traduzione a cura di : Gabriele Orlandi
Cover Design: Victoria Cooper Art
Book set in: Times New Roman
Book Design: Nancy Vernon
Published by:

PO Box 754
Huntsville, AR 72740
WWW.OZARKMT.COM
Stampato negli Stati Uniti D' America

Questo libro è stato originariamente scritto nei primi anni '90 e ha resistito alle prove del tempo. A quel tempo l'argomento della vita dopo la morte non era apertamente discusso, a causa della paura ad esso associata. Ora le persone sono più aperte a parlarne e ad esplorare il regno invisibile. Nel 2013 ho deciso di aggiornare questo libro a causa delle domande che mi sono state poste nel corso degli anni e delle informazioni aggiuntive che sono emerse. Niente di quello che ho scritto da quando ho scoperto questo argomento nel 1968 per la prima volta, è mai stato contraddetto. Nei miei 45 anni di lavoro in questo campo sono state aggiunte solo nuove informazioni mentre continuo il mio lavoro di reporter alla ricerca della conoscenza perduta.

Dolores Cannon

Morte, non essere orgogliosa, anche se qualcuno ti chiama
Potente e Spaventosa, perche in realta' non lo sei;
Per coloro che pensi di poter assalire
Non Morire, povera Morte; ancora non puoi uccidermi.

John Donne
[1573-1631]
Sonnetto: Morte

Sommario

Capitolo 1: L'esperienza Della Morte — 1
Capitolo 2: Coloro Che Danno Il Benvenuto — 21
Capitolo 3: Una Esperienza di Pre-Morte — 29
Capitolo 4: Le Scuole — 38
Capitolo 5: Il Gran Tour — 66
Capitolo 6: Diversi Livelli di Esistenza — 92
Capitolo 7: Le cosiddette vite "cattive" — 114
Capitolo 8: Le Guide — 136
Capitolo 9: Dio e Gesù — 147
Capitolo 10: Satana, Possessioni e Demoni — 157
Capitolo 11: Fantasmi e Poltergeist — 173
Capitolo 12: Pianificazione e Preparazione — 184
Capitolo 13: Il Consiglio Generale — 195
Capitolo 14: Imprinting (Impronte) — 209
Capitolo 15: Walk-ins — 220
Capitolo 16: Il Viaggio di Ritorno — 236
Nota sull'Autore — 251

CAPITOLO 1

L'esperienza Della Morte

SONO STATA ACCUSTA di parlare e comunicare con gli spiriti dei morti, un vero e proprio "no-no" nei circoli religiosi. Non ci avevo mai pensato in questo modo, ma suppongo che sia vero. Con l'eccezione che i morti con cui parlo non sono più morti, ma vivono di nuovo oggi e conducono la loro vita quotidiana. Perché, come vedete, sono una regressionista. Questo è un termine comune per indicare un ipnotista specializzato in regressioni alle vite passate e ricerche storiche.

Molte persone hanno ancora difficoltà ad accettare l'idea che io sia in grado di tornare indietro nel tempo e parlare con le persone mentre rivivono altre vite lungo la storia. Mi sono presto abituato a questo e l'ho trovato affascinante. Ho scritto libri che descrivono alcune delle mie avventure in questo incredibile campo.

Con la maggior parte degli ipnotisti, il lavoro sulla vita passata è strettamente off limits. Non capisco perché, amenoché non abbiano paura di ciò che potrebbero trovare e preferiscano attenersi a situazioni conosciute e familiari che sono sicuri di poter gestire. Uno di questi terapeuti mi confidò, come se avesse fatto una vera scoperta: "Ho provato alcune regressioni. Una volta ho portato qualcuno indietro a quando era un bambino".

Era così serio che mi fu quasi impossibile sopprimere una risata mentre rispondevo: "Oh? È da lì che io comincio".

Anche tra gli altri regressionisti che lavorano regolarmente con i ricordi della vita passata come terapia, ho trovato molti che hanno le loro paure nel riportare un soggetto ipnotizzato attraverso l'esperienza della morte o anche solo avventurarsi nei periodi tra le vite, quando una persona è presumibilmente "morta". Hanno paura che qualcosa di fisico possa effettivamente accadere al corpo vivo del soggetto in trance. Che in qualche modo possano esser danneggiati nel rivivere questi ricordi, specialmente se sono traumatici. Dopo aver fatto questa esperienza con centinaia di soggetti, so che non ci sono problemi fisici perfino se la personalità regredita è morta in un modo orribile. Ovviamente, prendo sempre precauzioni speciali per assicurarmi che non ci siano effetti fisici. Il benessere dei miei soggetti è sempre la mia preoccupazione più immediata. Sento che la mia tecnica salvaguarda completamente il soggetto. Altrimenti non tenterei questo tipo di ricerca.

Per me il piano intermedio della vita, il cosiddetto stato della "morte" è la sfera d'esistenza più eccitante che abbia incontrato, perché credo che ci siano molte informazioni da ottenere lì che possono essere di grande beneficio per l'umanità. Credo che le persone possano arrivare a capire che la morte non è nulla da temere. Quando affrontano quel momento della loro vita, possono vedere che non è un'esperienza nuova ma una che conoscono bene. Loro stessi l'hanno già fatta molte volte. Non andranno nel grande terrificante ignoto, ma in un luogo familiare che hanno già visitato molte, molte volte. Un luogo che molti chiamano "casa". Spero che le persone possano imparare a vedere la nascita e la morte come cicli evolutivi che ogni persona attraversa molte volte e sono quindi una parte naturale della crescita della loro anima. Dopo la morte c'è vita ed esistenza negli altri piani che è tanto reale quanto il mondo fisico che vedono intorno a loro. Potrebbe essere anche più reale.

Una volta, parlando con una donna che si considerava "illuminata", stavo cercando di spiegare alcune delle cose che ho scoperto. Le dissi che avevo fatto delle ricerche su cosa significhi morire e dove si arriva dopo. Lei chiese eccitata: "Dove si va... Paradiso, Inferno o Purgatorio?"

Rimasi delusa. Se quelle erano le uniche scelte che la sua mente era in grado di accettare, era ovvio che la donna non era così illuminata come pensava d'essere.

Esasperata, risposi: "Nessuna delle tre!"

Lei rimase scioccata. "Vorresti dire che si rimane nel fango?"

COSI HO REALIZZATO che per scrivere questo libro, devo ripercorrere i miei passi fino a dove mi trovavo quando la porta si è aperta per la prima volta e cercare di ricordare le mie convinzioni e i miei pensieri come erano prima che la luce entrasse. Non è un compito facile, ma è necessario visto che voglio comprendere e relazionarmi con coloro che stanno ancora cercando quella porta e quella luce. Perché devo parlare loro in termini comprensibili e cercare di condurli dolcemente lungo il sentiero della consapevolezza. Allora potranno vivere la loro vita al massimo senza paura di ciò che porterà il domani.

A molte persone la parola "morte" sembra così proibita, così definitiva, così priva di speranza. Un vuoto nero di mistero e confusione perché rappresenta un taglio dal mondo fisico, che è l'unico posto che con certezza sanno esista. Come molte cose nella vita, la morte è sconosciuta, avvolta nel mistero, nel folklore, nella superstizione e quindi va temuta. Eppure è qualcosa che sappiamo che tutti devono prima o poi sperimentare. Non importa quanto desideriamo spingerla in in un angolo della nostra mente e non pensarci, sappiamo che il corpo è solo mortale e un giorno scadrà. Cosa accadrà a quel punto? Anche la nostra personalità con cui ci identifichiamo perirà con l'involucro fisico? C'è solo questa vita? O c'è qualcosa di più, qualcosa di raro e bello al di là di ciò che conosciamo come vita? Forse le chiese hanno ragione quando predicano il paradiso per i buoni, i pii e l'inferno per i cattivi e i dannati. Con la mia insaziabile curiosità sono sempre alla ricerca di risposte e credo che ci siano molti altri che condividano questo desiderio di sapere. La vita sarebbe molto più facile se potessimo vivere il nostro tempo nella felicità e nell'amore, senza temere quello che c'è alla fine.

Quando ho iniziato la mia ricerca sulla regressione non avevo idea che avrei trovato le risposte a tutte queste domande. Essendo un'appassionata di storia, mi piaceva tornare indietro nel tempo e parlare con persone di epoche diverse. Mi piaceva rivivere la storia mentre si formava e come era vista attraverso i loro occhi mentre ricordavano le loro altre vite. Volevo scrivere libri sulle loro versioni di questi periodi storici, perché ognuno confermava inconsapevolmente le storie degli altri mentre era in trance profonda. Ci sono schemi che non mi aspettavo di trovare. Ma poi accadde qualcosa di inaspettato che mi aprì un mondo completamente nuovo da esplorare. Ho scoperto che c'è un periodo tra una vita e la successiva, il cosiddetto stato di "morte", il luogo dove le persone vanno dopo aver lasciato una vita fisica qui sulla Terra.

Ricordo ancora la prima volta che ho attraversato la porta e ho parlato con i "morti". Fu durante una regressione ad una vita passata proprio nel momento in cui il soggetto "morì"; accadde così rapidamente e spontaneamente che fui presa alla sprovvista. Non ero pienamente consapevole di ciò che era successo. Non so cosa mi aspettassi che sarebbe successo se qualcuno avesse vissuto un'esperienza di morte. Ma come ho detto, è successo così rapidamente che non c'era tempo per fermarlo. Il soggetto stava guardando il suo corpo e diceva che aveva l'aspetto di un qualsiasi altro cadavere. Ero stupita che la personalità fosse davvero rimasta intatta e non fosse cambiata. Questo è importante. Questa è una paura che alcune persone hanno: che in qualche modo l'esperienza della morte trasformi loro o i loro cari in qualcosa di diverso, strano o irriconoscibile. Di nuovo, è la paura dell'ignoto. Perché altrimenti abbiamo così tanta paura dei fantasmi e degli spiriti? Pensiamo che in qualche modo il processo della morte li trasformi dalla persona amata che conoscevamo in qualcosa di malvagio e spaventoso. Ma ho scoperto che la personalità rimane la stessa. Anche se in alcune occasioni sperimenta una confusione momentanea, è ancora fondamentalmente la stessa persona.

Dopo aver superato lo shock e la meraviglia di poter parlare con qualcuno dopo la sua morte, la mia curiosità prese il sopravvento ed incominciai a farmi miriadi di domande che mi ero sempre posta. Da quel momento in poi, ogni volta che ho trovato un soggetto in grado di entrare negli stati di ipnosi più profondi necessari per questo tipo di ricerca, presi l'abitudine di fare le stesse domande. Le loro credenze religiose sembravano non avere alcuna influenza su ciò che riferivano. Le loro risposte erano praticamente identiche ogni volta. Anche se formulate in modo diverso, dicevano tutti la stessa cosa; era un fenomeno a sé stante.

Da quando ho iniziato il mio lavoro nel 1979, ho avuto centinaia e centinaia di persone che hanno rivissuto l'esperienza della morte. Sono morte in tutti i modi concepibili: incidenti, sparatorie, accoltellamenti, incendi, impiccagioni, decapitazioni, annegamenti, e persino un caso di morte in un'esplosione atomica, che ho riportato nel mio libro "A Soul Remembers Hiroshima" [Un anima Ricorda

Hiroshima - inedito]. Sono anche morti naturalmente per infarto, malattia, vecchiaia e pacificamente nel sonno. Sebbene ci sia stata una grande diversità, sono emersi anche dei modelli ben definiti. Il modo di morire può essere diverso, ma ciò che succede dopo è sempre lo stesso. Così sono giunta alla conclusione che non c'è davvero motivo di temere la morte. Inconsciamente sappiamo ciò che succede e cosa c'è aldilà. Inconsciamente sappiamo cosa succede e cosa c'è laggiù. Sicuramente abbiamo fatto così tanta pratica. Ci siamo già passati innumerevoli volte. Così, nella mia ricerca della morte, ho trovato la celebrazione della vita. È lontano dall'essere un argomento morboso, è piuttosto un altro mondo molto affascinante.

Con la morte arriva anche la saggezza. Succede qualcosa con la perdita del corpo fisico e si apre una nuova dimensione di conoscenza. Apparentemente l'essere umano è limitato e ostacolato dall'essere nel fisico. La personalità o lo spirito che continua non è ostacolato in questo modo e può percepire molto di più di quanto si possa immaginare. Così, quando parlavo con queste persone dopo la loro "morte", ero in grado di ottenere le risposte a molte domande sconcertanti e sbalorditive - domande che hanno turbato l'umanità fin dall'inizio dei tempi. Ciò che lo spirito riferiva dipendeva dalla crescita spirituale personale di quello stesso spirito. Alcuni avevano più conoscenza di altri ed erano in grado di esprimerla più chiaramente, con termini che erano più facili da afferrare per noi mortali. Cercherò di descrivere ciò che hanno sperimentato lasciando che parlino direttamente. Questo libro è una raccolta di ciò che molte persone hanno riportato.

LA DESCRIZIONE PIÙ COMUNE che ho trovato del momento della morte è che c'è una sensazione di freddo e poi improvvisamente lo spirito è in piedi al lato del letto (o qualche altro punto) e guardare il suo corpo. Di solito non riescono a capire perché le altre persone nella stanza siano così sconvolte, perché loro si sentono così bene. La sensazione generale è quella di euforia piuttosto che di paura.

La seguente descrizione del momento di liberazione di una donna di 80 anni che stava morendo di vecchiaia, è un esempio tipico che viene costantemente ripetuto.

D: [Dolores] - Hai vissuto a lungo, vero?

S: [Soggetto] - Um, sì. Mi muovo lentamente, ci vuole tanto tempo. (Gemiti) Non c'è più molta gioia. Sono così stanca.

Dato che stava evidentemente provando disagio, l'ho spostata avanti nel tempo al momento successivo alla morte. Quando finii di contare, l'intero corpo del soggetto sobbalzò sul letto ed improvvisamente sorrise. La sua voce era piena di vita, niente che assomigliasse ai toni stanchi qualche momento prima. "Mi sento libera! Sono leggera!" Sembrava così contenta.

D: Puoi vedere il corpo?
S: (Disgustata) Uhh! Quella vecchia cosa? È laggiù! Uhh! Non avevo idea di avere un aspetto terribile! Ero così rugosa e raggrinzita. Mi sento troppo bene per essere così raggrinzita. Era tutto consumato. (Emetteva suoni di gioia) Oh, oh, sono così felice di essere qui!

Riuscivo a stento a trattenermi dal ridere, la sua espressione e il suo tono di voce erano in completo contrasto.

D: Non c'è da stupirsi che fosse raggrinzito; quel corpo ha vissuto molti anni. Probabilmente è per questo che è morto. Dicevi d'essere "qui", dove ti trovi?
S: Sono nella luce e uuuh che bella sensazione! Mi sento intelligente... Mi sento in pace... Mi sento calma. Non ho bisogno di niente.
D: Cosa farai adesso?
S: Mi dicono che devo andare a riposare. Aah, odio riposare quando ho così tanto da fare.
D: Devi riposare anche se non vuoi?
S: No, ma non vorrei sentirmi di nuovo con i crampi. Voglio crescere ed imparare.

Dopo queste parole non sono riuscita ad avere altre risposte da lei, tranne che stava galleggiando. Potevo vedere dalla sua espressione e dal suo respiro che era nel luogo di riposo. Quando il soggetto si trova lì, è come se fosse in un sonno profondo e non vuole essere disturbato. È inutile cercare di interrogarli perché le loro risposte sono incoerenti.
    Questo luogo specifico verrà spiegato in dettaglio più avanti nel libro.

IN UN ALTRO CASO una donna stava rivivendo il parto del figlio in casa. Il suo respiro e i suoi movimenti corporei mostravano che stava sperimentando i sintomi fisici del parto. Questo accade spesso perché' il corpo ricorda insieme alla mente. Per non causare alcun disagio al soggetto, la spostai avanti nel tempo a quando il parto avrebbe dovuto essere finito.

D: *Hai avuto il bambino?*
S: No. E' stato un momento difficile. Non voleva venire. Ero sfinita, così ho lasciato il mio corpo.
D: *Sai cos'era il bambino?*
S: No e non fa alcuna differenza.
D: *Puoi vedere il tuo corpo?*
S: Sì. Sono tutti sconvolti.
D: *Cosa farai adesso?*
S: Penso che mi riposerò. Prima o poi dovrò tornare, ma resterò qui per un po'. Sono nella luce. È riposante.
D: *Puoi dirmi dov'è questa luce?*
S: Dove c'è tutta la conoscenza ed ogni cosa è conosciuto. Tutto è puro e semplice. Qui c'è una verità più pura. Non ci sono le cose del mondo a confonderti. Avete la verità sulla Terra, ma semplicemente non la vedete.
D: *Ma hai detto che prima o poi dovrai tornare. Come fai a saperlo?*
S: Ero debole. Avrei dovuto essere in grado di tollerare il dolore. Devo imparare a sopportarlo meglio. Sarei potuta restare se non fossi stata così debole. Sono felice di non ricordare il dolore. So che devo tornare indietro e devo diventare completa, intera. Il dolore è una cosa che devo superare. Devo superare tutti i dolori del mondo.
D: *Ma sperimentare il dolore è molto umano ed è sempre difficile quando siamo nel corpo. Dal lato in cui ti trovi ora, è più facile vedere le cose in modo diverso. Pensi che sia una lezione che vuoi imparare?*
S: Lo farò, sì. A volte mi ci vuole un po' di tempo, ma posso fare qualsiasi cosa. Penso che avrei dovuto essere più forte. Avrei potuto fare di meglio, ma credo d'aver avuto molta paura a causa della malattia che ho avuto da bambino. Avevo paura che questo

sarebbe stato altrettanto grave. E... Ho rinunciato. Il dolore... quando si hai a che fare con il livello di coscienza superiore della propria mente e ti rimuovi andando nella pura luce e al puro pensiero; il dolore cessa d'essere. Il dolore è solo una lezione. Quando veniamo a conoscenza del dolore a livello umano, diventiamo frenetici e mostriamo una preoccupazione esteriore in quel momento. Rimuovendo noi stessi, concentrandoci, raggiungendo la profondità e avendo pazienza, possiamo elevarci al di sopra d'esso.

D: *Il dolore ha uno scopo?*
S: Il dolore è uno strumento d'insegnamento. A volte è usato per umiliare certe persone. A volte uno spirito altezzoso può essere abbattuto ed educato ad essere più cortese, attraverso la sofferenza. Può insegnare loro che alla fine devono imparare ad elevarsi al di sopra del dolore e poi possono affrontarlo. A volte solo comprendendo il dolore e perché lo abbiamo, diminuisce il dolore.

D: *Ma come hai detto tu, le persone diventano frenetiche e pensano di non poterlo gestire.*
S: Diventano troppo egocentrici. Hanno bisogno di elevarsi al di sopra dei loro interessi e di ciò che sentono in quel momento per raggiungere un livello più spirituale e poi possono affrontarlo. Ora, alcune persone cercano il dolore perché è un rifugio. Usano il dolore come una scusa o come "uscita", ed è questo lo scopo. Varia a seconda dell'individuo. Cos'è il dolore? Non può toccarti se non glielo permetti. Se ammetti di soffrire, stai dando potere al dolore. Non dargli potere. Non è necessario sentirlo. È tutto connesso all'uomo. Raggiungendo il vostro spirito, la vostra mente superiore, il dolore non avra' presa su di voi.

D: *Le persone possono separarsi dal dolore?*
S: Certo, se lo vogliono. Non sempre lo vogliono. Vogliono la compassione e l'autopunizione ed ogni sorta di cose. Le persone sono divertenti. Tutti sanno come fare queste cose se si prendono il tempo. Devono trovare un modo loro, perché non ci crederebbero se gli dicessi che c'è un modo più facile. Devono capirlo da soli. Questo fa parte delle lezioni che ci portano lì.

D: *La gente ha tanta paura di morire. Puoi dirmi com'è quando succede?*

S: Beh, quando sono nel corpo lo sento pesante. Mi tira addosso, è proprio scomodo. Ma quando si muore ti senti risollevato dal peso. È rilassante. La gente si porta dietro tutti questi problemi. Ed è come se si portassero dietro un peso perché sono pesanti e carichi di tutte queste altre cose. Quando si muore è come buttarli fuori dalla finestra e ci si sente bene. È una transizione.
D: *Credo che la gente abbia paura soprattutto perché non sa cosa aspettarsi.*
S: Temono l'ignoto. Devono solo avere fiducia e fidarsi.
D: *Cosa succede quando qualcuno muore?*
S: Ci si alza e si va. Si viene qui su. Nella luce.
D: *Cosa fai quando sei lì?*
S: Perfeziono tutte le cose.
D: *Dove vai se devi allontanarti dalla luce?*
S: Ritorno sulla Terra.
D: *È inconsueto che ti stiamo parlando attraverso il tempo in questo modo?*
S: Ma il tempo non ha significato. Su questo piano non c'è tempo, tutto il tempo è uno.
D: *Allora non ti disturba che stiamo parliamo da un altro tempo o piano?*
S: Perché dovrebbe?
D: *Beh, pensavamo che potesse disturbarti e non volevamo rischiare.*
S: Trovo che disturbi più voi che me.

UN ALTRO ESEMPIO riguarda una bambina morta all'età di nove anni. Quando iniziai a parlare con lei per la prima volta, stava andando ad un picnic scolastico su un carro da fieno ed era la fine del 1800. C'era un torrente vicino a dove si sarebbe tenuto il picnic e gli altri sarebbero andati a nuotare. Lei non sapeva nuotare molto bene e aveva paura dell'acqua, ma non voleva che gli altri bambini lo sapessero per paura che la prendessero in giro. Dato che alcuni degli altri avevano delle canne da pesca, aveva deciso che avrebbe fatto finta di pescare così nessuno avrebbe saputo che non sapeva nuotare. La bambina era molto preoccupata e non si stava godendo per niente il giro sul fieno. Le dissi di andare avanti fino a un giorno importante, quando sarebbe stata più grande. Quando finii di contare, lei annunciò felicemente: "Non sono più lì. Sono nella luce". Fu una sorpresa, così le chiesi cosa fosse successo.

S: (Tristemente) Non potevo nuotare. L'oscurità si è chiusa su di me. Ho sentito il mio petto bruciare. E poi sono uscita verso la luce e non aveva più importanza.
D: *Pensi che il torrente fosse più profondo di quanto pensavi?*
S: Non credo fosse così profondo. Ho avuto molta paura. Penso che le mie ginocchia si siano piegate e non riuscivo a stare in piedi. Ero solo spaventata.
D: *Sai dove ti trovi?*
S: (La sua voce era ancora infantile) Sono in per sempre.
D: *C'è qualcuno con te?*
S: Stanno lavorando. Sono tutti occupati... a contemplare quello che devono fare. Io sto cercando di capire tutto.
D: *Pensi di essere mai stata in questo posto prima?*
S: Sì, è molto tranquillo qui. Ma tornerò indietro. Devo superare la paura. La paura è qualcosa che ti porti dietro ed è paralizzante. Non credo davvero che l'acqua fosse profonda. Penso d'essermi rannicchiata a causa della paura. La cosa peggiore che può succedere di solito non è così brutta come ciò che temiamo. (La voce era ora più matura.) È un mostro nella mente dell'uomo e la paura colpisce solo quelli sulla terra. È la mente carnale. Lo spirito rimane inalterato.
D: *Pensi che quando le persone hanno paura di qualcosa, l'attirano verso se stessi?*
S: Eh, sì! Porti quelle cose su di te. Il pensiero è energia; è creativo e fa accadere le cose. È facile vedere come le paure di un'altra persona possano essere sciocche e poco importanti e pensi: "Perché dovrebbero avere paura di questo? Ma quando si tratta della tua paura, è così profonda, così personale e così toccante che ti inghiotte. Quindi se posso osservare le paure altrui e cercare di aiutarli a capirle, penso che da qualche parte lungo questa linea mi dovrebbe aiutare a capire quelle che avevo io.
D: *Questo ha molto senso. Sai una delle più grandi paure che le persone hanno è la paura di morire.*

S: Non è così male. È la cosa più facile che farò mai. È, come la fine di tutta la confusione, finché non ricominci da capo e poi c'è più confusione.
D: *Allora perché la gente continua a tornare?*
S: Bisogna completare il ciclo. Devi imparare tutto e superare tutte le cose del mondo per poter entrare nella perfezione e nella vita eterna.
D: *Però questa è un enorme impresa: cercare d'imparare tutto.*
S: Sì. A volte è molto faticoso.
D: *Sembra che ci voglia molto tempo.*
S: Beh, da dove sono adesso, sembra tutto così semplice. Ho il controllo. Per esempio, posso capire la paura e il modo in cui mi sento ora; mi sento come se non potessi esserne toccata. Eppure c'è qualcosa nella persona umana. Quando sei lì, ti inghiotte. Voglio dire, diventa parte di te, ti tocca e non è così facile stare fuori ed essere obiettivi.
D: *No, è perché sei coinvolto emotivamente. È sempre facile per qualcun altro guardarlo e dire: "Che facile".*
S: È come guardare le paure di qualcun altro. Devo imparare a sopportare, restare in una vita e non andarmene finché non posso prendere il più possibile da quella vita. Penso che se avessi una vita nella la quale potessi rimanere per attraversare molte esperienze, sarebbe molto più facile che passare attraverso così tante vite brevi. Sto perdendo molto tempo. Quindi sceglierò con cura di averne una in cui posso sperimentare molte cose e quindi limitare i miei viaggi di ritorno. Ma penso anche che sarà più difficile. Ci sono certe cose che si devono risolvere tra le persone, mentre si interagisce in una relazione. Quello che si fa, ci torna indietro.

Nella nostra cultura, c'è da tempo l'espressione che quando stai morendo, la vita "ti scorre davanti agli occhi". Questo si è verificato in alcuni dei casi su cui ho indagato. Accade più spesso dopo la morte, quando il defunto guarda indietro alla sua vita e la analizza per vedere cosa ha imparato da essa. Questo è spesso fatto con l'aiuto dei maestri dall'altro lato, che sono in grado di guardare la vita in modo più oggettivo, senza limiti emozionali.

Uno dei miei soggetti è stato in grado di rivedere la sua vita in un modo non convenzionale. Anche se è difficile dire cosa sia convenzionale e cosa segua uno schema prestabilito, quando si lavora in questo campo della ricerca ipnotica regressiva.

Il soggetto aveva appena rivissuto una vita passata attraverso la regressione ed era arrivata al punto di morte in quella vita. Morì pacificamente come un'anziana donna e guardò mentre il suo corpo veniva portato su una collina vicino casa per essere sepolta nel cimitero di famiglia. Poi, invece di passare all'altro lato, decise di tornare a casa per cercare di completare alcune questioni in sospeso. Lì rimase sorpresa di ritrovarsi ad apparire come un fantasma e ad avere la capacità di camminare attraverso i muri. Si vedeva come una nebbia o foschia a forma di persona, ma fu stupita nello scoprire che mobili e oggetti potevano essere visti attraverso di lei, come se fosse trasparente. Trovò molto interessante essere in questa strana condizione e vagò per la casa scoprendo ciò che era in grado di fare. Ad un certo punto sentì le cameriere dire che la vecchia donna stava infestando la casa, perché potevano sentirla camminare.

Dopo qualche tempo, restare un fantasma divenne noioso, perché sapeva che nessuno poteva vederla o sentirla, ed era incapace di comunicare. Ben presto scoprì che non sarebbe stata in grado di realizzare ciò che era tornata in casa a fare, proprio a causa del suo stato non solido. Nell'istante in cui giunse a questa rivelazione, era fuori dalla casa e si trovava su una collina che dominava una valle. Il suo defunto marito le era venuto incontro ed era in piedi accanto a lei. In quella dimensione erano di nuovo giovani, esattamente come il giorno del loro matrimonio. Mentre stavano a braccetto osservando la valle, questa divenne una "valle di vite, ma era più o meno come una valle". Vita. Più tardi lo descrisse come se una paletta o una trapunta dai colori vivaci fosse stata gettata sulla valle, che appariva come un collage di scene e luoghi della vita che aveva appena lasciato. Invece della sua vita che passava davanti ai suoi occhi in modo lineare, una scena dopo l'altra, l'intero quadro era esposta davanti a loro.

Lei disse: "Possiamo vedere il cimitero, possiamo vedere la città, possiamo vedere la casa, possiamo vedere le montagne. È come se potessimo vedere tutto ciò che abbiamo sempre conosciuto, il tutto combinato insieme. È come se questa fosse la nostra vita e questo è ciò che abbiamo avuto insieme. E possiamo vedere che l'abbiamo condivisa e l'abbiamo superata insieme. Siamo contenti d'aver attraverso quella vita come abbiamo fatto. Avevamo qualcosa d'intatto quando è finita. È pacifico. È un po' come se tu stessi lì e facessi una panoramica. Come se tu avessi dei grandi campi e ci fossero diverse piante che ci crescono sopra. O se tu avessi un sacco di fiori in un giardino e tu stessi lì ad esaminarli. Ti ricorderesti cosa hai fatto per preparare il giardino. Ti ricorderesti come le cose sono cresciute e si sono sviluppate. E questo era il risultato finale visibile davanti a te. Guardi fuori su questa valle della vita, indichi alcune aree e dici: "Beh, ci siamo davvero divertiti qui e questa è stata la grande cosa che abbiamo fatto insieme". Stai ammirando tutte le diverse parti del giardino e puoi vederlo tutto in una volta. Tutte le diverse scene della tua vita sono visibili e puoi toccarle. Era letteralmente come se stessimo sfogliando un album di ritagli della nostra vita.

Tutto ciò è stato molto soddisfacente per lei, guardare le scene, anche se le parti difficili della vita erano difficili da rivedere. Inoltre non c'era nessun giudizio. Sembrava che prendessero appunti mentalmente per ricordarsi cosa cambiare la volta successiva. Senza dubbio questo non è l'unico metodo per vedere la vita appena vissuta, ma certamente è uno dei più belli.

IN UN ALTRO CASO, stavo parlando con un uomo che era appena morto in una valanga. Gli chiesi cosa si provasse a morire.

S: Ti sei mai immersa in una piscina profonda... dove è buio e torbido sul fondo? Mentre risali verso la superficie dell'acqua, tutto diventa sempre più chiaro. Poi quando passi la superficie dell'acqua c'è la luce del sole tutt'intorno. La morte era così.

D: *Pensi che fosse stato così, per il modo in cui sei morto, con le rocce che ti cadevano addosso?*

S: No, era così perché stavo passando dal piano fisico al piano spirituale. Quando ho lasciato il mio corpo è stato come salire attraverso la piscina. Poi quando ho raggiunto il piano spirituale è stato come rompere la superficie dell'acqua e uscire alla luce del sole. Se si muore in un incidente, fisicamente è doloroso appena prima di perdere la coscienza del piano fisico, perché il corpo è stato danneggiato. Ma dopo aver perso la coscienza è molto facile e naturale. È naturale come qualsiasi altra cosa della vita: fare l'amore, camminare, correre, nuotare. È solo un'altra parte della vita. Non esiste una cosa come morire. Semplicemente si passa ad un altro stadio della vita. Morire è piacevole. Se le persone sono preoccupate, dite loro di andare in un posto nel fiume che ha una pozza profonda. Dite loro d'immergersi fino a toccare il fondo della pozza. E poi, sul fondo, spingersi vigorosamente verso l'alto con i piedi per risalire in superficie. Di loro che è così.

D: *Penso che molte persone siano preoccupate che la morte sia dolorosa.*

S: La morte non è dolorosa amenoché tu non abbia bisogno di dolore. Per la maggior parte non c'è dolore amenoché non sia desiderato. Può essere estremamente doloroso se lo desideri o se senti di averne bisogno per insegnarti una lezione. Ma potete separarvi dal dolore in ogni momento. E questo è disponibile indipendentemente da quanto siate connessi con ciò che sta accadendo. È disponibile per tutti, la separazione del corpo e dell'anima durante questo periodo di dolore.

D: *Ma la morte vera e propria, il lasciare il corpo, è doloroso?*

S: No. La transizione è una cosa facilità piuttosto che un forzo doloroso. Il dolore viene dal corpo. Lo spirito non prova dolore, tranne il rimorso. Questo è davvero l'unico dolore che uno spirito può provare. Una sensazione che avrebbero potuto fare qualcosa... di più. Questo è doloroso. Ma il dolore fisico non ha più significato perché quello è stato lasciato con il corpo.

D: *È possibile lasciare il corpo prima che avvenga la morte effettiva e lasciare che il corpo soffra il dolore?*

S: Sì. Ogni persona ha questa scelta, se vuole rimanere lì e sperimentarlo o se vuole andarsene e semplicemente osservare. Questa è un'opzione aperta a tutti.

D: *Personalmente penso che sarebbe più facile, specialmente se si trattasse di una morte traumatica.*

S: Questo dipende strettamente da ogni individuo.

Nel mio lavoro ho incontrato esempi di tutto questo. In una regressione, una giovane donna veniva bruciata sul rogo per le sue convinzioni, mentre tutta la città guardava. Era terrorizzata ma anche molto arrabbiata con le persone bigotte che erano responsabili. Mentre le fiamme salivano più in alto, decise che non avrebbe dato loro la soddisfazione di vederla soffrire. Così lasciò il corpo e guardò da una posizione sospesa sopra la scena. Lì, con suo grande dispiacere e frustrazione, vide il suo corpo urlare mentre passava attraverso le agonie della morte al rogo. In questo caso era molto ovvio che il corpo e lo spirito erano due cose separate.

Penso che sarebbe molto rassicurante e confortante per le persone che hanno perso i loro cari in un modo violento e orribile, sapere che probabilmente non hanno nemmeno vissuto la parte più traumatica della morte. Ha molto senso capire che lo spirito non vuole rimanere nel corpo e sperimentare tutto quel dolore. Perciò lo spirito si rimuove e il corpo sta semplicemente reagendo spontaneamente. Proprio come quando reagiamo quando ci tagliamo o ci bruciamo accidentalmente. Gridiamo e tiriamo via la mano. Questa non è una reazione cosciente ma involontaria. Così sembrerebbe che durante una morte orribile il corpo stia semplicemente reagendo mentre la vera personalità si è liberata e sta guardando da bordo campo.

UN'ALTRA DESCRIZIONE della morte:

S: Immagina di essere nudo, infreddolito e sanguinante, stai camminando attraverso un bosco buio pieno di rovi e ci sono animali selvatici e strani rumori. Sai che dietro ogni cespuglio c'è una bestia pronta a balzare e farti a pezzi. E poi improvvisamente entri in una radura dove c'è erba che cresce, uccellini che cantano, nuvole nel cielo e un piacevole ruscello che serpeggia nel suo cammino verso la sua destinazione. Immagina la differenza tra questi scenari e vedrai la mia analogia ritraente ciò che tu chiameresti vita e morte.

D: *Ma ci sono molte persone sulla Terra che ne hanno paura.*

S: Molte persone che sono nella foresta hanno paura, questo è corretto. Una volta che sono fuori dalla foresta non c'è più paura. La paura è nella foresta.

D: *Allora non c'è niente di cui aver paura nella transizione?*

S: Ci sono alcune transizioni che sono più desiderabili di altre. Non voglio fare giri di parole a proposito. Tuttavia, una porta è semplicemente una porta. Non importa quante volte la apri, semplicemente non cambierà dall'essere una porta.

UN'ALTRA DESCRIZIONE:

S: La gente non dovrebbe avere paura di morire. La morte si dovrebbe temere tanto quanto la respirazione. Morire è naturale e indolore come... battere gli occhi. Ed è quasi così. In un momento sei in un piano di esistenza; poi sbatti le ciglia, per così dire, e sei in un altro piano di esistenza. Questa è la sensazione fisica che avete, ed è proprio indolore. Qualsiasi dolore che sentite nel processo è dovuto al danno fisico, ma spiritualmente non c'è dolore. I vostri ricordi sono intatti e vi sentite nello stesso mondo, come se la vostra vita continuasse. A volte ti ci vuole un po' per notare che non si è più connessi al corpo fisico, ma di solito si nota subito perché le percezioni si sono ampliate fino a poter percepire il piano spirituale, senza il velo a ostruirla. Questo è lo specchio offuscato, usando la metafora di alcuni. Ciò che succede è che all'inizio c'è un periodo di orientamento. Siete ancora molto coscienti del piano fisico, ma state esplorando e assorbendo le sensazioni di essere consapevoli del piano spirituale, finché non vi abituate al fatto che siete davvero sul piano spirituale e vi sentite a vostro agio.

D: *Puoi dirmi se il tuo spirito include la tua anima quando lascia il tuo corpo?*

S: Il tuo spirito è la tua anima. Il concetto di anima comprende quell'energia che chiameresti il tuo spirito, la tua identità, la tua realtà. Questo è effettivamente il vostro vero sé. Potete chiamarlo il vostro spirito o la vostra anima a seconda di quale percezione scegliate di integrare nella vostra realtà.

D: *Abbiamo sentito molto parlare di quello che viene chiamato il "cordone d'argento". Esiste una cosa del genere?*

S: Questo è, come potreste percepirla, una linea di vita del vostro corpo che è molto reale in natura. In un senso energetico questo è il cordone che mantiene una linea di vita con le vostre energie verso il vostro corpo. E' effettivamente un dispositivo reale.

D: *Quindi al momento della morte questo cordone viene tagliato?*

S: Questo è corretto.

D: *Alcune persone hanno paura di avere esperienze fuori dal corpo per paura di separarsi prematuramente dal loro corpo.*

S: È possibile farlo. Tuttavia, è quasi certamente fatto intenzionalmente e non per caso.
D: *Vuoi dire che quando escono dal corpo il cordone d'argento li collega in modo che non possano perdersi, per così dire?*
S: Questo è esatto. Non ci dovrebbe essere paura nello sperimentare viaggi astrali, perché se non fosse un presupposto esistenziale, non accadrebbe mai.
D: *Ma in molti casi, non è pianificato, è spontaneo.*
S: Esattamente. È "spontaneo".

Nel mio lavoro ho scoperto che la maggior parte delle persone non si rende conto che ognuno viaggia fuori dal corpo ogni notte quando va a dormire. Il corpo è la parte che si stanca e deve riposare; lo spirito o l'anima non ha mai bisogno di dormire. Sarebbe terribilmente noioso per il nostro "vero" Se, lo spirito, aspettare che il corpo si svegli per continuare il suo lavoro. Così, mentre il corpo dorme, il vero se, viaggia e vive ogni tipo di avventura. Può viaggiare per tutta la Terra, passare del tempo sul piano dello spirito, persino andare su altri pianeti o dimensioni. La persona normalmente non ne è consapevole, a meno che non ricordi sogni di volo o di luoghi insoliti. Siete sempre collegati al vostro corpo col cordone d'argento, la vostra linea della vita, il vostro ombelico. E quando è il momento di ritornare nel corpo, si viene più o meno "tirati dentro", e lo spirito rientra nel corpo. Mi è stato detto da alcuni miei clienti che a volte sperimentano una paralisi temporanea appena prima del risveglio. Questo accade quando la persona viene svegliata improvvisamente (per esempio da un forte rumore) prima che lo spirito sia totalmente rientrato nel corpo. Le connessioni corpo/spirito non sono state completate e il risultato è una paralisi temporanea. Di solito passa rapidamente e non c'è nulla da temere.

D: *C'è il pericolo che qualcuno rimanga fuori dal corpo?*
S: Noi non percepiamo alcun pericolo. Perché se l'individuo non tornasse, sarebbe per sua scelta e non perché qualche energia malevola è arrivata da dietro e ha tagliato il cordone.
D: *Non potrebbero perdersi, in altre parole e non trovare la via del ritorno?*
S: Noi non percepiamo questo come realtà.

D: *Allora sono sicuramente connessi con il corpo fino al punto di morte e poi il cordone viene tagliato? È come un cordone ombelicale, per così dire.*

S: Questo è del tutto esatto.

D: *Se la morte avvenisse durante un'esperienza fuori dal corpo, di cosa diremmo che il corpo è morto? Sarebbe un attacco di cuore?*

S: Stai chiedendo quali sarebbero i sintomi fisici. L'improvvisa sindrome del neonato è spesso attribuita a questo. Ci sono anche quelli che a causa dell'età semplicemente scelgono di non tornare e così vengono trovati nel sonno.

D: *È un attacco di cuore?*

S: Non è questo il caso, perché un infarto è una morte indotta da un reale disturbo fisico e non è quello a cui ci stiamo riferiamo qui. Morirebbero nel sonno e sarebbe chiamato: "per cause naturali".

D: *Se si facesse un'autopsia, non troverebbero nessuna causa?*

S: Questo è esatto.

D: *E le persone che sembrano morire per combustione spontanea? Quello è un mistero inspiegabile.*

S: Questo è dovuto ad uno squilibrio di ciò che chiamereste "sostanze chimiche" all'interno del sistema. È dovuto al fatto che i corpi umani bruciano il cibo, anche se attraverso un processo molto controllato e molto lento. Una tale morte è causata dalla combustione dei fluidi del corpo. Questo è spesso dovuto a fattori ereditari che causano uno squilibrio nella composizione chimica del corpo. Per esempio, troppo fosforo nel sistema corporeo.

Quando le persone sono dalla parte dello spirito, pianificano la vita prima di rientrare nella ruota karmica chiamata: "Terra". Pianificano ciò che sperano di realizzare durante la prossima vita. Fanno anche dei contratti con altre anime con le quali sarà per loro importanti interagire durante la prossima vita. Un'altra parte di questo contratto è il loro piano d'uscita. Ognuno pianifica il modo in cui lascerà o uscirà da propria vita attuale. Ho scoperto che nessuno muore mai finché non è il suo momento di morire. Non esistono incidenti o errori. E' sempre e solo il modo d'uscita scelto dall'anima. Quando l'anima ha completato ciò che era venuta a compiere, è il momento di passare alla fase successiva della sua esistenza. Ho scoperto che è possibile ritardare la morte per un breve periodo di tempo, tuttavia quando è il momento stabilito, lo spirito sceglie di andarsene. Naturalmente, la mente cosciente della persona non ha ricordi di questa parte del piano, perché quando veniamo in questa vita scende il velo dell'oblio e tutti i ricordi della parte spirituale vengono rimossi. Una volta mi hanno detto: "Non sarebbe un test, se tu sapessi le risposte". Quindi dobbiamo rimanere consapevolmente ignari dei piani della nostra anima.

D: *Che mi dici delle persone che sembrano morire in gruppo? Ci sono molti casi come incidenti ferroviari, massacri, terremoti, in cui diverse persone muoiono in una volta sola. Hanno tutti scelto di andarsene nello stesso momento o hanno avuto qualcosa da dire in proposito?*
S: Sei consapevole del concetto di karma su base individuale. C'è infatti anche quello che viene chiamato karma "di gruppo". Ci sono stati, attraverso molti eoni di tempo, casi in cui le anime hanno avuto la tendenza a raggrupparsi per svolgere certi compiti, o per stabilire cambiamenti, o per sperimentare la vita in gruppo, proprio come voi tendete a sperimentare su base individuale. Queste "morti di gruppo" non sono altro che anime individuali che si riunivano in certi momenti della loro transizione, cioè nella loro esperienza di apprendimento della morte. E così facendo si trovano in un punto in cui sarebbe più opportuno andarsene simultaneamente.
D: *Erano d'accordo di farlo prima del loro ingresso nella vita?*
S: Questo è corretto. Perché è in questa transizione di gruppo che trovano sostegno. C'è una condivisione dell'esperienza, nel fatto che non sono soli durante la transizione. In molti casi ci sono state nascite multiple e vite condivise, così non è raro trovare morti multiple o condivise.
D: *Era questo il caso degli astronauti che sono morti nell'incidente dell'astronave Challenger?*
S: In effetti questo è stato un caso in cui è stato concordato che ci sarebbe stata quella condivisione dell'esperienza della morte.
D: *Ma c'è stata tanta sofferenza per le famiglie e la gente di tutto il paese quando è successo. Se stavano andando verso il loro destino, perché non possiamo esserne felici?*

S: Forse c'è una certa miopia nel vedere questi eventi. Si pensa solo agli individui che sono morti. Ma non è il caso, ci sono molti altri elementi coinvolti. In casi come questi, c'è stato un incontro tra i sopravvissuti, una condivisione dell'esperienza. Nel vedere che qualcun altro sta condividendo il dolore, è molto più facile per un individuo sperimentarlo, sapendo che ci sono altri che stanno soffrendo allo stesso modo. Così questa è stata un'esperienza di gruppo a molti livelli.

Molti soggetti descrivono l'esperienza dopo aver lasciato il corpo fisico, come un viaggio verso una luce abbagliante alla fine di un tunnel o altro. Queste descrizioni sono state duplicate in rapporti di EDPM (Esperienze di pre-morte). Uno dei miei soggetti disse che questa luce bianca era un intenso campo energetico che serviva come barriera tra il nostro mondo fisico e il regno spirituale. Nelle EDPM il soggetto si avvicina alla luce, ma viene tirata indietro riportata nel suo corpo prima del passaggio. Sono stati effettivamente in una situazione di quasi morte, ma non hanno completato la transizione. Non sono andati abbastanza lontano. Quando i miei soggetti rivivono l'esperienza della morte, passano attraverso la luce bianca, la barriera. A quel punto, l'energia è così intensa che taglia il "cordone d'argento", il cordone ombelicale che collega lo spirito al corpo fisico. Quando questo accade, lo spirito non può attraversare di nuovo la barriera ed entrare di nuovo nel suo corpo. I due sono stati separati per sempre. Senza questa connessione con la sua forza vitale (l'anima o spirito), il corpo comincia rapidamente a deteriorarsi.

CAPITOLO 2

COLORO CHE DANNO IL BENVENUTO

DOPO LA MORTE, sembra esserci un periodo di confusione per alcuni spiriti. Non tutti ne fanno esperienza. Molto dipende dal modo in cui sono morti: se è stata una morte naturale o improvvisa ed inaspettata. La cosa principale che ho riscontrato è la certezza che non si è mai soli dopo aver attraversato l'esperienza della morte.

S: A volte c'è un periodo in cui non si è veramente sicuri di dove ci si trovi, che si sia sul piano fisico o su quello spirituale, perché alcune sensazioni sono simili, eppure sono diverse. E si sta cercando di capire cosa sta succedendo e dove ci si trova. C'è un periodo di orientamento o riorientamento, che può essere confuso per alcuni mentre capiscono dove dovrebbero andare da qui. Ma non devono preoccuparsi perché ricevono aiuto immediatamente. Di solito arrivano delle anime con cui avete avuto strette connessioni karmiche in vite precedenti. Ce n'è sempre una, due o più a portata di mano che si trovano tra una incarnazioni e l'altra. Saranno lì per darvi il ben venuto. E il soggetto li riconoscerà a causa della connessione tra di loro nell'immediata vita passata. Un'altra cosa che causa confusione quando si passa ai piani spirituali è che la memoria inizia ad aprirsi alle incarnazioni passate e a tutto il quadro karmico generale. Quindi riconoscerete quelle anime; dapprima, grazie alla relazione in cui le avete conosciute nella vita che avete appena lasciato. Poi comincerete a ricordare altre relazioni in cui le avete conosciute. Questo fa parte del processo di ricordare tutto il vostro karma, mentre siete su quel piano, così potete capire cosa avete appena completato e cosa dovete ancora risolvere quando ritornerete sulla Terra.

D: *Quindi è vero che qualcuno viene sempre quando la gente muore.*

S: Sì. Se possibile, di solito è qualcuno che è stato speciale durante la loro vita, almeno se non si sono gia' reincarnati. Qualcuno con cui possono identificarsi e il potere di attrazione è lì per aiutarli nel periodo di transizione.

D: *Ma molte volte le persone muoiono violentemente o improvvisamente. Se non sanno d'essere morti, sono più inclini ad essere confusi?*

S: Sì, questo è vero. E l'aiutante, deve spiegare loro cosa sta succedendo e aiutarli a superare l'incertezza.

D: *Quando lo spirito dopo la morte riceve il benvenuto da altre anime, dove va di solito?*

S: Va al piano dell'apprendimento. Non c'è un luogo centrale; è solo uno stato essere. E di solito lo spirito interagisce con molte altre anime mentre sta apprendendo. Dopo aver imparato ciò di cui ha bisogno per la sua prossima vita, si consulta con i maestri spirituali ed inizia a prepararsi per la sua prossima incarnazione. Si consulta con i maestri spirituali per vedere in quale tipo di situazione sarebbe meglio che lo spirito tornasse. Si consulta anche riguardo a quali anime sarebbe meglio interagire per il bene di tutti.

D: *Hai mai sentito parlare del luogo di riposo?*

S: Sì, se ti riferisci a quello che sto immaginando, è un posto speciale per le anime danneggiate che vanno a riposare e a ristabilirsi prima di poter entrare nuovamente in contatto di altre anime o tornare di nuovo sul piano d'incarnazione.

D: *Alcune persone credono che la forma dello spirito di Gesù ti contatterà per guidarti nel momento in cui il tuo spirito lascerà il corpo.*

S: È del tutto possibile; tuttavia, non è obbligatorio, nè succede in tutti i casi. A volte viene fatto se l'individuo appena morto richiede o desidera vedere questa energia di Gesù e quindi è in effetti l'energia di Gesù che si manifesta. Perché Lui ha dichiarato che il Suo aiuto farà parte di questo processo ed è lì per chiunque scelga di aprirsi a questa energia, che siano incarnati o meno. Questo è vero anche per le persone di altre credenze o religioni. Qualora abbiano una profonda fede in una particolare entità, quell'energia spirituale sarà lì per aiutarli a facilitare il loro passaggio, se questo è ciò che desiderano.

D: C'è anche la credenza di un posto nel mondo degli spiriti dove le anime dormano perché muoiono credendo di dover riposare fino a quando Gesù torni una seconda volta e li resusciti.

S: Quello che ti aspetti di trovare o la realtà che crei, la trovi davvero. Se si aspettassero di svegliarsi durante un carnevale, allora sarebbe quello che troverebbero. Tutto è possibile se ci si crede. Ci sono così tante cose diverse che possono accadere dopo la morte di quello che voi definite "il corpo fisico". Quando un corpo muore (l'anima non lo fa mai); se è una morte dolce allora c'è una sensazione di sollievo, di meraviglia, di libertà. Per la maggior parte, ciò che la persona si aspetta di trovare sarà lì. Se si aspetta di incontrare guide o amici per aiutarla lungo la strada verso la luce, questo è ciò che vedrà. Se erano immersi nella credenza della dannazione e del fuoco dell'inferno e se credono di meritarselo, questo è ciò che percepiranno. La maggior parte di tutto questo si basa sulla preparazione dell'anima individuale prima della morte. Ma di solito, ci sono quelli che erano vicini a loro prima che passassero dall'altra parte. Il più delle volte, un'altra anima verrà a guidarli verso un luogo di guarigione, in modo da scrollarsi dalla loro confusione e per riuscire a capire cosa sia successo. Forse lo spirito è confuso perché è molto tempo da quando sono passati da questa parte. Coloro che danno il benvenuto li aiuteranno a non essere confusi, a trovare dove vogliono andare e dove hanno bisogno di andare. In questo modo, se si tratta di qualcuno che hanno conosciuto, non hanno paura, perché la paura è ciò che provoca lo shock. Alcune persone, se si tratta di una morte traumatica, entrano in un periodo di profondo, profondo riposo fino a quando possono gestire l'esperienza di sapere che il loro corpo ha cessato d'esistere. E il risveglio sarà molto lento. Non abbiamo bisogno di persone che vanno in giro in stato catatonico. Possono causare danni a se stessi e anche agli altri.

D: A volte lo fanno?

S: Sì, sappiamo che sia successo. Non sanno dove sono. Nel loro senso di panico, possono farsi del male sentendo: "Devo tornare indietro, devo tornare indietro". E si legano al luogo in cui sono morti con la sensazione che questo non può essergli successo.

D: *È meglio se vanno a riposare?*

S: Sì, perché così si possono risvegliarsi lentamente, sapendo che quello che è successo è buono ed è giusto e naturale. Lo shock e il trauma allora si disperdono.

D: *Anche i loro cari vengono quando c'è una morte traumatica?*

S: Sì, a volte li portano semplicemente in un posto dove possono riposare. Ma qualcosa che voi considerereste come una morte traumatica, non è sempre considerata traumatica da questa parte. Forse considerate che molti soldati abbiano avuto una morte traumatica. Eppure a volte sono tra le anime più docili e accettanti di ciò che è accaduto: più di qualcuno che forse è morto durante il parto.

D: *Suppongo che dipenda solo dalle circostanze e dall'anima individuale.*

S: Sì, in gran parte.

SEMBRAVA CHE CI FOSSE un ciclo costante, prestabilito di ritorni sulla Terra; dopo essere stati dall'altra parte. Mi sembrava che se qualcuno si trovasse in un luogo dove non è possibile morire, naturalmente vorrebbe rimanerci per sempre. Pensavo al modo in cui le persone sulla Terra sono sempre alla ricerca dell'immortalità.

S: No, ti annoieresti molto rapidamente. Se le tue lezioni di terza elementare sono finite, perché vorresti rimanere in terza elementare per il resto della tua vita? Potrebbe essere comodo, ma non ci sarebbe alcun apprendimento.

D: *Non ci sarebbero sfide.*

S: Questo è vero. La morte è necessaria per progredire. La stagnazione si verificherebbe se non ci fosse la morte a portare qualcuno sul lato dello spirito. Questo è un processo continuativo ed è il più adatto per l'apprendimento di molte informazioni. Tutto è come dovrebbe essere da questo punto di vista. Se le lezioni che stavate imparando fossero finite, allora ci sarebbe un abbandono delle esperienze che hanno insegnato quelle lezioni e l'assunzione di nuove esperienze per imparare lezioni più avanzate. Si tratta semplicemente di salire delle scale, se volete, dove in ogni livello di esperienza si cresce in consapevolezza rispetto a quello sottostante. Così l'ambiente che funge da catalizzatore di queste esperienze sarà scartato man mano che nuove esperienze saranno necessarie. Vorreste rimanere nella vostra classe di terza elementare e seguire le lezioni di quarta o sesta elementare? O sarebbe meglio trovarsi in un nuovo ambiente ed iniziare con un nuovo stato d'animo? Se veniste lasciati nella stessa classe, tendereste a pensare allo stesso modo. Anche lo stato d'animo è molto importante.

D: *Penso che questo sia vero per molte persone sulla Terra. A volte, se rimangono nello stesso ambiente, non crescono. È questo che vorresti dire?*

S: È esattamente così.

D: *Hanno bisogno della sfida di qualcosa di nuovo, un nuovo posto, un nuovo ambiente.*

S: Un nuovo ambiente è molto importante per progredire. I ricordi del passato inibiscono lo sguardo verso il futuro.

S: Alcune persone pensano che non ci sia vita dopo la morte. (Fece una risatina) Ma una volta che qualcosa esiste, l'energia che è quell'esistenza non può essere distrutta. Perché è così difficile credere che ci sia esistenza dopo la morte del corpo fisico? Non si può distruggere qualcosa come l'elettricità perché l'energia è sempre lì, anche se in una forma diversa. Perché pensano che lo spirito umano e l'anima possano essere distrutti mentre l'energia non può essere distrutta? Questo è ciò che l'anima umana è: nient'altro che energia. Perché l'anima non è semplicemente una cosa che risiede nel corpo fisico. È un'energia. E come un'energia, può propagarsi come le energie sono solite fare. La corretta percezione della vostra personalità sarebbe come energia, perché questa è l'essenza della verità della creazione - che tutto è energia. Alcune forme sono a livelli più bassi, come il mondo fisico che vi circonda; ma sono energia e possono essere dimostrate come tali da semplici processi di conversione come il fuoco. Tutta la materia è in realtà energia. Si manifesta semplicemente in una forma più bassa, più bassa. E così potete vedere voi stessi come puri esseri di energia, niente di più, niente di meno. Non esiste la materia. Questa è semplicemente una connotazione che è stata data per descrivere ciò che è apparente intorno al mondo "fisico".

S: La morte racchiude molte paure. Tuttavia, la morte è la grande negazione, la grande falsità. È ciò di cui non si parla, ma a cui si pensa di più. Non c'è bisogno di temere la morte, perché con la sua liberazione c'è di nuovo la vita che supera di gran lunga quella che c'è qui su questo pianeta. Tuttavia, a coloro che vorrebbero negare questa vita, offriamo l'avvertimento che con un uso improprio, cioè con il suicidio o attivita' di quella natura, si genera un'energia che prosegue all'altro lato. Ed è allora necessario trattarla dall'altro lato. Non è e non sarà mai appropriato scartare un corpo vivente prima del tempo. Questo è uno spreco che non deve essere tollerato.

D: *Sto cercando di rendere tutto questo piu chiaro, affinché la gente non abbia tanta paura di queste cose.*

S: Sì. Il problema principale che avrei non è la paura, ma il dogma filosofico.

D: *Vuoi dire per riuscire a spiegarlo?*

S: Il dogma filosofico è il modo che hanno le persone di chiudere la loro mente a ciò che esiste. Per esempio, le persone che seguono diversi credi, troveranno difficile comprendere alcune delle cose che ho spiegato.

D: *Intendi quelli che sono cresciuti nella credenza di cose come il Paradiso e l'Inferno?*

S: Per esempio, sì. E quelli che sono cresciuti nella convinzione che ogni anima ha una sola incarnazione. Questo è sciocco, ma è quello che credono.

D: *Sì, pensano che la vita sia una sola volta e basta. Ci sono quelli che non possono accettare l'idea di aver vissuto più di una volta.*

S: È più difficile credere di poter nascere una volta in un corpo che credere di poter nascere due o più volte?

D: *Alcune persone hanno difficoltà con questo concetto.*

S: Solo coloro che sono sul vostro lato. Questo è uno dei motivi per cui molti di loro hanno problemi di depressione e simili. Perché sentono che stanno rovinando la loro unica possibilità. Se si rendessero conto che hanno una moltitudine di possibilità, potrebbero fare del loro meglio ogni volta e non sentirsi male per gli errori che fanno. Possono risolvere il problema la volta successiva.

D: Dovrebbero solo cercare di fare del loro meglio questa volta. Per me ha senso, ma ci sono molte persone che non lo capiscono.

S: Ci sono molti che non vogliono. Molti hanno paura di pensare ad un'altra esistenza dopo quella che stanno vivendo, perché forse quella attuale è così dolorosa che sarebbe una tortura continua avere una vita dopo l'altra. Molte chiese non vogliono che la gente creda in esistenze precedenti o successive, perché questo allenta la loro morsa della paura e non hanno più il controllo. I capi di tutte le grandi scuole di pensiero sapevano dell'esistenza precedente e dell'esistenza successiva, ma erano chiusi alla conoscenza generale a causa del controllo. Anche la scuola di pensiero Hindu usa questo controllo anche se in modo diverso perché dicono: "Quest'uomo ha fatto qualcosa nella sua esistenza precedente che lo fa soffrire ora. Pertanto, perché dovrei aiutarlo? Ha fatto qualcosa per meritare questo". In questo modo stanno usando la stessa tattica del cristianesimo o di qualsiasi altra religione. Bisogna ricordare che non tutti quelli che dicono di essere dalla parte della religione, lo sono veramente. Forse sono stati plagiati all'insaputa, dal lato oscuro delle cose. Gli uomini hanno tolto molte cose dalla Bibbia e aggiunto ciò che volevano. Non hanno cura, pensano che: "Questo è quello che voglio che dica e quindi questo è quello che dice".

D: La gente sembra avere paura quando si parla di una cosa del genere. Quando si cerca di dire loro che la Bibbia è stata cambiata molte volte nel corso della storia.

S: Queste cose li induce a pensare e molte persone hanno paura del libero pensiero. Quando porti via ciò in cui le persone hanno creduto per tutta la loro vita e dici che è diverso, o che forse i loro genitori hanno inconsapevolmente mentito, stai portando via le basi di ciò in cui credono. E l'uomo non può sopravvivere senza qualcosa in cui credere, anche se fosse la convinzione che non esiste nulla. Deve credere in qualcosa.

D: In altre parole, sono spaventati da un'altra scuola di pensiero.

S: La gente disse le stesse cose di Gesù, quando disse che era venuto a compiere le profezie. Dicevano che si sbagliava, che era pazzo, che non sapeva di cosa stava parlando. Ogni volta che qualcuno se ne esce con qualcosa di un po' diverso o un po' insolito, la gente si spaventa e dice cose negative al riguardo. Questa conoscenza deve esser insegnata, perché l'uomo deve imparare ad essere privo di paure per essere ciò che può veramente essere. Ci sono persone che hanno bisogno di sapere queste cose. E questo farà scoccare una scintilla in loro e lo riconosceranno come la verità. Forse li aiuterà a trovare la strada per diventare ciò che vogliono e che hanno bisogno di diventare. Sono loro ad essere importanti, perché alla fine porteranno abbastanza persone dalla loro parte. Ricordate, erano in pochi, una manciata di persone, che credevano nel messaggio di Gesù. Ed ora guardate il mondo. Gran parte del mondo professa, almeno esteriormente, il cristianesimo. La verità è stata soppressa per molti secoli ed è ora che venga fuori.

Capitolo 3

Una Esperienza di Pre-Morte

NON TUTTE LE MIE INFORMAZIONI sull'esperienza della morte provengono dall'ipnosi. Occasionalmente le persone mi raccontano di Esperienze di Pre-Morte (EDPM) che hanno avuto. Questo termine è diventato popolare grazie al lavoro del dottor Raymond Moody e della dottoressa Elizabeth Kubler-Ross. Si riferisce ad eventi che le persone ricordano letteralmente mentre sono morte e hanno attraversato la soglia verso l'altro lato, per poi esser riportate nel nostro mondo dei vivi attraverso i progressi della scienza. Le storie che le persone mi hanno raccontato seguono tradizionalmente lo schema che altri ricercatori hanno scoperto. Queste sono in parallelo alle informazioni che ho raccolto nel mio lavoro, ad l'eccezione che queste persone sono tornate per riferire la loro esperienza, mentre i miei soggetti sono rimasti sul piano dello spirito fino a quando non si sono reincarnate nella loro vita attuale. I miei soggetti ritengono i ricordi, ma sono sepolti nelle profondità del loro subconscio e possono essere rievocati solo attraverso l'uso dell'ipnosi regressiva.

    Il caso che riporterò presenta la maggior parte degli stadi classici. Un amico mi presentò Meg dicendo che aveva una storia notevole da raccontarmi. Meg non aveva confidato questa esperienza a molte persone perché aveva paura d'essere ridicolizzata. Era troppo personale, privata e sentiva che molti non avrebbero mai capito l'importanza che lei vi aveva attribuito. Sentiva che aveva cambiato la sua vita per sempre. Meg non era più la stessa dopo quell'esperienza, né sarebbe mai stata la stessa. Credeva che questo fosse il motivo per cui le fu permesso di ritenere i ricordi. Era un dono a cui poteva attingere nei momenti di indecisione e di stress. Spiegò che l'ipnosi non sarebbe stata necessaria per recuperare il ricordo dal suo subconscio, perché era stato per sempre impresso nella sua mente. Meg poteva essere confusa riguardo ad alcuni dettagli, ma sapeva che non l'avrebbe mai dimenticato e nessuno sarebbe mai stato in grado di convincerla che non era successo. Fu un punto di svolta nella sua vita. Meg era una donna matura sui 40 anni, sposata con diversi figli. Non aveva letto nulla sulle EDPM e sicuramente non era stata esposta al mio materiale. Conduceva una vita attiva con molti interessi, ma tutto quello che era successo dopo l'evento era imperniato sulla sua importanza. Continuava a colorare tutto nella sua vita.

Ci incontrammo a casa di un amico dove potevamo avere della privacy e Meg si accomodò su una sedia per raccontare la sua storia al registratore. Fui colpita dalla sua accuratezza e dal modo attento in cui evitò qualsiasi tipo di abbellimento. Sentiva il bisogno di recitarlo correttamente e la ricordava nei minimi dettagli. Meg accettò di permettermi di stampare la storia a condizione che mantenessi il suo nome anonimo.

Questo è ciò che è successo, nelle sue stesse parole:

È ACCADUTO quando ho subito un intervento chirurgico circa 10 anni fa, nel 1978. Dovevo aprire una libreria in Giugno, ma accidentalmente in un esame di routine mi trovarono una lesione al polmone. Non riuscivano a decidere se fosse cancerosa o benigna, così dovetti sottopormi ad un intervento chirurgico ai polmoni. Devo dire che prima di sottopormi all'intervento intuitivamente non sentivo di avere un cancro, nè mi sentivo troppo a mio agio riguardo all'intervento. Non sentivo delle buone vibrazioni al riguardo. Questo è l'unico modo in cui posso descriverlo.

Ho avuto un'infanzia piuttosto convenzionale. Ho frequentato diverse chiese e poi nessuna chiesa. Erano di ogni tipo: Congregazionale, Luterana, ecc.. Quando ci siamo trasferiti in campagna sono andata con il mio vicino alla chiesa Battista. Ma non sono cresciuta con un background fondamentalista. Infatti era un background cristiano piuttosto aperto nel senso che non ero abituata ad andare in chiesa molto spesso. Quando ho sposato mio marito mi sono unita alla sua chiesa, che era una chiesa Episcopale. Ancora una volta era una connessione molto aperta e rimane tale anche oggi. Da qualche parte lungo il percorso sono arrivata alla conclusione che ero certamente al punto d'essere agnostica, forse anche atea. Ma penso che a causa delle mie abitudini infantili non osavo diventare totalmente atea. Non si sa mai. (Rise).

Voglio che si sappia da dove venivo mentre ero in ospedale la notte prima dell'operazione. Ero davvero convinta che avrei potuto non uscirne viva. Dissi quella che pensavo potesse essere la mia ultima preghiera. Ho sussurrato in quella che chiamerei l'oscurità: "Non so se ci sei, ma se ci sei, questo è il meglio che posso fare". Cercai di rivedere tutto e di capire se spiritualmente avevo lasciato qualcosa di incompiuto. Poi ho detto: "Non credo proprio che tu ci sia, ma se ci sei, ho davvero bisogno di aiuto". Sono andato dritta al muro. "Mi dispiace di non poter avere più fiducia, ma in ultima analisi e in tutta onestà questo è il meglio che posso fare".

Ad ogni modo, superai l'intervento, ma mi sentivo un inferno perché stavo male. Mi faceva così male che tutto quello a cui riuscivo a pensare era: quando sarà la prossima iniezione? Racconto tutto questo perché penso di dover essere il più onesta possibile. Andavo alla deriva e mi veniva somministrato il Demerol. Così adesso gli scettici possono dire: "Beh, era sotto antidolorifici". Non ha importanza. Gli scettici diranno quello che diranno comunque. Circa il terzo giorno in terapia intensiva, mi sono addormentato. Ed improvvisamente stavo scendendo un canyon molto lungo e buio. Sentii molto, molto caldo e molta, molta sicurezza; ma era il canyon più nero che avessi mai visto. Erano come delle pareti di montagna che sembravano molto lontane e poi improvvisamente sembravano vicine. Ad un certo punto guardai queste pareti di montagna e invece di essere tutte nere, sembravano quasi arancioni con luci scure e tremolanti. Aveva qualcosa a che fare con delle anime, ma non ricordo cosa fosse; però era una sensazione molto calda e sicura.

Mentre scendevo il canyon, vidi un posto molto nebbioso proprio davanti a me. Quando si trovò davanti a me, riuscii a vedere che c'era una specie di barriera di roccia che bloccava l'intero ingresso di questo canyon. Non si poteva proseguire, ma c'era abbastanza spazio per aggirarla. C'era nebbia ovunque.

Poi ho visto persone in piedi, lì. C'erano due uomini e un'altra figura oscura. All'improvviso, ho riconosciuto chi era quella persona, a quel punto non era più una figura in ombra. È divertente, ma assomigliava a Gene Wilder in Willy Wonka. Aveva quei meravigliosi capelli ricci, riccioluti ed indossava un vestito con i bordi bianchi. Il mio primo pensiero fu: "Cos'è tutto questo?". E poi all'improvviso ho capito che stavo morendo. In quel secondo ho sperimentato un momento di paura.

Poi quest'uomo con questo vestito disse: "Sei alla morte". Queste erano le parole: "Sei alla morte". Poi ho realizzato che era "l'angelo della morte". Non lo disse, ma io lo sapevo. Pensai tra me e me che appariva un po' intimidatorio. Ma quando disse: "Tu sei alla morte", fu così gentile che non ebbi paura. Non avevo affatto paura. Fu così gentile ed così efficiente. E' stato incredibile.

Ricordo d'averci riflettuto e d'aver annuito con la testa dicendo: "Lo so". Ora dirò tutto il resto in modo confuso perché stavo ricevendo informazioni simultaneamente. Arrivavano solo da impressioni. Dove qualcuno disse qualcosa, citerò esattamente ciò che è stato detto. Il mio primo pensiero fu: "C'è davvero qualcosa dopo la morte! C'è davvero!" Ero assolutamente sbalordita. Continuavo a dire: "Ma la morte è così facile. È così facile. È come alzarsi da questa sedia e sedersi su quella".

Questi tre uomini annuirono con la testa. E uno di loro disse: "Sì, ma è difficile arrivarci". Non capii, ma è quello che disse. Poi l'uomo con l'abito disse: "E ti viene data una scelta". In quel momento pensai a diverse cose. Un pensiero fu: "La morte è una ballerina". È un pensiero strano, ma sto cercando di riferire quello che mi venne in mente in quel momento nella sua forma più pura. In quel momento ho avuto l'impressione che non sempre mi sarebbe stata data una scelta. Ho anche avuto l'impressione che non a tutti fosse data una scelta. Che questo succedeva solo in questo particolare momento, a questo punto. Poi ho avuto anche l'impressione che questo "angelo della morte" non fosse il ruolo permanente di questo essere. Ho sentito che era solo in missione e che non avrebbe avuto sempre questo tipo di missione.

C'erano altre figure oscure e percepii che erano lì per aiutarmi. Perché mi disse: "Vuoi restare o vuoi andare?" Ora, restare significava restare con loro; andare significava tornare indietro. Non è ciò che penseresti normalmente. Era il contrario. "Vuoi restare o vuoi andare?" Io sapevo che lì era meraviglioso, e volevo restare. (Entusiasta) E così ho detto: "Voglio restare".

Non ricordo le sue parole esatte, ma disse: "Ci sono alcune cose che devi sapere prima di prendere una decisione". Poi mi mostrarono mia madre che stava piangendo e singhiozzando. Allora lui disse: "Ora tua madre sarà distrutta. E lei, nella sua disperazione, distruggerà coloro che la circondano". Ero sicura che stesse parlando di mio padre. Percepii che la sua vita sarebbe semplicemente finita a quel punto. E nel suo amore per lei, anche la vita di mio padre sarebbe finita. Ma io dissi: "Oh, io voglio restare". Perché percepivo che lì il tempo era così veloce, sarebbe stato un attimo. Sarebbero arrivati così in fretta e avrebbero capito quando al loro arrivo. Percepii anche un'altra cosa, che qualsiasi scelta avessi preso era giusto. Non c'era assolutamente nessun giudizio o censura, ma ciò che avrei scelto di fare sarebbe stata la cosa giusta. Poi mi fu mostrato mio marito. Stava piangendo e diceva: "Non ho mai saputo di amarla"; il che corrispondeva al modo in cui stava procedendo il nostro matrimonio in quel momento. Ho visto che sarebbe stato molto difficile per lui, ma dissi: "Voglio restare". Perché sapevo che in breve tempo sarebbero arrivati tutti e tutti avrebbero capito.

 Allora lui disse: "Ora, i tuoi figli staranno bene, ma non andranno così lontano come potrebbero". Ma io dissi ancora: "Voglio restare". Sapevo che i miei figli sarebbero stati bene. Forse non bene come se ci fossi stata io; ma non sarebbero comunque andati a fondo. Restare lì era ancora la scelta più attraente. A quel punto la Morte disse: "Ora, dovrai stare vicino ai tuoi figli". In altre parole, stare vicina al bordo. E mi disse che avrei dovuto guidare i miei figli. Ero semplicemente sbalordita, perché non era quello che volevo. Volevo andare in questo posto felice ed imparare. Non so come sapessi che avrei potuto imparare là. Mi è semplicemente venuto in mente e lo sapevo. Non l'avevo visto, ma nel momento stesso in cui queste persone hanno aperto bocca, sapevo che quello era un posto dove volevo stare. Sapevo solo che là c'erano delle risposte. Le risposte, suppongo. C'era educazione, risposte, crescita. Era istintivo, ma sapevo che era un posto dove volevo restare. Sicuramente non volevo andarmene e tornare a tutti questi problemi. Volevo restare là. Ma a quel punto, con riluttanza, dissi: "Beh, se devo rimanere vicino al confine, tanto vale che torni indietro. Ho queste responsabilità. E posso gestirle meglio da quel lato, piuttosto che cercando di stare vicina ai miei figli e influenzarli". Così dissi: "Ok, torniamo indietro". E tutti sembrarono piuttosto contenti che avessi deciso così, anche se non ci sarebbe stata alcuna censura o giudizio.

Sentivo come se avessi iniziato a ritirarmi indietro. Vidi quelle altre figure minori che sussurravano: "Se ne andrà. Se ne andrà". Non ricordo se scomparvero o se aggirarono la barriera. Credo che abbiano aggirato la barriera. E percepii che erano lì per aiutarmi ad attraversare. Ma non c'era più bisogno di loro, così scomparvero. Allora cominciai a ritornare indietro, come se me ne stessi andando. Uno di questi uomini parlò e disse: "Prima che tu vada, ci sono alcune cose che vogliamo che tu sappia".

Immediatamente mi trovai in un altro luogo. Non ero più nel tunnel. Era una specie di cortile e c'era un cerchio di persone. Da allora ho cercato di indovinare quanti fossero in quel cerchio di persone sedute sulle sedie. Direi forse otto, dieci uomini e donne. Percepii che erano il mio Consiglio e capii che ogni persona ha un consiglio con responsabilità per ogni anima quaggiù. Mi ricordavano un po' un gruppo di scuola domenicale di campagna che si riunisce nel cortile della chiesa, durante il pomeriggio o qualcosa del genere. Non riuscivo davvero a vederne le facce, ma questa persona mi stava guidando. Ricordo le sue braccia nude e le maniche arrotolate della sua camicia bianca, molto simile a come gli uomini farebbero in una calda domenica d'estate, durante una classe di religione all'aperto. Mi portò da una ragazza seduta sotto un albero. Lei aveva la pelle nera, pelle colorata e lui le pizzicò la pelle. (Fece il movimento di pizzicare la pelle del suo avambraccio tra il pollice e l'indice). Poi lui disse: "Questo è così insignificante; questa pelle. Questo ha così poca importanza. È solo una piccola copertura. Ha così poca importanza che fa ridere", e poi entrambi si misero a ridere. E io pensai: "Perché mi sta dicendo questo? Lo so già".

Poi l'immagine successiva era... eravamo in piedi per strada e c'era almeno uno dei miei consiglieri con me. Questi due giovani dal viso da indiano orientale stavano camminando per strada. Ed erano lì per mostrarmi me stesso. Ora, ero lì in piedi e all'improvviso accanto a me c'era me stessa. Ho visto una sfera bellissima, molto grande, brillante, opaca e scintillante che sapevo essere me stessa. Camminai attorno, per poi entrare in me stessa, questa sfera di luce. (Illustrò con movimenti delle mani l'atto di entrare nella parte superiore di questa sfera e di procedere verso il basso attraverso di essa per uscire dal fondo). Sapevo che quando sarei uscita avrei avuto tutte le risposte. Avrei conosciuto me stesso. E fu così così. Ma quando sono entrato nella sfera sono scesa. Era come essere immersa in bianco latte, ero proprio a mio agio. Pensai: "Da un momento all'altro raggiungerò il centro". E ben presto raggiunsi il centro e riemersi dall'altra parte, con una specie di angolo verso il basso. Sapevo quando ero al centro, ma il centro era esattamente come la periferia. In altre parole, il centro era esattamente come i bordi. Eppure percepivo quando ero al bordo, attraversavo il centro e uscivo di nuovo. Ma il centro era esattamente come la periferia. Erano esattamente la stessa composizione. Quando sono uscita, ho riconosciuto me stessa. Stavo lì e mi sentivo imbarazzato. Mi sentivo nuda, perché mi conoscevo e percepivo il mio bene, il mio male e non mi giudicavo. E ho detto: "Devo lavorare su questo". E anche loro mi conoscevano. Mi conoscevano totalmente. E sorridevano e annuivano. E la cosa bella era che non c'era nessuna censura. Assolutamente nessuna. Nessun giudizio.

È qui che mi confondo. Non ricordo cosa venne dopo. Guardai in su e il cielo improvvisamente si oscurò, era pieno di stelle. Alcune erano enormi, altre medie e altre minuscole, erano tutte di varia brillantezza, ma nessuna superava l'altra. Anche se ce n'era una piccolissima accanto ad una enorme e brillante, si potevano comunque vedere tutte con la stessa chiarezza. Sapevo che le stelle erano anime. Allora dissi: "Beh, dov'è la mia?". E qualcuno rispose: "Eccola lì". Guardai dietro di me e c'era la mia stella. Era appena spuntata dall'orizzonte. Ed improvvisamente ero lì, nel luogo dove si trovava la mia stella. E improvvisamente ero lì, nel luogo dove si trovava la mia stella. E mi sentivo come se fossi cucita nel tessuto. In quell'istante ho capito che eravamo tutti totalmente connessi e che non importava cosa succedesse, non potevamo essere distrutti. Anche se fosse arrivato qualcosa e avesse strappato il tessuto, il tessuto avrebbe tenuto. Sapevo che non potevo essere distrutta, né nessun altro. Che ero come ero, come sono.

Poi ero di nuovo nel prato, in piedi sul ciglio della strada. E guardai attraverso questo bellissimo prato illuminato dal sole e c'era un boschetto di alberi. Era simbolico per me che ci fosse un boschetto, ma percepivo che in esso c'era l'albero della vita. Ed improvvisamente, da questo boschetto di alberi, uscì questa enorme sfera di lampi. L'ho guardata mentre volava attraverso il prato. E mi colpì proprio qui. (Mise la mano sul petto sopra la zona del cuore) Fu come se mi avesse tolto il respiro. Fu come se ogni grammo di tutto ciò che era dentro di me fosse stato risucchiato fuori e consumato. E quello che entrò in me fu amore totale, puro, incondizionato. Fu così incredibile. Entrò in ogni cellula, riuscivo a malapena a respirare. Non c'era nulla che potessi dare tranne l'amore, perché era tutto ciò di cui ero composta. Si era impadronito di ogni atomo. E poi cominciai a ritornare. E qualcuno mi gridò, e forse era il mio consigliere: "Resta sposata. Sei destinata a essere sposata". (Con rassegnazione) Cosa che ho poi fatto.

Sono tornata indietro. Mi sono svegliata e ho visto l'infermiera dell'Unità di Terapia Intensiva china su di me con uno sguardo preoccupato sul suo viso. Mi stava guardando. E ho pensato: "Non preoccuparti, sto bene. Non sto per morire. E non me ne andrò di nuovo". Ho anche pensato: "Uuh, non sai dove sono stata". Non ne ho parlato a nessuno per un bel po' di giorni.

Successivamente discutemmo la possibilità che Meg stesse morendo e che forse l'infermiera avesse visto qualcosa dai macchinari o nel modo in cui si comportava. Quando Meg fu colpita dalla sfera di fulmini, quello poteva essere una vera e propria scossa al corpo per riportarla in vita. Torno' nel suo corpo immediatamente dopo aver ricevuto quella scossa. Potrebbe averla influenza un po' come le scosse elettriche somministrate a pazienti che stanno avendo un infarto.

Ci sarà senza dubbio un dibattito per determinare se questo incidente sia realmente accaduto o se fosse una fantasia legata all'influenza delle medicine. Ma Meg non ha nessun dubbio al riguardo. Lei sa che è stato reale. Non c'è dubbio nella sua voce mentre racconta l'incidente. Lo sa perché le ha cambiato la vita per sempre.

Come ha detto Meg: "Forse qualcuno deve quasi perdere la propria vita per riuscire a trovarla".

***

Il resto della storia di Meg:

Meg divenne una buona amica e siamo rimaste in contatto per più di venticinque anni dopo avermi raccontato questa storia. L'NDE (esperienza di pre-morte) ebbe un effetto così profondo sulla sua vita che continuò a ripetere a suo marito di lasciarla andare se stava morendo. Non voleva essere riportata indietro. Questo succede a molte persone che hanno sperimentato questo fenomeno. Non hanno più paura della morte. Hanno visto l'altro lato e sono ansiosi di tornarci nuovamente quando arriva il loro momento.

Anni dopo, sviluppò un cancro e si trovò morente in ospedale. Quando i suoi segni vitali si fermarono, suo marito si agitò e chiese al personale medico di rianimarla. Questo la riportò indietro, ma lei era molto arrabbiata. Era nuovamente passata dall'altra parte e non voleva rientrare nel corpo. Insistette che non accadesse di nuovo.

Mentre giaceva in ospedale il dolore aumentò e non c'erano più accessi alle sue vene per somministrare gli antidolorifici. Poi, una notte, un giovane infermiere maschio entrò nella sua stanza e delicatamente inserì una flebo di antidolorifico in una piccola vena tra l'anulare e il mignolo. Mia figlia Julia, che è stata infermiera per vent'anni, disse che è un punto molto improbabile per inserire una flebo.

Meg si sentì più a suo agio per alcuni giorni, fino a quando la flebo non dovette essere cambiata. Insisti' che chiamassero il giovane infermiere maschio per sostituirla, perché l'aveva fatto così bene. I medici insistettero che non c'era alcun infermiere maschio, impiegato dall'ospedale. Quindi chi era il giovane che aveva così delicatamente alleviato il suo dolore? Uno spirito dell'aldilà? Il suo angelo custode? Chiunque fosse, sicuramente non era di questa Terra fisica. Aveva contribuito a rendere il suo trapasso più confortevole, perché lei morì nel sonno qualche giorno dopo, prima che qualcuno potesse riportarla di nuovo in questo mondo.

Non mi addolorai per Meg, perché sapevo che era felice. E' stata una delle poche in grado di vedere uno scorcio dell'altro lato. Anche se è stato solo per pochi momenti, quello che ha visto fu così bello che sapeva che non avrebbe avuto paura di tornare.

Capitolo 4

Le Scuole

MOLTE VOLTE sono stata nell'affascinante regno dello spirito. Questa è la zona che incute più timore agli esseri umani e solleva l'eterna domanda: "Dove andrò alla mia morte?". Tutti si chiedono cosa gli succederà, se ci sarà l'oblio totale o la continuazione della personalità. Anche i più religiosi nutrono ancora le proprie incertezze. Io non ho tutte le risposte, ma credo di poter aiutare attraverso le informazioni che ho ricevuto grazie alla mia ricerca sulla regressione. Anche un sonnambulo in regressione non può dirvi ciò che non sa. Ma quando si ottengono le stesse descrizioni da molte persone diverse, si deve presumere un fondamento di validità. Forse suona vero, perché la maggioranza vuole veramente credere che l'aldilà sia un luogo di pace e di soddisfazione.

Personalmente trovo totalmente ripugnante l'idea di rimanere sotto terra fino al giorno della resurrezione o al giorno del giudizio. Anche l'idea di fluttuare su una nuvola, suonando un'arpa per l'eternità non è la mia visione del paradiso. Penso che diventerebbe noioso velocemente. Forse trovo questo concetto delle scuole attraente, a causa della mia insaziabile curiosità e della mia costante ricerca di conoscenza.

In ogni caso, penso che questo ci dia la migliore descrizione e forse, solo forse, le risposte ad alcune delle domande ossessionanti che ci affliggono collettivamente.

In molti casi durante la regressione, diversi soggetti non finivano in una vita passata. Le loro risposte rivelavano che erano in uno stato di mezzo, su vari livelli o piani o luoghi dello spirito. Il più comune di questi era la scuola. Così chiesi una descrizione.

S: È la scuola della conoscenza. Vedo la sala. Ha alti pilastri ed è tutta bianca. Luce reale - come faccio a spiegarmi? La luce viene da dentro e da fuori, da ogni cosa, semplicemente brilla.

D: *Vuoi dire come la luce del sole?*

S: Non così luminosa, ma più... duratura. È molto tranquillo, molto riposante, molto calmo. È un posto molto bello dove restare.

D: *Dov'è questa scuola della conoscenza?*

S: È proprio qui. È su una vibrazione diversa dall'esistenza conosciuta come Terra. È su un piano d'esistenza separato.

D: *Non ha nessuna connessione con la Terra?*

S: Qui, veniamo a conoscenza di ciò che abbiamo fatto e in questo modo ha una connessione con la Terra, ma nessun'altra a parte questa.

D: *Hai detto che è come una grande sala; tutte le lezioni si tengono nella sala?*

S: No, ci sono aule fuori. Credo che questo sia una specie di corridoio principale. Qui puoi vedere tutto quello che vuoi. Solo visualizzandolo, si verifica. Puoi renderlo bello o brutto come desideri. Se avete la coscienza sporca e volete soffrire, potete farvi anche questo. Potete fare in modo che l'ambiente circostante sia come volete voi o come l'avete visualizzato. Su alcuni piani, incluso il piano su cui mi trovo ora, sembra d'essere su un livello superiore della Terra, la topografia qui è simile, ma ha un livello d'energia più sottile. Voglio dire, ci sono colline e montagne e valli, ma potrebbero non essere posizionate esattamente come le colline lì sulla Terra. C'è del verde e così via, ma i colori sono più intensi e più puri. Si possono anche avere edifici e cose simili qui, ma di solito i loro costrutti di energia sono influenzati in modo tale da dare una certa immagine.

D: *Le altre persone lì vedono le stesse cose che vedi tu?*

S: Sì, le montagne e il verde sono caratteristiche generali di questo piano che tutti vedono. È la Terra, ma è ad un livello energetico diverso. Ed essendo un livello energetico diverso, le leggi che governano l'energia sono diverse. La terra è solida e le colline sono solide, gli alberi e gli animali esistono davvero; sono davvero lì. È come il piano d'incarnazione in cui ritornerò di nuovo. Ma poiché le leggi dell'energia sono diverse, si possono fare altre cose con costrutti artificiali.

D: Tutti devono manifestarlo o è semplicemente lì tutto permanentemente?

S: C'è sempre. È solo una questione di percezione personale, se la si percepisce o meno.

D: Vuoi dire che ci sono persone che potrebbero venire lì e non vedere le stesse cose che vedi tu?

S: No, sto parlando di persone sul piano d'incarnazione. Non lo percepirebbero perché percepiscono le cose ad un livello inferiore o ad un piano inferiore.

D: Questo luogo sarebbe equivalente a quello che alcune persone chiamano "Paradiso"?

S: No. Probabilmente è quello che loro chiamerebbero "paradiso". Sto facendo una distinzione tra paradiso e Paradiso, perché Paradiso significa una Terra perfezionata. Terrestre, ma senza la distruzione e il decadimento che esiste sul piano dell'incarnazione. E il paradiso si riferisce ai piani superiori d'esistenza che lo spirito conosce istintivamente, anche se non può trasmetterne un'immagine chiara con il vocabolario e i concetti inadeguati, disponibili sul piano dell'incarnazione. Il paradiso si riferisce ai piani superiori dove tutto è energia. Il paradiso si riferisce anche a questi piani cosiddetti "inferiori" dove tutto è ancora simile alla Terra perché sei su un piano superiore della Terra.

D: Allora quando qualcuno parla di andare in paradiso, sta andando su un piano superiore dove non ci sono... immagini, per così dire, è tutta energia o ci sono scene intorno a loro?

S: Beh, è soprattutto energia e manipolazione dell'energia. Ma quando le persone parlano di morire e andare in Paradiso, quello che fanno in realtà è andare in paradiso perché tutto deve essere preso in ordine e le cose devono essere percepite e comprese in ordine. Bisogna essere preparati per i livelli più alti in modo da poterli assimilare più equamente.

D: Ma nella zona conosciuta come paradiso, sarebbe solo tutto bianco o ci sarebbero scene, edifici e altro?

S: No, non edifici. La tua percezione è diversa e puoi vedere le energie. Sarebbe come fantastiche esposizioni di aurora boreale. Voi stessi sareste energia e potreste manipolare le energie per ottenere cose diverse e far accadere cose diverse. Quando siete nei piani superiori che chiamate paradiso, potete guardare nei piani inferiori molto facilmente e vedere i piani fisici e vedere cosa sta succedendo. Non è un problema vedere le cose; è solo una questione del livello in cui stai guardando per quanto riguarda ciò che vedi. Ma non ci sarebbero dintorni perché non ci sono orizzonti.

D: *Ma hai detto che la gente non ci andrebbe direttamente.*
S: Questo è vero. Di solito quando si muore c'è un periodo di transizione in cui ci si può adattare al fatto che non si è più sul piano d'incarnazione. Quando ci si adatta a questo fatto, allora si ha la libertà di muoversi tra i piani a cui si ha accesso, a seconda di quanto avanzato sia il proprio spirito.

D: *C'è qualcun altro con te lì alla scuola?*
S: Ci sono circa 50 persone solo nella mia... classe. Ci sono altri qui, ma non abbiamo molto a che fare con loro. Stanno risolvendo altri problemi. Hanno lezioni diverse che devono imparare e devono affrontarle dentro sé stessi. Io considero solo che sto aspettando. So che tornerò indietro. Qui posso imparare, osservare e valutare le cose che sono successe mentre ero sulla Terra perché non sono ostacolato dalle influenze del mondo.

D: *Mentre stai imparando, fai tutto da solo o qualcuno ti aiuta?*
S: No. Mi faccio aiutare se ne ho bisogno. Se cerco, se chiedo o se faccio domande, tutte le cose arrivano e sono lì.

D: *Chi t'insegna?*
S: I maestri. Ogni classe ne ha diversi. T'insegnano a studiare te stesso.

D: *Come sono le persone? Voglio dire, hanno dei vestiti?*
S: Qui indossano abiti, ma non sempre. Fondamentalmente l'aspetto qui è quello di ectoplasma nelle sue varie forme. A volte si vede qualcuno con la forma di un corpo e sembra che abbia dei vestiti addosso, ma è piuttosto bianco e dall'aspetto trasparente. A volte, se vogliono apparire più solidi, lo fanno. E qualsiasi tipo di abbigliamento vogliano proiettare è come se lo indossassero, fa parte del tipo d'immagine che vogliono proiettare in quel particolare momento.

D: *Allora non si assomigliano tutti.*

S: No. E anche uno in particolare non apparirà necessariamente uguale, da una volta all'altra. Dipende da ciò che vogliono ottenere. Ma in questo momento, in questo luogo, hanno delle vesti.

D: *Cosa stai imparando alla scuola?*
S: Sto studiando le esperienze e gli effetti della vita. Studio a lungo e duramente per imparare e conoscere. Metto insieme i pezzi delle mie esperienze e li compongo per dare un senso alla mia esistenza. Mi chiedo: Come mi hanno influenzato queste cose? Come le ho gestite? Qui è molto tranquillo e silenzioso, così ho molto tempo per me stesso - solitudine. Penso e lavoro su queste cose. A volte torno indietro attraverso le esperienze e cerco di capire. Vedi, nella vita ho piegato il mio giudizio per adattarlo a qualsiasi motivazione - di solito per sentirmi giustificato nelle mie azioni. E qui posso analizzare, quindi ripercorro la situazione per avere una prospettiva più vera di ciò che è realmente accaduto. Cerco di capire perché ho agito e reagito in quel modo per non ripetere gli errori precedenti. Qui accumuliamo una grande conoscenza delle lezioni da imparare, del karma da affrontare. Impariamo molte cose su come affrontare la natura umana e sui problemi che dovetti affrontare. Anche i problemi che dovrò affrontare e le decisioni da prendere al riguardo. E attraverso tutto questo imparerò a crescere ed espandermi.

D: *Affronterai questi problemi mentre sei lì?*
S: No, la prossima volta che nascerò. Mi sto preparando a scendere nuovamente.

D: *Ti hanno detto che tipo di problemi dovrai affrontare?*
S: Alcuni, ma non molti. Stiamo solo esaminando ciò che dovrei decidere e parlando del lavoro che voglio gestire e dei problemi che voglio affrontare.

D: *Vuoi dire che stai cercando di capire quali vuoi gestire o ce ne sono alcuni che dovrai affrontare?*
S: Alcuni che dovrò gestire. Ma in questo momento è davvero una situazione di apprendimento.

D: *Pensi che avrai molti problemi da affrontare la prossima volta?*
S: A seconda di come definisci i problemi. Molti di essi sono solo decisioni riguardo a come gestirò me stesso e le relazioni con le altre persone. Quando passi attraverso qualcosa sulla Terra, che

sia buono o cattivo, la cosa importante è la tua attitudine, il modo in cui lo accetti. Come gestisci le sconfitte? Come gestisci le vittorie? Come affronti le situazioni e i problemi? Come accetti i fallimenti? Sei cortese? Le situazioni della tua vita. Tutte queste sono la somma totale di chi e cosa sei. E l'auto-inganno, questo è un grosso problema. Le persone non riescono ad essere oneste e non fanno fatica ad guardare le cose oggettivamente. Inventano scuse per giustificare il motivo per cui fanno le cose e lo distorcono fino a quando non hanno perso tutta la verità.

D: *C'è qualche lezioni in particolari con cui hai dei problemi?*
S: Devo imparare a parlare per esprimere la mia opinione. Devo imparare ad essere più esigente e non lasciare che la gente mi manipoli così tanto. Parte del mio problema è che sono qui da così tanto tempo e sono sempre così consapevole che non è mai una problema così grande e in un certo senso fluttuo attraverso le situazioni. Ho lasciato che le persone mi manipolassero perché davvero non faceva molta differenza per me. Quindi devo essere più decisa e imparare a prendere decisioni. Non mi piace molto farlo.

D: *Attiri queste situazioni a te per poterle risolvere? O le pianifichi con molto anticipo?*
S: Penso che ci si crei molte situazioni. Qualunque cosa ci sia nella tua mente, a volte viene fuori. Il tuo spirito sa quali cose hai bisogno d'imparare e allora crea delle situazioni senza che tu sia veramente consapevole di ciò che succede. Ma tutto accade per delle ragioni. Quando sarò lì sulla Terra non saprò veramente, non deciderò veramente. Penserò solo che stanno accadendo per caso. Tuttavia sono state tutte pensate e pianificate per degli scopi.

D: *Qualcuno ti aiuta a preparare questi piani?*
S: Sì, a volte mi faccio aiutare da altre persone qui. C'è una donna che mi ha aiutato molto. Lei si occupa di me. A volte perfino durante una vita, ho l'impressione di diventare più consapevole della sua esistenza, per esempio, quando sto crescendo e sta finendo l'infanzia. A volte, quando sono molto coinvolta in tutto ciò che sta succedendo, non sono così consapevole della sua presenza. Qui a volte mi mostra come certe azioni mi influenzeranno durante le vita. Me le mostra come se fossero un film su uno schermo da parete. E dice cose come: "Questo è ciò che succederà

se farai questo; e questo è il problema che dovrai affrontare". Capisci, mi spiega dove non ne ero consapevole. Nella vita, ho avuto difficoltà, sapevo che qualcosa non andava, ma non riuscivo a vederlo. A volte mi ha fatto conoscere cose che avevo bisogno di sapere.

D: *Sai quanto tempo resterai qui?*
S: Non molto. So che devo andare avanti. Voglio imparare tutto ciò che posso. Cerco di continuare ad imparare il più possibile. A volte penso di aver capito abbastanza bene, ma poi spuntano sempre cose che vengono fuori, cose a cui non avevo mai pensato. (Pensierosa) Non si riesce mai a capirlo completamente, credo. Ma puoi cercare di perfezionarlo e riprovarlo. È come mettere qualcosa in una fornace per raffinarlo.

D: *Ti piace sperimentare la Terra?*
S: Beh, anche se penso che non ci sia più niente da imparare, ogni volta imparo qualcosa di nuovo. Ho la tendenza ad essere un po' ribelle. So che non l'ho ancora superata, anche se mi piace pensare di averlo fatto.

D: *È obbligatorio tornare sulla Terra e abitare di nuovo in un corpo o si può scegliere?*
S: No, perché non c'è nessun obbligo. Se è appropriato, sì; allora potrebbe essere la cosa migliore da fare. Tuttavia, non c'è una regola che dice che ci si deve incarnare, perché chi può dire che si possa scegliere di non reincarnarsi mai più? Dipende dalla forza vitale coinvolta. Posso rimanere qui ed imparare o posso tornare indietro. Probabilmente tornerò indietro. Guardo la pace e penso d'essere pronta per le sfide.

D: *Prendi qualche decisione riguardo a quando tornare?*
S: Quando trovo qualcuno che mi sembra adatto alle mie esigenze, allora ho una scelta. Ti fai coinvolgere da altre persone. Costruisci legami ed emozioni. Sei aperto, senti, percepisci e le loro vite t'influenzano.

D: *Viene pianificato tutto in anticipo?*
S: Deve esser perché ci sono così tanti che desiderano tornare e così pochi corpi in cui tornare.

D: *Prendi tutte queste decisioni da sola?*

S: No, le nostre sono le decisioni minori da prendere. Gli insegnanti e i maestri ci aiutano a prendere le decisioni più importanti e gli avvenimenti più importanti.
D: *Sembra che sia complicato.*
S: Sì, ma funziona. Sarebbe troppo complicato cercare di capirlo da sola. Inoltre c'è il fatto che tutti vorrebbero rendere le cose estremamente più facili per se stessi e non avere problemi. Non cresceresti in questo modo.
D: *Puoi scegliere il tipo di persona che sarai?*
S: Hai certe caratteristiche. Sei la somma di tutto ciò che sei stato o hai fatto. Sei una persona. Puoi essere leggermente programmato durante l'infanzia dalle persone che ti circondano, ma questo è più che altro un elemento aggiunto. Non ti cambia veramente. Tu sei quello che sei, quello che hai fatto, quello che hai detto, quello che hai pensato, come hai vissuto e gestito ogni situazione. Sei una somma di tutte queste cose.
D: *E il libero arbitrio?*
S: Riguardo a questo... ogni anima ha una personalità. Per questo c'è il libero arbitrio; nel fatto che sappiamo come quella persona deciderà in qualsiasi situazione perché ha quella personalita'. In base a ciò che hanno fatto nelle loro vite passate, la personalità è molto prevedibile. Possono impedire che certe cose accadano, semplicemente cambiando o andando contro il loro carattere, ma è insolito che una persona cambi così drasticamente.
D: *Pensavo che intendessi dire che queste cose erano impostate, che è così che deve essere e che non possiamo dire niente al riguardo.*
S: Non saresti in grado d'imparare se non fossi in grado di prendere le tue decisioni. Devi gestire i tuoi errori.
D: *Quindi la nostra teoria della predestinazione è corretta?*
S: Nella misura in cui la predestinazione che vedi è tua stessa e non prestabilita da qualche Dio nel cielo che dice: "Tu farai questo e farai quello. E tu, tu e tu farete qualcos'altro". La predestinazione che forse vedete nel vostro futuro è interamente vostra, perché siete voi stessi a scegliere quale strada prendere. Potrebbe essere rilevante dire che il "tu" di cui parlo qui, ha una portata molto maggiore di quella a cui tu stesso abbia accesso. C'è in ognuno di noi una parte molto più grande rispetto a quella di cui siamo consapevoli. Ognuno di noi è la punta del proprio iceberg ed è

questo iceberg che sceglie il nostro destino. Ecco perché è così facile attribuire quelle esperienze che potreste chiamare "spiacevoli" a qualche dio, qualche divinità invisibile tra le nuvole. Qualcuno che dica: "Voi striscerai, piangerai e digrignerai i denti, mentre quello accanto a te cavalcherà nello splendore e godrà di una vita di lusso". Non è affatto così. È che ognuno di noi sta semplicemente parlando dalla propria limitatissima prospettiva.

D: *Quindi le cose non sono tutte "predestinate"?*

S: Solo fino ad un certo punto. Sono predestinate nel fatto che, come dicevo, si conosce la personalità e ogni personalita' alla fine arriva ad una specifica decisione. La personalità rimane fondamentalmente la stessa. Cambia solo man mano che si cresce.

D: *Allora avete un'idea del tipo di situazioni in cui finiranno. Alcune persone dicono che non c'è alcuna scelta sulle cose.*

S: Questo è solo il modo in cui la gente percepisce le cose: "Dato che non abbiamo scelta sulla questione, perché dovrei preoccuparmi di quello che succede, succederà comunque". E questa è solo l'espressione di una persona molto pigra che non vuole crescere.

D: *Allora apparentemente hanno molto da dire al riguardo. Pensi che sia già stato pianificato chi incontrerai e le persone con cui avrai rapporti?*

S: In una certa misura, perché hai un qualche tipo di legame precedente con la maggior parte delle persone che incontri nel corso della tua vita. Avrai cose da risolvere tra due o forse più individui. A volte ti riunisci in un trio, a volte ti riunisci in un intero gruppo, riguardo alle cose che devi risolvere con queste persone. A volte nasci in mezzo a loro, il che rende tutto più facile. Questo spiega perché alcuni genitori e figli non si sopportano, perché prima si odiavano. Per lo meno hanno deciso di provare a risolvere qualcosa, ma non la stanno gestendo molto bene.

D: *Ma una volta che si torna nel corpo fisico, non si ricordano queste cose.*

S: In gran parte è vero. Ma ci sono sempre modi per attingere alla loro coscienza. Ci vuole solo tempo e studio.

D: *Molte persone mi chiedono perché non ricordiamo le nostre vite passate. Pensano che aiuterebbe molto se sapessimo coscientemente di queste connessioni karmiche.*

S: Non servirebbe; renderebbe le cose troppo complicate. Riesci ad immaginare quanto sarebbe difficile funzionare nel mondo quotidiano se avessi i ricordi di innumerevoli vite passate che ti bombardano costantemente? Non saresti mai in grado di concentrarti sulle lezioni che devi elaborare durante questa vita. A volte, quando sei un bambino piccolo, ricordi le tue connessioni passate perché sei ancora vicino ad esse. Ma in seguito i ricordi che hai negli anni futuri seppelliscono queste memorie e si dimentica, anche se sono ancora lì nel tuo subconscio. Di conseguenza, quando hai la sensazione di dover fare una cosa invece di un'altra e segui quella sensazione, è generalmente perché il tuo subconscio ti sta ricordando sottilmente un certo aspetto del karma.

D: *Qualcosa che non hai fatto bene in passato.*

S: Sì. Questa è la ragione per cui, nel karma generale, ti è stato permesso di sviluppare questa tecnica di ipnosi e altre tecniche mediche, in modo da scoprire un po' di questo karma passato, cosicché le persone coinvolte in questo processo possano progredire più rapidamente. Questo ha a che fare in parte con l'ingresso nell'Era dell'Acquario.

D: *Sono delle piccole scorciatoie. Ma questo è ciò che molte persone pensano, che dovrebbero essere in grado di ricordare queste cose da sole. Pensano che li aiuterebbe a risolvere i loro problemi.*

S: Si aspettano troppo da loro stessi. Di solito non succede così.

D: *Sembra che sarebbe più facile se ci si ricordasse dei problemi che abbiamo avuto con queste persone.*

S: Purtroppo, però, sarebbe più difficile, perché ti porteresti dietro i pregiudizi del passato assieme ai ricordi. E questo è ciò che cerchiamo di evitare. In alcuni casi non aiuta. Alcune persone riescono a gestirlo meglio di altre. Ma nella maggior parte dei casi non funziona. Se sei ancora arrabbiato a causa dei sentimenti passati, tutto ciò che ti porti dietro è la rabbia, senza molta logica. E così non sempre la memoria aiuta.

D: *Ma la gente dice: "Se ricordassi cosa è successo con loro prima, potrei capirlo e gestirlo meglio".*

S: Questo non è sempre vero. Perché se fossero abbastanza maturi per gestire le loro lamentele in questa vita, direi che probabilmente erano abbastanza maturi per gestirle in quella precedente. Ma se

fanno fatica a gestire il problema ora, sulla fiducia, per così dire - solo ad accettarlo - come possono accettare il problema originario da cui proviene la situazione?
D: *Quindi pensi che sia meglio se alcune persone non ricordino?*
S: Nel complesso, sì. Ci sono eccezioni ad ogni regola.
D: *Comunque alcune persone, non hanno personalità abbastanza avanzate per capire queste cose.*
S: Questo è vero.
D: *Sai cos'è il karma?*

(Una definizione generale di karma è: la legge universale di equilibrio, di causa ed effetto, dove ogni cosa sia buona che cattiva deve essere ripagata o bilanciata).

S: Penso che la parola in sé... diverse persone hanno aggiunto il proprio significato. È difficile da definire davvero, ma come parola molto generale significa amare. Per esempio, sai che se uccidi, dovrai affrontarlo di nuovo. Per esempio, diciamo che hai ucciso per soldi. Allora devi affrontare di nuovo la stessa situazione finché non riesci a superarla. Spesso le situazioni si capovolgono e potresti finire ucciso per danaro.
D: *Oh, un rovesciamento completo.*
S: Sì, o potresti dover lasciare una vita molto piacevole in cui tutto è piacevoli e perfetto. L'hai accorciata. Quindi devi sperimentare la perdita di qualcosa. Tutto torna indietro.
D: *Ho anche sentito che ci sono altri modi di ripagare. Non deve necessariamente essere "occhio per occhio".*
S: No, diciamo che fai a qualcuno una grande ingiustizia. Gli fai qualcosa di sbagliato. Allora potresti dover tornare in un'altra vita e servire quella persona. Forse dovresti prenderti cura di loro, servirli e proteggerli per compensare un torto che potresti avergli fatto in passato. Quindi a volte una vita può essere dedicata a questo. La rinuncia a se stessi per l'altra persona. Quello che fate è sempre giustificato in qualche modo.
D: *E tu? Sei un'anima giovane o un'anima vecchia? In altre parole, sei qui da molto o da poco tempo?*
S: Tutte le anime sono in giro per la stessa durata. Alcuni di noi hanno scelto, per ragioni personali, di incarnarsi nel corpo più spesso di

altri. È da qui che deriva il termine "anima vecchia o giovane". Alcuni sono giovani in termini di esperienza terrena. Ho scoperto che mi piace fare ciò che posso per aiutare in modo tangibile, non solo me stesso ma anche gli altri. Così ho avuto la tendenza a continuare a tornare più e più volte.

D: *Allora un'anima giovane sarebbe una che non ha avuto molta esperienza terrena?*

S: Sì, o anche solo esperienze negli altri regni, perché la Terra non è l'unico regno della coscienza.

D: *Hai detto che stavi andando nelle scuole; che lì stavi imparando lezioni. Be, se sei in grado di imparare lezioni mentre sei nel mondo degli spiriti, perché dovrebbe essere necessario incarnarsi in forma fisica?*

S: Ce n'è un gran bisogno, per il fatto che è come leggere un libro. Quando hai letto un libro, la conoscenza è dentro di te, ma non l'hai utilizzata. E se non usi questa conoscenza non ha alcun valore. Non puoi cambiare te stesso senza sperimentare una ragione per cambiare. È più forte, più personale se stai sperimentando o vivendo i problemi. Non si sente molto, quando si è solo letto qualcosa. Puoi imparare tutto su come fare qualcosa leggendo un libro, ma se non hai l'esperienza "pratica" non ti serve a niente.

D: *Dicono che è difficile fare esperienza sulla Terra nel corpo. Che è un modo difficile per imparare le lezioni. Pensi che sia vero?*

S: È un modo difficile per imparare le lezioni, ma più duraturo. Se puoi imparare una lezione attraverso tutte le difficoltà che si attraversano qui, questa rimarrà con te.

Penso che possiamo usare un'analogia e paragonare questo ad un corso universitario di chimica. Puoi imparare come eseguire molti esperimenti leggendo il libro, ma fino a quando non hai effettivamente mescolato le sostanze chimiche e seguito le istruzioni e visto i risultati, gli esperimenti rimangono solo parole in un libro. Attraverso la pratica riesci a capire meglio il processo e i risultati. Molte persone con lauree universitarie hanno solo la conoscenza dei libri che non possono applicare alla loro vita. È qui che entra in gioco l'esperienza "pratica". Questo esempio può essere applicato anche alla meccanica e ad altre occupazioni simili, dove c'è l'apprendimento sui libri contro l'effettiva manipolazione dei materiali.

D: Sai quante vite hai vissuto?
S: Non ne ho idea. Un centinaio forse, forse di più. Ho perso il conto.
D: È difficile tenere il conto?
S: Dopo la prima cinquantina, sì.

Ero in grado di percepire come ci fosse un fondo di verità a proposito, perché mentre lavoravo con una donna per un anno intero, solo su 26 delle sue vite, queste cominciarono a confondersi ed iniziai ad avere difficoltà a distinguerle l'una dall'altra. Potevo vedere come ognuna influenzasse l'altra e come fossero pezzi di un puzzle, componenti dell'intera personalità integrata.

D: C'è un registro da qualche parte?
S: Lo fanno, ma non è importante. E' solo l'esperienza che è importa.
D: Hai mai sentito parlare di una cosa chiamata i registri Akashici?
S: Sì, i registri della vita. Ci sono entità che sono i guardiani dei registri e sono autorizzati a leggerli. Alcuni, che studiano e praticano da anni, ne hanno un accesso limitato. Ma sono in pochissimi e che io sappia nessuno incarnato, ha pieno accesso a questi registri.

Un altro spirito vide questi registri come molto più accessibili.

D: Hai mai sentito parlare dei registri Akashic? (Esitò.) Forse voi lo chiamate in un altro modo. Pensi che ci sia da qualche parte un registro di tutte le volte che hai vissuto?
S: Oh, sì. Credo che se dovessi chiamarlo in qualche modo, lo chiamerei il Libro della Vita: un registro di ciò che hai fatto. È su quello leggio laggiù. È molto grande.
D: Quello è solo il tuo registro o quello di tutti?
S: Beh, tutti possono accedervi e consultarlo. Si girano le pagine e se lo sto guardando io, allora riflette quello che sto cercando. Se lo guarda un altro, allora riflette quello che cercano loro. È un libro di tipo magico.

D: *Mi chiedevo come i registri di tutti potessero essere in un libro solo. Dovrebbe essere un libro enorme.*
S: Ciò che vuoi trovare, ciò che stai cercando, è proprio lì.

Un'altra entità cercò di spiegare i registri Akashici ad un livello più personale.

S: Fedele al vostro sistema di credenze, esistono i registri Akashic a cui si può accedere per raccogliere le informazioni personali che potete cercare. Questo concetto di registri Akashic non è forse totalmente compreso. Vogliamo definirlo meglio ora. Forse potreste usare un'analogia delle cassette di sicurezza della vostra banca. Le singole cassette conservano i vostri effetti personali. Il concetto stesso di banca è quello di un magazzino; tuttavia, ogni singola cassetta contiene solo ciò che è rilevante per ogni individuo. E così potete vedere che voi stessi conservate o, di fatto, siete la cassetta di sicurezza della vostra energia. È semplicemente che noi possiamo andare alla vostro specifica cassetta e ritirare le informazioni che cercate. Voi stessi, tuttavia, siete il ricettacolo di queste informazioni.

D: *Queste cassette di sicurezza contengono tutti i registri delle nostre vite future e passate?*
S: Contengono solo ciò che è appropriato per voi in questo momento. Ci sono, naturalmente, dei contenuti che per voi non sarebbero appropriato conoscere e quindi non troverete nulla di questo tipo nella vostra cassetta di sicurezza.

D: *Come vengono depositate le informazioni nella scatola? È attraverso la vita che viviamo, i pensieri che pensiamo o cosa?*
S: Tutto ciò che sperimentate, ogni singolo pezzo di esperienza con cui avete a che fare nella vostra vita, viene automaticamente alimentato in questo registro mentre lo sperimentate. È semplicemente come se venisse fatto un nastro della vostra vita che è poi disponibile per essere richiamato in qualsiasi momento.

D: *È possibile che altre persone abbiano accesso a quel nastro?*
S: Certo che può esserlo, come già sai attraverso il tuo lavoro.

D: *Questo è quello che succede in ciò che chiamiamo una situazione di vita parallela?*

S: È effettivamente possibile incrociare i registri akashici di altri individui e ricevere impressioni delle esperienze da loro vissute. Questo non è così raro come potrebbe sembrare. Una reazione empatica è una vera e propria espressione di questo meccanismo in atto.

D: *In altre parole, quando stiamo esplorando ciò che sembra essere un'esperienza di vita passata, in realtà potremmo finire coll'indagare i registri Akashici di qualcun altro?*

S: O forse, il tuo.

D: *C'è un modo per determinare la differenza?*

S: È importante saperlo? Il fatto che venga riprodotto è, in virtù del fatto che ti viene offerto, e questo prova che sia rilevante. Pertanto, non dovrebbe essere necessaria alcuna distinzione sull'appartenenza del registro. Il fatto che ti venga riprodotta è un'indicazione che è la riproduzione appropriata per te in quello specifico momento.

Mi è stato anche detto che ci sono alcune cose che non è appropriato conoscere e quelle domande non dovrebbero ricevere delle risposte. Alcune informazioni sono come veleno invece che medicina, ed è meglio non farci conoscere alcune cose; è una forma di censura per la nostra stessa protezione.

D: *Esiste una teoria seconda la quale tutta la vita di una persona sia registrata come un'energia. Tu usi l'analogia di un registratore. Ma c'è l'idea che tutte le cose, anche i pensieri, le azioni ed ogni cosa produca energia, e che questa energia rimanga intatta. Ritieni che questa sia una buona analogia per una cassetta di sicurezza?*

S: E' una buona analogia. Se fosse necessario, tutto questo lo si può anche cancellare. Rimuovere forse un particolare segmento di un'esperienza dagli archivi che non servirebbe a niente. Come per esempio i forni di Auschwitz, l'esperienza di bruciare gli ebrei.

D: *Possiamo anche riuscirci consapevolmente se fossimo determinati a farlo?*

S: Non sta a te dirlo, perché tu sei solo una piccolissima parte del tuo intero sé. E' il tuo intero sé che, in collaborazione con i custodi delle informazioni, prenderebbe questa decisione. Non avviene a

livello cosciente. Perché tu non hai accesso alle informazioni che
determinerebbero se un particolare segmento delle tue esperienze
sia adatto alla cancellazione. Questa decisione coinvolge i custodi
dei registri insieme alle forme o livelli superiori della tua
consapevolezza.

D: *Parlavi della cancellazione di eventi come i forni di Auschwitz. Questi ricordi sono cancellati a causa della loro negatività?*

S: Diremmo che per gli individui che hanno sperimentato i forni, per la maggior parte questa non era un'esperienza voluta. Quindi, per proteggerli karmicamente, cioè per evitare che quest'esperienza causasse problemi nelle loro vite successive, poteva essere cancellata. In modo che il loro subconscio non potesse accedere alla tragedia di un tale evento, che avrebbe effettivamente causato problemi nelle loro vite successive.

D: *Questo fa parte del processo che avviene quando vanno nel luogo del riposo?*

S: Questo è esatto. È un processo di guarigione in cui queste esperienze traumatiche sono annullate dalle energie di guarigione.

D: *Allora potresti spiegare come funziona questo processo che coinvolge coloro che sono stati autori di quei crimini?*

S: I loro registri karmici rifletterebbero la punizione più appropriata per qualsiasi atrocità da loro perpetrata. Perché nel ricordare queste atrocità, viene data la penitenza appropriata, per usare la terminologia religiosa. Il processo di restituzione diventa evidente nell'osservare a ritroso (playback). E così durante la preparazione per l'incarnazione successiva, valutando ciò che deve essere guarito, verrebbe data l'esperienza della guarigione.

D: *Stavo pensando all'osservazione a ritroso (playback). Viene osservato tutto prima di rinascere?*

S: Forse questa è un'affermazione del tutto individuale. In questo, per alcuni forse l'intero incidente verrebbe rivisto. Tuttavia, per altri, forse verrebbe presentata solo una breve sinossi. Dipende interamente da un particolare individuo e dai particolari obiettivi che pianificati per la vita successiva. Non è possibile fare una dichiarazione generale che copra tutte le possibilità.

D: *C'è mai bisogno di rivedere tutte le vite finora vissute o ci si occupa solo di quelle più recenti?*

S: Ti occupi di quelle che non sono necessariamente immediate, cioè di quelle da cui senti di essere abbastanza lontana da poter lavorare su quel particolare karma. Quando una persona muore, spesso puo' focalizzare i suoi pensieri principalmente sul karma generato, non nell'ultima vita, ma piuttosto su quello delle vite successive e precedenti, questo se sentono d'essere in grado di trovarti faccia a faccia con ciò che è successo.

D: *Vorresti dire che non mantieni una scheda di valutazione, per così dire, riguardo a tutte le vite che hai vissuto, per poi rivederle?*

S: Non in una sola volta, no. I registri ci sono. Sarebbe troppo karma da affrontare in una sola volta.

D: *Quindi non vai a rivedere tutto e dici: "Ora devo fare questo e questo per correggere il karma delle vite passate."*

S: Se sono così indietro nella tua esistenza, di solito i problemi sono gia' stati affrontati.

D: *Ti ricordi qual è stata la tua prima vita?*

S: Se ho imparato le mie lezioni, ho la tendenza a dimenticarmene.

D: *Ho sempre pensato che quando di fa qualcosa per la prima volta la si ricorda più delle altre.*

S: Questo non è sempre necessariamente vero.

D: *Ci sono regole o regolamenti su quante vite si debbano vivere in tutto?*

S: Alcuni potrebbero essere in grado di completare il loro karma in una sola vita, vivendo una vita molto esemplare, e quella è la fine. Altri devono continuare per molte, molte vite prima di risolvere le cose che hanno causato a se stessi e per imparare ciò che devono imparare. Ci sono alcuni che sono privi d'esperienza, perché forse hanno deciso da poco di provare le incarnazioni terrestri. Altri sono in giro fin dalle origini e stanno lavorando su ciò che hanno bisogno di completare. Altri che, forse, hanno iniziato all'inizio con gli altri, ma ha avuto lunghi periodi di riposo tra una vita e l'altra o hanno cercato d'imparare con altri mezzi, forse hanno avuto solo poche vite.

D: *Tu hai iniziato subito ad incarnarti?*

S: In un tempo molto breve. Che tuttavia è un periodo molto lungo da allora ad oggi. Ho sentito che ci sono molte informazioni da imparare e da raccogliere. Se il mio raccontare qualcosa di questo aiuterà gli altri, allora aiuterà anche il karma che ho accumulato nel fare cose contro gli altri.

Avevo lavorato con una donna per un anno intero analizzando quasi 30 vite diverse e sentivo che avevo solo toccato la superficie.

S: Non sarà necessario riferire tutte le mie vite, perché forse alcune erano vite di riposo e non significano nulla per nessuno, tranne che per questa entità. Tuttavia, ci sono molte vite da cui si potrebbero trarre molte lezioni.
D: *Sto studiando ognuna delle vite per vedere se c'è un ciclo, una ragione per cui il karma è stato gestito in modi diversi.*
S: Sì. Ma non aspettarti sempre di trovare risposte in ciò che ricevi. Anche al nostro livello stiamo solo guardando da un punto di vista e il nostro punto di vista è ancora molto piccolo in confronto al tutto.
D: *Ho notato che alcune sono ciò che io chiamo vite semplici, vite di riposo.*
S: Sì, dove non c'è più karma, sia buono che cattivo.
D: *Molte di queste vite non erano vite mentali, intelligenti. Erano più o meno fisiche.*
S: Ma sono importanti per l'entità e per l'arrotondamento del risultato finale.

Una vita di riposo può essere definita come una vita insignificante, anche se non credo che nessuna vita sia veramente insignificante. Ogni vita è la storia unica di un essere umano e come tali hanno un merito. Una vita a riposo può essere lunga o breve. Si tratta di una vita in cui l'entità sembra attraversare una vita noiosa, apparentemente senza senso, in cui non accade nulla di veramente straordinario.

Tutti noi conosciamo persone così, sembra che fluttuino attraverso la vita senza che nulla li preoccupi. Non creano onde. Il karma può essere ripagato ed elaborato in una vita del genere; apparentemente senza creare nuovo karma. Immagino che tutti abbiano bisogno di una vita così una volta ogni tanto, perché non possiamo passare continuamente da una vita traumatica all'altra senza rallentare e rilassarci.

Una vita di riposo è perfetta per questo e quindi ha dei meriti anche se la personalità potrebbe sembrare noiosa e poco importante. Questo potrebbe anche aiutarci a capire le persone che nelle nostre esperienze stanno vivendo questo tipo di vita, proprio in questo momento. Dobbiamo renderci conto che non possiamo giudicare. Non possiamo sapere da che tipo di vita quella persona si sta riposando o si sta preparando; quali sono stati loro risultati in altri tempi e cosa potrebbero realizzare la prossima volta.

D: *Questa scuola è l'unico posto dove si possa imparare?*
S: No, ci sono altri tipi di scuole in altri piani d'esistenza. Tutto deve essere sperimentato in una certa misura, almeno una volta.
D: *Torni alla scuola ogni volta che finisce una vita?*
S: Non sempre. A volte si sceglie di riposare.

Molte volte ho incontrato persone nel luogo di riposo. Quando si trovano lì, non desiderano parlare. Sembrano molto assonnati e non danno nessuna informazione, proprio come farebbe un umano se venisse svegliato nel bel mezzo della notte. Non possono nemmeno dare una descrizione, come se non ce ne fossero una da dare. Sembra essere un posto tranquillo e pacifico per allontanarsi da tutto e per un po' (forse un anno o forse centinaia), per non avere nessun problema e nulla a cui pensare, fino a quando non saranno di nuovo pronti ad unirsi alla ruota infinita della vita.

D: *Il luogo di riposo è in un posto diverso da quello in cui ti trovi?*
S: No, non c'è differenza. Alcune persone vengono alla scuola e poi passano un certo periodo di tempo a riposare prima di intraprendere qualsiasi percorso di apprendimento. Altri vanno in un posto che è solo per riposare, dove c'è silenzio totale e l'essenza del nulla.
D: *Questo è il posto di cui volevo sapere. Di solito ci vanno dopo una vita molto traumatica?*
S: Si, o quando non hanno desiderio di dimenticare e vogliono portarselo dietro.

Stavo pensando alla storia di Gretchen nel mio libro "Five Lives Remembered" (Cinque Vite Ricordate). Continuava a cercare di tornare alla sua vita in Germania anche se era impossibile. Veniva continuamente mandata nel luogo di riposo fino a quando tutta la memoria di quella vita persistente fu cancellata. Poi fu in grado di reincarnarsi e funzionare normalmente.

D: *Sì, ho incontrato una persona che voleva portarsela dietro. Non voleva lasciar andare ed è stata mandata in un posto che assomiglia a quello che mi hai descritto. Molti spiriti mi dicono cose diverse ma descrivono luoghi simili.*
S: Tutti hanno un'essenza di verità. Dobbiamo raccogliere ciò che sentiamo ed imparare da tutto, invece di tapparci le orecchie con alcune cose che forse non vogliamo sentire.
D: *Forse puoi aiutarmi a chiarire alcune di queste cose. E' ancora molto confuso.*
S: La confusione porta all'ignoranza.
D: *Una vita di riposo ha lo stesso scopo di andare al luogo di riposo?*
S: In misura minore. Il luogo di riposo serve a cancellare completamente tutto quello che è successo fino a quel momento. E le vite di riposo sono solo, forse, il risultato di una vita stressante per cui c'è bisogno di riposo, ma non necessariamente di dimenticare la personalità, perché questo succede facilmente. Il riposo è per coloro che hanno problemi a dimenticare la personalità che erano. Oppure, i problemi che avevano e continuano ad identificarsi con quella sfaccettatura di quell'entità. Quella personalità avrebbe un'influenza troppo forte sulle vite successive. Questo è il tipo di caso in cui si va al luogo del riposo per dimenticare.
D: *Quindi una vita di riposo avrebbe uno scopo diverso?*
S: Non completamente diverso. Forse solo una diversa angolazione dello stesso scopo.

Vivendo una vita di riposo, non c'è molto stress sulla personalità. Dopo una vita semplice, si potrebbe poi passare ad una vita più significativa ed elaborare di nuovo il karma difficile. Penso che sarebbe difficile passare continuamente da una vita stressante all'altra. Potresti aver bisogno di rallentare e rilassarti per un po'; e una vita di riposo servirebbe perfettamente a questo scopo.

D: Immagino che abbiano tutte una ragione, giusto?
S: Tutte le cose hanno una ragione.
D: Sei tu che stai andando a scuola, ma sembra che tu mi stia insegnando. Abbiamo tutti spazio per crescere, no?
S: E io ho ancora un lungo cammino da percorrere.

Le chiesi di continuare a descrivere i vari luoghi di apprendimento.

S: Ci sono un numero infinito di scuole e luoghi di riposo, a seconda delle necessità. A volte c'è bisogno di tornare indietro e ripensare alle lezioni che si doveva imparare in quella vita, ed esplorarle per vedere cosa si è imparato. A volte è ciò che si vuole ottenere che ci spinge ad andare a scuola. Altre volte si va direttamente in un'altra vita.
D: Ci sono delle leggi o dei regolamenti su queste cose?
S: Non se la scelta proviene dal Sé. Umm, tranne in casi speciali. Se c'è la percezione di un pesante riporto sulle vite successive, allora si potrebbe venire qui a scuola e cercando di risolvere o si andrebbe nel luogo del riposo.
D: Ma si può tornare direttamente in un'altra vita?
S: Sì, se l'anima lo desidera.
D: Pensavo che forse si dovesse aspettare per un certo numero d'anni o qualcosa del genere.
S: Non sempre, no. Dipende dalla capacità di quella particolare anima di gestire le cose che le verranno incontro: i problemi che dovrà affrontare. Alcune anime hanno bisogno di più tempo tra le esistenze per essere in grado di affrontare il passaggio da una all'altra, o semplicemente per dimenticare.
D: È meglio dimenticare prima di ritornare?
S: In molti casi, sì. Se non c'è bisogno di ripetere delle lezioni che servono per la vita successiva, allora ci sono molte buone ragioni per dimenticare. Altrimenti la persona cercherebbe continuamente di tornare nella vita che stava conduceva prima, il che non è possibile.

Questo è ciò che era successo con Gretchen nella sua vita Tedesca in "Five Lives Remembered". Le ci vollero 200 anni nel luogo di riposo per riconciliarsi finalmente con il fatto di non poter tornare alla vita che aveva lasciato. Fu una vita così forte e violenta che quando fu finalmente in grado di tornare sulla Terra, assunse una completa inversione di personalità. Era l'unico modo in cui poteva affrontare e continuare le sue lezioni terrestri.

D: Ci sono casi in cui sarebbe meglio non dimenticare?
S: In quei casi c'era qualcosa da imparare nell'esistenza precedente che ha un rapporto diretto con ciò che devono affrontare e sperimentare in questa vita.
D: In questi casi è meglio tornare subito?
S: A volte. Ma a volte bisogna prepararsi più a lungo per affrontare la conoscenza di un'esistenza precedente.
D: Il karma influenzerebbe la decisione di tornare rapidamente?
S: Sì. Dipende anche se stai cercando di risolvere certe cose. A volte devi aspettare gli altri che non sono ancora passati nei diversi regni. Non sempre è il momento in cui poter nascere per propria scelta. Alcuni maestri vi aiuterebbero a prendere questa decisione finale. C'è bisogno della persona con cui è necessario gestire il karma.
D: L'altra persona deve essere d'accordo?
S: Dipende da certe circostanze. Non sempre è necessario il loro accordo.
D: Allora possono gestire il karma senza saperlo?
S: Si, senza la loro approvazione.
D: In questo caso, sarebbe il tuo stesso karma che stai gestendo, giusto?
S: Soprattutto il tuo, sì. Ci sono certe linee guida che uno deve seguire.
D: Gli insegnanti e i maestri che ti aiutano a capire tutto questo, la loro decisione è più importante della tua?
S: Non è che sia più importante. Nella maggior parte dei casi, la vedono da una prospettiva diversa. La vedono dalla loro esperienza e condividono la loro saggezza. La maggior parte delle volte il loro giudizio è sano e pagheresti per vederla anche tu da quella prospettiva, in questo modo si impara.
D: In altre parole, vedono cose che tu non vedi.
S: Sì, perché, per così dire, sono lontani dalla situazione.

D: Questo ha senso; spesso siamo troppo vicini alla situazione per essere un buon giudice imparziale. Ci sono mai momenti in cui un'anima è costretta a tornare quando non vuole?

S: In alcuni casi sì, ma forse non perché non voglia. Supponiamo che l'ultima vita che gli è piaciuta moltissimo, fu nella forma di un uomo, e che venga fatto tornare come una donna. Se potessero scegliere, sceglierebbero di essere di nuovo maschi. Si, ci sono momenti come questo, in cui questo può accadere. Dipende da ogni situazione. E' un'esistenza molto più facile da questa parte, però l'anima non impara così tanto, perché l'esperienza quotidiana ti insegna più saggezza. La saggezza di trattare con persone che hanno vizi e problemi. Ti fa crescere molto di più di coloro che hanno accesso a una grande saggezza. Un'anima potrebbe dover tornare indietro se non sta guardando alle cose dalla giusta prospettiva. Gli verrebbe mostrato da quale prospettiva deve guardare, vivendola. Prima di rientrare in una vita, si osserva l'equilibrio del karma e come sia. Vedono quali aspetti del loro karma verrebbero elaborati meglio in questa particolare situazione e in questo particolare equilibrio di karma. I loro maestri spirituali potrebbero dare alcuni suggerimenti per aiutarli a capire cosa dovrebbero realizzare in questa vita. Ma nessuno viene mai costretto ad affrontare una situazione che aborrono assolutamente. In generale c'è fatto un consenso d'opinione tra la persona e i suoi maestri spirituali. Non gli piaceranno molti aspetti della vita in particolare, ma la maggior parte della vita, sarà qualcosa che potranno gestire. E queste cose extra che non amano troppo sono viste come sfide spirituali, qualcosa da realizzare e su cui lavorare. Con che successo gestiscano queste cose che non gli interessano è una dei principi che li aiuta a smaltire parte del loro karma. Sul piano spirituale, quando tornano e si vede che le hanno gestite bene, questo si riflette altrettanto bene sul loro karma.

D: Stavo pensando ad un caso individuale. Questa ragazza si era suicidata in un'altra vita e fu fatta tornare in questa vita. Le situazioni e tutto il resto sembrava essere giusto, ma lei non voleva veramente tornare.

S: A volte questo accade quando, per esempio, l'anima è stata nell'ospedale spirituale e i maestri stanno dicendo: "Bene, è ora che tu torni indietro perché non puoi stare qui per sempre". Ma l'anima dimostra una resistenza esteriore a farlo, perché fondamentalmente ha paura. Ma dentro di loro, sanno che devono farlo se vogliono uscire da quella situazione e migliorare. Anche se daranno l'impressione di essere riluttanti, sanno che devono farlo. Quindi in questo senso, vogliono superare questo aspetto del loro karma e passare a cose più grandi e migliori.

D: *Ma in questo caso sono costretti a tornare indietro?*

S: Sono fortemente incoraggiate, diciamo, perché non possono rimanere nell'ospedale spirituale per sempre, e quindi devono tornare. Le anime che sono malate e danneggiate hanno bisogno di una guida più forte, rispetto a quelle che sono sane. In un certo senso, hanno perso la loro responsabilità di decidere queste cose. Ora, all'altro estremo della scala, anime come questo veicolo (il soggetto) e tu stessa, avete dovuto essere trattenuti e vi è stato detto: "Aspetta un attimo. Non puoi ancora tornare indietro, hai ancora da imparare". Eravate impazienti di tornare indietro e di essere coinvolti nuovamente.

D: *Vorresti dire che eravamo troppo impazienti. (Risata) Ma questa ragazza a cui stavo pensando, è molto infelice qui in questa vita. Sicuramente non se la sta cavando molto bene.*

S: Beh, ci vogliono alcune vite per capire come risolvere la situazione ed essere felici nel processo. Amenoché non finisca questa vita nel suicidio, allora sarebbe già un progresso.

D: *Ha dovuto tornare nuovamente, in una situazione con le stesse persone.*

S: Beh, senza dubbio la sfida principale che ha per questa vita, è di non finirla in un suicidio, dato che si trova di nuovo in quella situazione con le stesse persone coinvolte. La sfida principale è quella di essere in grado d'avere a che fare con quelle persone per una vita normale e di non interromperla. Se ha successo in questo, allora funzionerà meglio nella prossima vita e in quelle successive. Alla fine, nelle vite successive, le cose potrebbero essere modificate fino al punto in cui debba avere a che fare solo con una o due persone alla volta, invece che con l'intero gruppo. E imparerà anche ad essere di nuovo felice.

D: *Ho sentito che siamo noi a prende le decisioni finali e questo era un caso in cui qualcun altro l'ha piuttosto costretta a tornare. Mi chiedevo se questa fosse una contraddizione.*

S: No. Le persone che sono apparentemente costrette a tornare sanno che è per il loro bene. Dopo che aver ricevuto il tempo di pensarci, si rendono conto che hanno davvero bisogno di tornare o rimarranno bloccati in quella posizione per sempre e non progrediranno mai. Non progredire mai è la cosa più vicina al concetto cristiano di inferno.

D: *Rimanendo nella stessa situazione e facendo gli stessi errori?*

S: Sì.

D: *Avete il permesso di andare in altri luoghi o dovete rimanere a scuola?*

S: A volte ci capita di visitare altri piani d'esistenza per mostrarci come lo spirito debba affrontarli. Ognuno dei livelli, a modo suo, ha delle lezioni da insegnarci.

D: *Quando parlo con altri spiriti, a volte descrivono il loro ambiente in modo diverso.*

S: Per la maggior parte, è ciò che l'individuo visualizza, perché la maggior parte delle scuole sono qualsiasi cosa tu visualizzi. Dal tuo insieme di esperienze potresti vederla in un modo, mentre qualcun altro può vederla come qualcosa di totalmente diverso e sarà ancora fondamentalmente nello stesso posto.

D: *Stavo pensando che forse è un posto così grande che potrebbe essere molte cose.*

S: C'è anche quello. C'è un numero infinito di piani.

D: *Uno spirito mi ha parlato di una barca dorata che andava avanti e indietro tra i piani della Terra portando le anime. Hai mai visto qualcosa del genere?*

S: Forse quella è la sua visualizzazione di ciò che pensava stesse accadendo. Alcuni dicono di vedere scale dorate o un ponte da attraversare. Altri vedono solo una grande sala di luce e vanno verso la luce. La maggior parte di tutto questo è esperienza individuale che colora ciò che pensano di vedere e quindi questo è ciò che accade. Tutto ciò che potete visualizzare può essere reale. Perché siete il padrone del vostro destino, della vostra casa, del vostro contenitore, ricettacolo o di qualsiasi altro modo in cui vogliate percepire il concetto di uno spirito in un corpo fisico. Voi siete il padrone del vostro corpo e siete il padrone del vostro destino. Voi create ciò che si manifesta davanti a voi. Qui, voi siete co-creatori. Quello che trovate davanti a voi è di vostra creazione, sia sul piano fisico che su quello spirituale. Tutti devono sintonizzarsi su questa responsabilità, perché tutti sono co-creatori del destino che loro manifestano.

D: *Che dire di una vita in cui qualcuno è handicappato? Anche questa serve uno scopo?*

S: Oh, sì! È un'esperienza che insegna l'umiltà. Sei costretto a fare i conti, dentro di te, con chi e cosa sei, a guardare dentro di te e non a ciò che le persone nel mondo pensano di te. È così facile per le persone avere la tendenza a pensare a se stessi come gli altri li vedono, ma non è così. Voi siete diversi. Siete ciò che siete veramente, poi siete ciò che pensate di essere, infine siete come gli altri vi vedono... e poi cambiate. Ma quando sei handicappato, ti viene dato qualcosa che devi superare. E una delle cose che devi imparare, è di non farti condizionare dallo scherno. Non puoi prendere sul serio la crudeltà degli altri. È qualcosa che devono affrontare da soli. Non capiscono o forse sono spaventati. Ciò che le persone non capiscono spesso le spaventa.

D: *Ma le persone a cui fanno del male non se ne rendono conto.*

S: No, piangono solo per il momento.

D: *Hai mai avuto una vita in cui eri handicappato?*

S: (Pausa, stava pensando) Penso che ero totalmente... no, non ero nato così; ma avevo perso la vista.

D: *Pensi d'aver imparato qualcosa da quella vita?*

S: Ho imparato la persistenza. Ho imparato a non dare per scontate le cose che vediamo. Ad avere un maggiore apprezzamento. Ho imparato un tipo di sentimento e ho imparato... (Sembrò sorpresa) a fidarmi.

D: *Allora ne è valsa la pena. Penso che qualsiasi cosa valga la pena se si impara qualcosa da essa, non sei d'accordo?*

S: Sì.

D: *Se altre persone cercano di aiutarti a guarire e si tratta di qualcosa di karmico che devi affrontare, la guarigione funzionerà?*

S: No. Se è qualcosa pianificato con uno scopo, per portare una persona ad un certo punto, allora la guarigione non funzionerà.

D: *Ma c'è qualcosa di male nel provare?*

S: Oh, no. C'è un certo amore e una certa benedizione che Dio dà a coloro che attingono alle loro risorse interiori per aiutare gli altri.

C'è un processo di offerta quando danno se stessi che in sé è una vera ricompensa.

Quanto segue è tratto da una regressione in cui una giovane ragazza ebbe una vita in cui non poteva sentire o parlare. Stavo parlando con lei subito dopo la sua morte.

D: *Non è stata una brutta vita, vero?*
S: Non ho sostenuto altro karma, no.
D: *Beh, non si poteva incorrere in altro karma, in una vita come quella, vero?*
S: Sì. Se uno avesse lottato contro il karma e si fosse più o meno, semplicemente arreso. Il fatto è che se tu fossi handicappato e non lottassi per realizzare qualcosa, allora incorreresti in più karma.
D: *Vuoi dire che se qualcuno è handicappato e si "arrende" o vuole che gli altri si prendano cura di lui e facciano le cose per lui, per esempio? Questo sarebbe il modo sbagliato di gestire un handicap?*
S: Sì, e non provano mai niente. Per trarre beneficio da vite di questo tipo, devi sempre lottare per raggiungere altezze maggiori e non lasciarti tirare giù.
D: *Nonostante l'handicap, devi sempre cercare di migliorare. In questo modo si ripaga il karma o il debito? Ma se uno si arrende e non prova a fare qualcosa, allora sta creando più karma per la prossima volta. È così?*
S: Sì.
D: *Ma che dire di coloro che sono ritardati? Sarebbe un altro tipo di handicap, giusto? (Si accigliò) Sai cosa significa ritardato?*
S: Non sono sicura di capire il tuo punto di vista.
D: *Alcuni bambini nascono, ma non crescono mai nella loro mente. Il loro corpo cresce, ma la mente rimane quella di un bambino. È un handicap di tipo diverso. Sai cosa intendo?*
S: Sì. Ma di nuovo, c'è sempre la capacità di cercare di migliorarsi un po' ogni volta. Sforzandosi in modo da cercare di superare qualsiasi carenza in se stessi.
D: *Pensi che ogni volta che una persona nasce con un handicap o sviluppa un handicap, lo fa per una ragione?*

S: Sì, che sia per espiare qualcosa che hanno fatto in passato o semplicemente per cercare di avanzare lungo il cammino.

D: *Allora alcune persone possono avere un handicap anche se non è per pagare un debito?*

S: Sì, perché si può Fare molto bene in questo modo. Possono imparare la comprensione. Non saranno veloci a giudicare, come tutti gli altri.

D: *Quindi non è sempre un male che cerchino di ripagare un debito.*

Non dobbiamo nemmeno dimenticare l'influenza che gli handicappati hanno sugli altri. Quali lezioni apprendono coloro che entrano in contatto quotidiano con loro? Quali lezioni vengono apprese dai passanti? Quali emozioni, positive o negative, vengono suscitate? E anche, quale tipo di lezioni vengono rifiutate? Sottolinea ancora una volta come, che lo si voglia o meno, ognuno di noi, ogni giorno, influenza costantemente gli altri in modi diversi. Le lezioni si acquisiscono nel modo in cui accettiamo e gestiamo queste cose, o nel modo in cui le rifiutiamo e le neghiamo.

Capitolo 5

Il Gran Tour

HO SCOPERTO IL COMPLESSO DEL TEMPIO DELLA SAGGEZZA sul piano spirituale quasi per errore. Stavo lavorando con un giovane di nome John che aveva avuto alcuni problemi fisici. Si chiedeva se ci fosse un luogo nel regno dello spirito dove avrebbe potuto ottenere una guarigione. Non ero a conoscenza di alcun luogo di quella natura, ma sono sempre disposta a sperimentare per scoprirlo. Le altre informazioni in questo libro sono state ottenute da soggetti in trance che si sono trovati nella forma dello spirito, quando erano nel cosiddetto stato "di morte" tra le vite. Questa volta sarebbe stato diverso. Dopo che John entrò nel profondo stato sonnambulistico, lo indirizzai di proposito ad andare nel regno dello spirito per vedere se poteva trovare un luogo che si occupasse della guarigione e se davvero un tale posto esistesse.

Quando finii di contare, John si trovò in un bellissimo ambiente etereo. Fu informato che si trovava in una parte del Tempio della Saggezza che era un grande complesso contenente diversi dipartimenti: Il Tempio della Guarigione, la Sala degli Arazzi e la Biblioteca. Sono spesso delusa, perché non posso godere anche della meraviglia visiva di cui godono i miei soggetti. Come un cieco, devo affidarmi alle descrizioni verbali degli altri e spesso le semplici parole sono inadeguate a rappresentare veramente le meraviglie che si trovano in queste altre dimensioni.

J: Ora sono nel Tempio della Guarigione. È un posto bellissimo. È una rotonda e tutte queste luci brillanti provengono da finestre di gemme che si trovano in alto sul soffitto. Ci sono blu, rossi, verdi, gialli, arancioni, turchesi, ogni colore che si possa pensare tranne il bianco e il nero. Questi non sono rappresentati qui, ma tutti gli altri colori lo sono e proiettano questi bellissimi raggi di luce sul pavimento della rotonda. Ecco che arriva il guardiano del Tempio della Guarigione. Si avvicina a me, sorride e ora mi prende la mano. Dice: "Sei venuto per ricevere un trattamento, vero? La tua anima ne ha passate tante, vero? Stai qui al centro di tutta questa luce e lascia che questa energia luminosa sia con te".

D: *È a questo che serve questo posto?*

Non ci fu alcuna risposta. Evidentemente stava sperimentando qualcosa di molto profondo come indicato dai suoi movimenti corporei e dalle sensazioni facciali. Non ero allarmata perché sembrava essere un'esperienza piacevole.

D: *Può dirmi cosa sta succedendo in questo momento?*

Ancora nessuna risposta. Apparentemente era molto coinvolto dall'esperienza. Tutto il suo corpo sussultato' convulsamente diverse volte. Questo andò avanti per alcuni secondi.

D: *Come ti senti?*
J: Le diverse luci turbinano intorno a me e mi purificano. Questo è il motivo per cui non sono in grado di parlare in questo momento.
D: *Volevo solo assicurarmi che tutto fosse a posto, è una bella sensazione?*
J: È estatico. (Seguirono alcuni secondi di silenzio mentre il suo corpo continuava a sussultare di tanto in tanto). Ohh, è una sensazione meravigliosa. Mi sento così ringiovanito. (Una pausa di diversi altri secondi) Ahh! È semplicemente meraviglioso. Ohh! Sono pure onde di colore e di energia intorno a me che portano via tutto il mio dolore e l'indolenzimento. Ed ora mi prende la mano e mi porta via da qui. Dice: "La tua anima è purificata da molta energia negativa che c'era intorno a te. Senti il senso di pace che sta arrivando. Devi concentrarti e imparare a guarire te stesso". (Fece un grande respiro profondo.) Ohh! È stata una sensazione meravigliosa. Questo è un posto bellissimo per le persone che sono state molto malate nel corpo fisico. Dopo la morte vengono

portate qui, affinché i loro corpi astrali e spirituali possano essere ringiovaniti e guariti in questa rotonda. In seguito queste anime che non sono più legate al corpo vengono portate dai loro spiriti guida nelle diverse aree dove devono andare per imparare di più sull'evoluzione della loro anima. Formano una lunga fila. Ma poiché ho chiesto di essere guarito e sono ancora in forma umana, hanno detto che andava bene se venivo per primo e che mi fosse permesso di passare attraverso la stanza. La chiamano la "Camera dei Colori e della Luce".

D: *È insolito che qualcuno che è ancora nel corpo fisico venga in questo luogo?*

J: Sì. Il guardiano dice che non molte persone si concedono questa opportunità mentre sono nello stato di viaggio astrale. "Ma dovrebbero", dice. "Siamo qui per essere al servizio anche delle anime che sono ancora incarnate. Se volessero venire, saremmo felici di dar loro il benvenuto. Perché c'è sempre un'energia amorevole che accompagna tutta questa guarigione. "Questo è un posto meraviglioso e amorevole. Non è niente di simile ad un ospedale o qualcosa del genere. È come un bellissimo tempio e sopra a questa rotonda ci sono queste finestre di gemme. Direi che sono alte circa due metri e sono fatte di gemme di diversi colori. La luce si riversa attraverso di esse, rimbalza nel centro della rotonda e ti avvolge di energia. È lì che mi trovavo. Oh, è una sensazione meravigliosa, meravigliosa. Ora il guardiano dice: "Ti parleremo della tua salute. E' molto importante mantenere un'attitudine positiva. Ed essere consapevole che la tua missione spirituale è di aiutare e servire le altre persone, John. Non preoccuparti dei tuoi problemi di salute. Verranno scaricati fuori dal tuo corpo dalla tua energia positiva. Se desideri perdere il peso che hai su questo corpo, concentrati sulla forma che vorresti manifestare e sarai quella manifestazione. Ma è importante che tu ti concentri. L'uso dell'alcool e del tabacco non è utile per la tua crescita spirituale, quindi eventualmente, queste cose dovranno essere eliminate dalla tua vita. Non crescerai con queste energie che s'infliggono sul tuo corpo, perché sono dolorose per il corpo e per i tuoi corpi spirituali. Col tempo, se lo desideri, manifesterai tutte le cose naturali e belle che la tua anima possiede. Attirerai le energie giuste, quindi non preoccuparti della tua salute, perché noi stiamo guarendo e tu sarai guarito. Se avrai mai bisogno di tornare ancora in questo tempio, desidera solo di trovarti qui e sarai qui. "Lui è davvero amorevole. Mi ha appena dato un grande abbraccio e mi ha detto: "Ora è il momento che tu lasci questa zona".

D: *Prima di andare volevo chiedergli di queste persone che sono in fila. Sono persone, che sono morte per malattia?*

J: Lui dice: "Sì, sono persone che sono morte per malattie molto lunghe, così come persone che hanno sofferto immensamente prima di morire. Sono persone che sono morte per diverse malattie come il cancro, incidenti automobilistici e così via". Non sono davvero allineati in fila. Voglio dire, c'è un senso di ordine, sì, ma non è come se fossero uno dietro l'altro. Ognuno ha il suo turno per passare attraverso questa camera di energia luminosa.

D: *Le loro guide li accompagnano attraverso questa stanza?*

J: Beh, ci sono dei guardiani che camminano in mezzo a loro. Infatti, alcuni di loro sono venuti con i loro familiari.

D: *Sono quelli che sono venuti ad incontrarli quando sono morti?*

J: Sì, i loro familiari li hanno accompagnati in questo luogo.

D: *Saranno purificati, per così dire, o guariti prima di poter andare avanti, altrove?*

J: Sì. Hanno bisogno di questo processo di guarigione perché ciò che hanno passato, è stato molto doloroso.

D: *E questo sarebbe il primo ordine del giorno dopo la loro morte?*

J: Sì, questa energia di guarigione è una delle prime cose che le persone sperimentano se hanno sofferto immensamente nel corpo fisico attraverso una malattia o un incidente. Questo ha causato malattia o negatività nei loro corpi eterici. Quindi questi corpi eterici devono essere guariti prima di poter progredire nell'astrale e lavorare a questo livello. Questo è un luogo molto importante per queste persone. Sono condotte nel mezzo di questo spazio centrale. E qui è dove tutti i raggi di luce scendono e li circondano e turbinano intorno a loro e portano via qualsiasi negatività che il loro corpo eterico potrebbe avere. Poi si riuniscono alla loro famiglia e alle loro guide che li conducono in diverse aree del mondo astrale.

D: *Non ho mai sentito parlare di questo tempio di guarigione prima d'ora. Voglio ringraziarlo per l'informazione.*

J: Lui sorride e dice: "Sono sempre qui per servire. Questa è la mia missione, la mia vita, il mio essere; non la mia vita, il mio essere". Lui è proprio un'energia calda, radiosa e amorevole. Il suo tocco è magico. È come l'amore di una madre, sai, proprio come una madre coccola il suo bambino. È quel tipo di amore che si sente. Dice che questo è un luogo opportuno per tutte le anime che si riuniscono, siano esse incarnate o disincarnate. Dice che questo servizio e questa area di guarigione sono benvenuti a tutti. Molte persone che usano i poteri di guarigione psichica dovrebbero proiettare questa immagine, perché possono essere guarite in quest'area. Dice: "Ora che ne sei stato testimone e ne hai preso parte, John, è importante che tu descriva questo luogo ad altre persone che potrebbero usarlo. Questo sarebbe uno strumento meraviglioso che Dolores potrebbe usare per aiutare a guarire altre persone. Lei potrebbe guidarli attraverso l'ipnosi in questo tempio di guarigione dove noi siamo responsabili e li aiuteremo. Quindi questo sarebbe un servizio meraviglioso che Dolores potrebbe usare. Dando e condividendo in questo settore lei sarà in grado di crescere". Questo è il messaggio che ha per te, Dolores.

D: *Te ne sono molto grata. Ci sono delle regole riguardo a chi possa o non possa venire?*

J: Lui dice: "Tutte le anime sono benvenute a venire qui se sono disposte a fare il transito e il viaggio. Non tutte sono disposte, o abbastanza evolute per farlo. Ma se sono disposte e desiderano essere guarite, noi siamo qui per servire". Col tempo potrebbero dover tornare, a seconda della loro negatività. Ma, dopo aver ricevuto un trattamento, dice che la maggior parte delle anime andranno avanti. Non si soffermano qui. Di solito non vogliono tornare qui a meno che non sia importante tornare per loro. Questa è la legge. Questo è tutto quello che ha detto: questa è la legge. L'anima lo sa meglio. Abbiamo a che fare con i corpi dell'anima, non tanto con il veicolo cosciente. Quando l'anima è il padrone o capisce cosa sta succedendo, allora conosce la legge. Nessuno diventa dipendente da questa energia. (Risate) Non diventano 'drogati' di guarigione. Non funziona così".

D: *Allora se io conducessi qualcuno in questo luogo, mentre è nello stato di trance, riceverebbe la guarigione attraverso questo processo, se fosse disposto a riceverla.*

J: Dice: "Sì, se sono disposti siamo qui per essere d'aiuto. Se vi sintonizzate con noi attraverso uno stato meditativo o ipnotico, siamo qui per essere d'aiuto perché questa è la nostra energia. Sarebbe molto facile per voi canalizzarla". Dice a Dolores di usarla per servire. Dice: "Una volta che siamo al servizio, ogni cose si manifesta per noi. Ognuno di noi ha un talento spirituale. E per te, Dolores, questo è un modo meraviglioso di esprimere parte dei tuoi talenti spirituali".

D: *Sembra un'ottima idea, perché molte volte le persone mi chiedono consigli sulla loro salute.*

J: Dice che sarebbe un modo meraviglioso d'aiutare. Metterli in trance e farli viaggiare in questo tempio di luce. Questo sarebbe un servizio meraviglioso perché non guarisce il corpo fisico, quanto i corpi eterici. Questi sono i corpi che sono dentro l'uomo quando si incarna.

D: *Ma presumo che qualsiasi guarigione avra' un riflesso anche nel corpo fisico.*

J: È così. Ma la persona deve avere un senso di ottimismo positivo. Questo è importante. C'è un posto d'oro qui che è davvero meraviglioso. È radioso, con bellissimi disegni in oro su tutte le pareti.

D: *È un posto separato dal tempio di guarigione?*

J: Siamo ancora nel tempio di guarigione. Ci sto camminando intorno e sto parlando con la guida. Mi sta mostrando le diverse energie dei raggi e come passano attraverso il soffitto. È come essere dentro uno scrigno di gioielli. È così meraviglioso. La maggior parte dell'intera struttura del tempio irradia un colore oro elettrico. Voglio dire, è come un oro-marrone, ma è un colore davvero curativo e sembra che abbia una filigrana intagliata al suo interno. Ci sono opali e tutti i diversi tipi di pietre preziose e semi preziose incastonate nelle pareti. Ma i più importanti sono i gioielli che si trovano nelle finestre dove passa la luce.

D: *Bene, lo ringrazio per averci permesso di entrare e per averti dato quel trattamento. Vuoi lasciare quel posto ora?*

J: Sì. Mi ha abbracciato e mi ha salutato.

D: *Dovremmo andarcene perché altre persone stanno aspettando lo stesso trattamento.*

J: Ci sono persone, sì. Ognuna sta salendo verso le luci.

D: *Questo è un posto molto importante da conoscere. Ci devono essere molti posti laggiù la cui esistenza ci è sconosciuta. Avevi detto che tutti questi edifici fanno parte di un complesso? Mi chiedo se potresti portarmi a fare un giro, per così dire, per poter scoprire cos'altro c'è.*

J: Ok. Il guardiano dice che la stanza degli arazzi è importante, quindi sto camminando lungo questo bellissimo corridoio con pareti che sembrano lapislazzuli e marmo. Alla fine c'è questa grande porta. Apro la porta e c'è una luce abbagliante.

D: *Cosa sta causando questa luce brillante?*

J: È un uomo o una forma di spirito. Dice di essere il guardiano della Stanza dell'Arazzo e mi permette di entrare. (Questa stessa Stanza dell'Arazzo era presente in Conversazioni con Nostradamus, Volume II [edizione rivista]). Questo è un luogo molto onorato. C'è un aroma meraviglioso nell'aria. E' una combinazione di brezza fresca, tinta di sale e di profumi di un giardino. È quasi come incenso. È una bella stanza ed è molto, molto alta. Va su per forse settanta, cento metri. No, forse cinquanta sarebbe più preciso. Il soffitto ha una punta arrotondata come la navata di una chiesa. Ci sono finestre in cima e su entrambi i lati delle pareti. Sono in alto e illuminano la stanza. Ci sono lampadari che pendono dal soffitto che sembrano lampade di Aladino. Ma ce ne sono molti, forse circa 15 o 20. Le pareti e il pavimento sembrano fatti di marmo. E ci sono alcuni mobili pesanti a diversi intervalli, come gruppi di sedie e tavoli di fronte alla tappezzeria. Non sono contemporanei, nè sono antichi, ma sono molto funzionali, comodi e invitanti. Il guardiano dice che a volte gli insegnanti portano qui i loro studenti per spiegare le meraviglie e le complessità dell'arazzo. Mi sembra d'essere in un museo speciale dove la gente può venire ad esaminare e studiare questo arazzo. Ora vado a guardare l'arazzo. È così bello. È metallico; fatto di fili di metallo che sono semplicemente stupendi. Scintillano e brillano. (Sospirando) E sembra che respiri. È come... è vivo. Voglio dire che ondeggia e brilla. Alcuni dei fili scintillano e altri sono un po' opachi. È davvero difficile da descrivere. In realtà è come un essere vivente, ma non fa paura; è bellissimo. Ci sono tutti i diversi tipi di fili. E, oh, è semplicemente glorioso. Niente sulla Terra potrebbe mai essere paragonato ad esso. Non c'è proprio modo di descrivere quanto sia glorioso, perché è così vibrante che è quasi elettrico. E il guardiano dice che ogni filo rappresenta una vita.

D: Sembra molto complicato.

J: Oh, alcune aree sono complicate, ma hanno un bel disegno. Un disegno eterno. E... Posso vedere il mondo al di là di questo arazzo. Guardandolo, posso vedere qualsiasi evento che ha avuto luogo.

D: Cosa vorresti dire?

J: È come se guardando attraverso l'arazzo, si possa vedere la vita quotidiana delle persone che sono connesse come un filo in questo arazzo. Ora il guardiano mi sta spiegando che ogni vita che sia mai stata vissuta è rappresentata come un filo in questo arazzo. Qui è dove tutti i fili della vita umana, le anime che si incarnano sono collegate. Illustra perfettamente come ogni vita sia intrecciata, incrociata e connessa a tutte queste altre vite, finché alla fine tutta l'umanità è coinvolta. L'assoluta unicità dell'umanità è rappresentata dall'arazzo. È unico ma composto da tutte queste parti diverse. Nessuna può esistere senza l'altra e tutte si intrecciano e si influenzano a vicenda.

D: Beh, se è composto dalla vita di tutti, allora sarebbe davvero vivo. Al guardiano importa se lo guardiamo?

J: Oh, non gli importa, sa che abbiamo uno scopo. Dice: "Fai pure, per favore guardate, ma non guardate più a fondo. Non voglio che guardiate la vita di altre persone, perché diffondere quella conoscenza potrebbe essere dannoso per il loro sviluppo". (John tornò alla descrizione.) L'arazzo è enorme. Sembra essere alto circa, oh, direi almeno 10m.. E sembra andare avanti all'infinito. Mi ci vorrebbero ore, solo per percorrerlo in lunghezza. Deve continuare per un miglio o più. Corre lungo il muro di sinistra, e la luce che entra dalle finestre lo illumina. Ma c'è un punto oltre il quale non posso andare.

D: Sai perché?

J: Il guardiano dell'arazzo dice che fa parte dell'evoluzione spirituale di tutte le anime. Solo le persone spiritualmente evolute hanno accesso a quella parte dell'arazzo. È come un piccolo segno che dice: "Non andare oltre questo punto". (Risata) Però non è tanto un segno, quanto una sensazione che questo è il massimo che posso osservare. È come guardare la più bella creazione d'arte. È fatto di fili che vanno da un minuscolo pezzo di spago fino alla dimensione di un cavo, spesso come il tuo polso.

D: *Me li ero immaginati come fili.*

J: No, non sono piccoli come fili. Li ho chiamati così perché sono intrecciati, ma vanno da un minuscolo spago in alcuni punti a dimensioni maggiori. La maggior parte sono più o meno grandi come una corda e poi diventano sempre più spessi man mano che vanno avanti. Ci sono verdi, blu, rossi, gialli, arancioni e neri. Sì, ce ne sono anche alcuni neri. Quelli neri si distinguono perché non sembrano andare così lontano come gli altri colori. Hmmm. Questo è strano.

D: *Questi colori hanno qualche significato?*

J: Lo chiedo al guardiano. Lui dice: "Sì, rappresentano l'energia spirituale di tutte le anime".

D: *Bene, quale sarebbe il significato dei colori più scuri rispetto a quelli più luminosi?*

J: "I colori più scuri", dice, "non hanno davvero alcun significato. I neri sono speciali perché hanno scelto un percorso molto insolito".

D: *Pensavo che i colori più scuri potessero significare che erano più ...beh, sto pensando a vite negative.*

J: No. Dice che non c'è negatività in questo arazzo. I neri hanno solo scelto un modo insolito di manifestarsi. Ma lui dice: "Non metterlo in dubbio. Non spetta a voi saperlo in questo momento. Siete venuti qui per un altro scopo".

D: *Sì, volevo fare alcune domande. Hai detto che ci sono insegnanti che insegnano ai loro allievi questo arazzo. C'è un qualche modo in cui possano guardare lo schema delle loro vite passate?*

J: Sì. Sto guardando un gruppo in questo momento. L'insegnante è vestito con una bella tunica e ha uno sguardo molto benevolo sul viso. Sta indicando alle diverse anime cosa sta succedendo e cosa è successo. Sta insegnando loro cosa significano le diverse complessità dei disegni di questo arazzo. Ha qualcosa come un puntatore scintillante. È di colore dorato con qualcosa sulla punta che sembra un cristallo, ma in realtà è un diamante che si illumina di luce propria. Indica un filo nell'arazzo e quel filo, cavo, corda o come volete chiamarlo, sembrerà illuminarsi da solo. Indica diverse caratteristiche riguardo alle vite, su come le persone si sono evolute e dove devono crescere. Stanno tutti prendendo appunti, non tanto con carta e penna ma con la loro testa.

D: Sta spiegando a questi studenti le loro vite in modo che possano prendere decisioni per le vite future?

J: Sì, ho l'impressione che siano lì per studiare le loro vite passate e come il loro filo si è intrecciato in questo arazzo della vita. Questo è ciò che gli antichi chiamavano i "Registri Akashici". (Rimasi sorpresa) Questi sono i registri Akashici che le anime avanzate comprendono. Dice che alcuni dei registri sono tenuti in forma di libro, ma quelli sono per anime che non sono così altamente avanzate.

D: (Non avevo capito) Allora tutti non avrebbero un filo in questo arazzo?

J: No, tutta la vita ha un filo in questo arazzo, ma solo le anime avanzate sono in grado di capire il concetto di arazzo e di avervi accesso. Le anime meno sviluppate hanno i libri dei registri Akashici che possono consultare. Sarebbe come se un bambino entrasse nella biblioteca di un college. Dovrebbero invece andare nella sezione per bambini di una biblioteca locale.

D: Allora non capirebbero quello che stanno vedendo anche se venissero qui?

J: Esatto. Non lo capirebbero, perché l'arazzo ha uno scopo. Va nelle dimensioni superiori, anche al di sopra di quelle, e quello è un luogo molto complesso. Questo arazzo alla fine finisce nella Divinità dove è tutto nella luce. Tutto porta a questa bellissima luce.

D: Puoi chiedere al guardiano se molte persone che sono vive vengono mai a vedere questo arazzo? O se è insolito per noi essere qui?

J: Dice che saresti sorpresa di quante persone sono venute in questa stanza mentre sono ancora nel corpo. Molti vengono a vederlo come un'opera d'arte. Dice che a volte è stato un'ispirazione per artisti abili nella pittura, nella scultura e nelle arti tessili. A volte vengono qui perché questa è una delle opere d'arte più gloriose di tutto il creato. Ha molti disegni diversi, come strutture selvaggi contemporanee, disegni orientali o dettagli dei nativi americani.

D: Come ci arrivano li?

J: Dice che alcuni vengono nello stato astrale quando sognano. Altri vengono mentre stanno viaggiando all'interno dei mondi dell'anima quando usano la meditazione, la proiezione astrale o l'ipnosi come quella che stai usando tu ora.

D: *Mi chiedevo se fosse insolito venire mentre si è ancora nel corpo.*

J: Dice: "No, non così insolito come si potrebbe pensare. Saresti sorpresa dal numero di persone che vengono qui, ma non tutta l'umanità è ancora pronta a venire in questo posto".

D: *Riesce a vedere che non siamo morti?*

J: Sì, sta camminando con me e dice che sa che sono ancora nel corpo. Vede il filo d'argento che sta dietro di me.

D: *Oh, lui sa che sei ancora connessa ad un corpo. E che stiamo facendo questo come una specie di esperimento.*

J: Sì, lo capisce. La maggior parte delle altre persone non hanno fili d'argento che escono dai loro corpi.

D: *Beh, a qualcuno che è venuto qui mentre era ancora nel corpo è mai stato rifiutato di entrare in quella stanza?*

J: Ha detto: "Rimarresti sorpresa. Abbiamo dovuto chiedere alle persone di lasciare questa area. Un'anima è venuta e ha cercato di strappare il suo filo dall'arazzo. Pensava che questo sarebbe stato il modo migliore per porre fine alla sua esistenza. L'uomo soffriva di una specie di demenza nel piano terrestre e non si rendeva conto di essere realmente nel piano spirituale. Era molto confuso. Abbiamo dovuto riportarlo indietro. Ora è in un istituto e viene pesantemente sedato in modo da non entrare in questi stati di trance a cui era in grado di accedere così facilmente. Ma era venuto a cercare di distruggere l'arazzo o di distruggere quello che pensava fosse il suo filo. In realtà, non era nemmeno il suo filo".

D: *Ma non ci sono molte persone che cercano di fare cose del genere, vero?*

J: No, quello è stato un caso molto raro. Quell'uomo ha ricevuto una grande forza spirituale nella sua incarnazione fisica, ma ha pensato che fosse un'illusione e questo lo ha lasciato squilibrato nel corpo mentale. Il risultato è che l'hanno trattenuto fisicamente e gli sono state somministrate sostanze chimiche per impedirgli di viaggiare astralmente. Sarebbe stato un grande servitore del mondo se avesse permesso a se stesso di trovare il suo modello.

Ma ha permesso al lato intellettuale della sua natura di prendere il controllo su di lui.

D: *Suppongo che questa sia una delle ragioni per cui hanno un guardiano lì.*

J: Beh, bisogna avere un guardiano. A volte succedono cose strane qui perché questo è un ritratto del tempo, e le cose devono essere tenute in equilibrio. Ci sono controlli ed equilibri lungo questo arazzo.

D: *Hai detto che a volte ci sono altre persone a cui viene chiesto di andarsene? Cercano di vedere cose che non dovrebbero o cosa?*

J: Lui dice: "Tu puoi vedere quelle cose, perché dietro l'arazzo c'è il tuo senso del tempo e puoi trovare una corda e attraversare il tempo. La maggior parte delle persone non ha bisogno di conoscere il proprio futuro mentre sono ancora nel corpo, amenoché non usino la conoscenza per uno scopo spirituale".

D: *Sono queste le persone a cui viene chiesto di andarsene?*

J: Lui dice: "No, questo è il luogo dell'amore e a nessuno viene mai chiesto di andarsene, amenoché non cerchi di deturpare l'arazzo o sia abusivo. Dobbiamo solo guardare l'arazzo perché a volte, in rari casi, succedono delle cose. In passato, grandi forze sono passate attraverso l'arazzo stesso. Una volta avete avuto delle esplosioni nucleari e c'erano molte persone che lasciavano il pianeta così rapidamente che sono passate attraverso l'arazzo. Quindi dobbiamo essere qui per essere al loro servizio".

D: *Immagino che ogni tipo di cose strane accadano lì, apprezzo che tu mi abbia detto queste cose. Eravamo curiosi.*

J: Sì, lui disse: "È comprensibile. Non preoccuparti. Siamo ben consapevoli della tua missione e della crescita della tua anima. Sono qui per essere di aiuto a tutti voi."

D: *Stiamo cercando di usare queste informazioni in modo molto positivo, se possibile. Avrei il permesso di venire qui, se volessi usarla in modo negativo?*

J: No. Niente può essere mascherato o nascosto qui. Conosciamo le tue motivazioni meglio di quanto tu stessa le conosca.

D: *Mi sforzo molto di essere positiva. C'è qualcos'altro che vorresti vedere in questo arazzo prima di lasciarlo?*

J: Ora vedo il mio filo. È di colore argento e rame, mentre si intreccia nell'arazzo. Il guardiano dell'arazzo sta dicendo che è arrivato il momento di andare. Dice: "Non hai bisogno di questa conoscenza. Col tempo potrai guardare, ma non in questo momento". (Pausa) Sta parlando della crescita della mia anima. Ed è come se mi chiamasse per un compito da svolgere. (John sorrise) Dice che ero un tale raggio di luce e che ho permesso a me stesso di affievolirmi. Ecco perché sono dovuto tornare alla scuola della Terra.

D: Per poter fare ammenda?

J: Beh, comprendendo le leggi universali e l'amore, potrei riguadagnare la mia luce. È più facile passare attraverso la scuola terrestre che incarnarsi in altre dimensioni. È più veloce.

D: Come ti senti quando ti dice questo?

J: Beh, non mi piace. In realtà, sono imbarazzato. Mi sento molto castigato. Voglio dire, ha perfettamente ragione che sia colpa mia. Ho eluso le mie responsabilità, quindi ho dovuto incarnarmi. Ma non è come se puntasse il dito e dicesse: "No, no, no, no, no, no". Lo sta facendo con amore. Adesso mi ha abbracciato e mi ha detto: "Buona fortuna per la tua missione".

Non potei resistere alla tentazione, così chiesi: "Chissà se il mio filo è lì da qualche parte?"

J: Sì, il tuo filo è lì. Il tuo filo è di un colore rame brillante che diventa più forte. Inizia un po' piccolo e poi diventa sempre più grande, influenzando molti altri fili. Questo arazzo è molto magico. (Bruscamente) Ci chiede di andarcene. "Stavi guardando la tua vita e questo non è bene a questo punto".

D: No, ma è solo curiosità umana.

J: Ma ora mi sta mostrando i gradini. (Risate) E mi sta dicendo: "Perché non fai una passeggiata laggiù e vedi cosa c'è".

D: Come se non dovessimo essere troppo ficcanaso, suppongo.

J: Sì. Sta dicendo: "Hai guardato abbastanza, per ora". Penso che il guardiano dell'arazzo stesse suggerendo che non dovremmo guardare troppo nel nostro futuro.

D: Questo ha senso. Perché se sapessimo cosa ci succederà, faremmo ancora le cose che avevamo intenzione di fare? Ok, allora pensi che dovremmo andarcene da lì?

J: Sì, ora sto scendendo le scale che portano alla Sala degli Arazzi. Sono dentro al Tempio della Saggezza, sto camminando lungo il corridoio. Sembra che ci siano pietre preziose incastonate nelle pareti: smeraldi, rubini, peridoto e cristallo. È così bello. È molto radioso e molto consacrato. Ti senti... è una sensazione molto silenziosa. Davanti a me c'è la Biblioteca. Ci sto camminando dentro ora. Sembra che su tutte le mensole e le porte ci siano pietre preziose che brillano di luce propria. Sono in uno studio enorme. Ci sono libri e pergamene ovunque, ed ogni tipo di manoscritti sugli scaffali. C'è una bellissima luce che entra illuminando tutto questo spazio. È fatto di oro, argento e pietre preziose, ma tutte riflettono la luce in modo da poter leggere. L'intero edificio sembra essere fatto di questo materiale meraviglioso.

Questa biblioteca nel regno degli spiriti non era un posto strano per me. Ci ero venuta molte volte con l'aiuto dei miei soggetti. In molti me l'hanno descritta e le loro descrizioni variano solo leggermente. Il guardiano della biblioteca è sempre stato desideroso di aiutarmi nella mia ricerca di conoscenza e ho usato l'accesso a questo luogo per ottenere informazioni su molti argomenti diversi.

D: Questo è uno dei miei posti preferiti. Mi piace qualsiasi luogo che abbia libri e manoscritti. Ci sono altre persone lì?
J: Oh, ci sono persone dall'altra parte. È un'area molto grande, quasi come una cattedrale. C'è un uomo lì - è uno spirito, ed è semplicemente luminoso. Sta parlando della preparazione per la scuola della Terra, e ci sono solo poche persone che lo ascoltano in questo momento. Altre persone sono in gruppi o camminano in silenzio portando manoscritti e libri in diversi luoghi. Hanno l'aria di... (fece fatica a trovare la parola giusta) di studiosi. Stanno studiando. Tutti hanno un senso di scopo e c'è una sensazione di serenità. C'è una musica che sembra permeare l'intera area. È appena percettibile, ma tintinna. È una musica piacevole.
D: Sembra un posto molto bello.
J: Sì, è davvero bello. Tutto luccica e tutti indossano bellissimi abiti. I vestiti sembrano trasparenti, ma dei colori elettrici brillano attraverso il tessuto. Sono le aure delle persone.
D: C'è qualcuno che in carica? Come fai a trovare qualcosa?

J: Sì, c'è uno spirito guida che è il guardiano della biblioteca. È lì ad una scrivania e sta scrivendo in questo momento. Mi viene chiesto: "Qual è la sua richiesta?
D: *È molto occupato in questo momento?*
J: Oh, no. Lui dice: "No, no, no, no. Questo è meraviglioso. Offrire servizio è molto importante".
D: *Benissimo. Può cercare delle informazioni per noi?*
J: Dice che ci sono alcune restrizioni.
D: *Può dirci quali sono? Mi piace saperlo, quando sto infrangendo qualche regola.*
J: Dice: "Non è bene approfondire troppo il vostro futuro personale. Questa è una "no-no" regola. Non va bene, causa disarmonia".
D: *Va bene. Non lo faremo. Ci sono altre restrizioni?*
J: Dice che questa è la restrizione principale.
D: *Le persone che sono ancora nel fisico possono venire in biblioteca?*
J: Dice: "Sì, vengono attraverso i loro viaggi astrali, i loro sogni. In realtà sognare è un viaggio astrale. Vengono e non sempre sono consapevoli di quello che stanno facendo perché è un po' come una nebbia per loro. È piuttosto raro che persone incarnate ci cercano. Ce ne sono alcuni, ma non molti". Mi sta facendo un tour. C'è la biblioteca con l'enorme rotonda dove le persone sono riunite in gruppi, dove studiano e discutono diverse questioni. Sono in grado di andare nelle stanze di visualizzazione, intorno al perimetro di questa stanza per vedere diverse cose, se lo desiderano. Tutta la conoscenza è immagazzinata in queste, ma non è come un computer. Le persone non hanno bisogno di computer qui. Le informazioni sono trasmesse solo dal pensiero intelligente. E dice che potremmo andare nello scriptorium. Qui è dove le cose vengono lette. Qui è dove le persone che possono relazionarsi con la scrittura e la lettura amano andare. Fa parte del complesso della biblioteca.
D: *Lo scriptorium è un'altra parte della biblioteca?*
J: Sì. È per le persone che non sono anime molto avanzate. Sono anime mediamente avanzate che hanno ancora bisogno della parola scritta per dare un senso alla loro coscienza.
D: *Non capirebbero le stanze di visualizzazione?*

J: Beh, le capirebbero, ma questo è il modo in cui scelgono di imparare, leggendo dal libro.
D: *In questo caso possono prendere i libri e sedersi lì, leggerli e anche scrivere?*
J: Esatto. Scrivere su di essi, alcuni di loro lo fanno.
D: *È permesso. Non è come cambiarli?*
J: Lui dice: "Sì, è permesso. Qualsiasi cosa per la crescita dell'anima è permessa. Ecco perché a volte si vedono bambini che nascono con malattie deturpanti orribilmente. Tutto è permesso. È tutto per lo stesso scopo di raggiungere la perfezione spirituale".
D: *Ma pensavo che non fosse permesso scrivere in questi libri perché sono registri eterni e non dovevano essere cancellati o cambiati.*
J: L'arazzo è eterno. È l'unica cosa che non si può toccare. Ma dice che tutto ciò che è necessario per la crescita di un'anima è permesso. Per alcune persone sono i libri. Però per la maggior parte delle anime avanzate sono solo informazioni.
D: *Quindi loro sono quelli che possono assorbire meglio la conoscenza nella stanza di visualizzazione?*
J: Sì.
D: *Mi chiedevo se c'erano delle restrizioni riguardo a chi possa venire in biblioteca.*
J: Non ci sono restrizioni, questo è vero, ma le anime di basso livello energetico, fanno molta fatica ad entrare in questo regno. Si sentono impaurite o spaventate da questa zona e quindi dice che non cercano di venire qui.
D: *Mi chiedo perché dovrebbe spaventarli?*
J: Portano ancora la maggior parte delle qualità negative delle loro esistenze precedenti. Avidità, gelosia, lussuria, cose che abbassano le vibrazioni. Quindi, come risultato, rimangono per lo più giù in quello che lui chiama il "mondo astrale inferiore". Fanno davvero fatica ad entrare in questa zona, sentono una repulsione.
D: *Comunque non sembra che cerchino la conoscenza.*
J: Dice: "Beh, noi siamo qui per essere al loro servizio. Infatti abbiamo biblioteche distaccate giù nel mondo astrale inferiore. E ci vuole un'entità spirituale davvero grande per gestire queste stazioni. Ma non vengono quasi mai utilizzate. Queste entità inferiori sono ancora alla ricerca di esperienze nella forma fisica. Ecco perché

frequentano luoghi che sono degenerativi o degradanti per l'anima dell'uomo.

D: Sono curiosa di sapere perché ci è stato permesso di venire in questo luogo.

J: Il vostro unico senso di scopo si è manifestato.

D: Quindi sanno le ragioni per cui stiamo cercando informazioni.

J: Oh, certo capiscono. "Solo perché vi siete dati la possibilità di entrare in un cerchio di luce bianca, sappiamo che siete dell'astrale superiore. E possiamo leggere le vostre motivazioni, riguardo a ciò che state cercando. Niente può essere nascosto".

D: Abbiamo il permesso di guardare alcune di queste informazioni?

J: Ha detto che possiamo andare nel visualizzatore.

D: Dove si trova?

J: Mi sta portando in quest'altra stanza.

D: Ok. Sono interessata a questi diversi piani di esistenza. Pensavo che potrebbe essere più facile se tu potessi vedere queste cose nella stanza di visualizzazione, invece di andare effettivamente nei diversi piani. Potrebbe essere scomodo per te provarci. Ma se il guardiano potesse darti informazioni al riguardo o mostrarteli, sarebbe più facile. Sarebbe in grado di farlo?

J: Sì. Dice che il mondo astrale è diviso in tre parti: il piano astrale inferiore, medio e superiore.

D: Prima di tutto, sono curiosa dei piani inferiori, quindi cominciamo da lì. Può dirci come sono e che tipo di persone o spiriti ci sono?

J: Sì. Siamo entrati nella stanza di visualizzazione e lui me li sta mostrando. Dice: "Basta richiamare l'attenzione su qualsiasi cosa tu voglia vedere e tutti i tipi di immagini arriveranno". Sono sulle pareti.

D: È come uno schermo su una parete o cosa?

J: Non proprio come uno schermo. Ti circonda. Io sono nel mezzo e osservo. Dice che l'astrale inferiore è semplicemente terribile. Dice: "Noi preghiamo per queste entità inferiori, ma è come se fossero legate alla terra. Non sono in forma umana ma sono ancora sulla Terra". E sono come... Ohh! (Un suono di disgusto) Questo è disgustoso!

D: Cosa vedi?

J: Beh, ho appena visto qualcuno a cui hanno sparato. (Era a disagio) E c'è un intero gruppo di spiriti che guarda e grida: "Oh, non è fantastico! Guarda quel sangue e quelle budella!"

D: *Vuoi dire che stavano guardando una persona fisica mentre gli sparano?*

J: Stavano guardando due persone. Un uomo nero e un altro uomo nero in una sparatoria per un affare di droga. E ci sono tipo... oh! Circa un migliaio di spiriti che guardano tutto questo. È quasi come, "Oh, eccone un altro! Dove andremo adesso? Oh, guarda questa ragazza! Viene violentata! Guardiamo questo!" Sono testimoni di tutta questa brutalità. E il guardiano mi dice: "Devono guardare tutto questo per vedere come hanno vissuto le loro vite. Hanno vissuto così, in un modo molto degenerato". E dice che questi spiriti devono imparare da questo.

D: *Vuoi dire che dopo la loro morte sono rimasti in queste zone o cosa?*

J: No, erano costretti. Non potevano andare più in alto. Vedi, il loro tasso vibrazionale, spiritualmente, è molto basso. Sono una vibrazione densa e non possono andare più in alto, quindi devono guardare il mondo fisico. Interagiscono con questo mondo.

D: *Stavo pensando che suona qualcosa come la nostra versione dell'inferno.*

J: È una versione. È un inferno. Perché finché non imparano a reincarnarsi e a diventare più avanzati spiritualmente, a volte ripetono situazioni simili più e più volte. Lui dice che alcuni di loro sono quasi bestiali. Questa è la parola che ha usato: "bestiale". loro cari, perché questo li aiuterà a vedere la luce. È come un loro inferno personale in cui stanno vivendo. Ma, dice che quando sentono che ne hanno avuto abbastanza di tutto questo, gli spiriti guardiani vengono da loro. Dopo che hanno imparato a dire, per esempio: "Sono stanco di guardare tutte queste persone che fanno queste cose che io non posso fare". Allora i guardiani vengono e li conducono e iniziano a mostrare loro i modi in cui possono iniziare a trasformare se stessi. Ma lui dice: "Quando è il momento che si reincarnino di nuovo, noi li processiamo". Dice che vanno tutti nella sala dei computer che è un'area dove possono essere rivalutati. La sala computer li imposta e abbina il tempo in cui un'incarnazione avrà luogo con il tipo di lezioni che quell'incarnazione insegnerà. Viene mostrato loro come possono utilizzare rapidamente quella vita. Però dice: "Tutto questo cambierà molto presto perché la Terra sarà troppo evoluta per questi spiriti. Quindi spediremo queste anime in un... "(John rise improvvisamente) Sai, è come: "Ok, avete avuto la vostra possibilità qui. La prossima barca andrà ad Arturis". (Umoristicamente) È piuttosto divertente in realtà. Questo spirito guida ha un buon senso dell'umorismo. (Risate) E' gioviale, è un po' grassoccio e dice, "Sì. Hai avuto le tue possibilità qui. Ora dobbiamo spedirti sugli altri pianeti che si trovano vicino ad Arturis".

D: *Questi sono pianeti che avranno negatività su di loro?*
J: Sì, dice che quegli sono pianeti ancora in evoluzione. Ma questi spiriti non torneranno qui perché questo pianeta Terra sta cambiando. Questi spiriti che stiamo osservando sono le anime basse e di vibrazione densa. Lui dice: "Ora, le anime a vibrazione più alta sono diverse. Quando loro muoiono, di solito si dirigono verso il Tempio della Saggezza e della Conoscenza, perché ci sono già stati prima".

Questo potrebbe essere il luogo dove si trovano le scuole.

D: *Saltano tutta quella negatività.*
J: Dice: "Poi ci sono le anime di medio livello. A loro piace manifestarsi in situazioni felici con le loro famiglie che sono dall'altra parte. Per loro ci sono case, resort sul lago e barche".
D: *Vuoi dire, simile al loro stile di vita sulla Terra?*
J: Ci sono tutti i diversi tipi di case costruite lungo una delle rive del lago. Su una delle ripide colline, ci sono tutte le case più belle. Qui è dove le persone vivono se scelgono di farlo, specialmente le persone che hanno difficoltà ad adattarsi al mondo astrale. Passeranno molto tempo qui.
D: *Vuoi dire che vogliono vivere in una casa che gli è familiare?*
J: Esatto. Possono vivere in una casa che sia come la loro casa che conoscevano nel fisico.
D: *Queste case contengono mobili, altre persone e cose del genere?*
J: Contengono altre persone e manifestano quello che vogliono. Così se vogliono mobili del periodo Art Déco, hanno mobili del

periodo Art Déco. Se vogliono mobili in Rattan, hanno mobili in Rattan. Se vogliono il Re Luigi XIV, possono avere Re Luigi XIV. Qualsiasi stile vogliano, possono averlo. (Risate) Vedi, queste persone non sono anime molto avanzate. Sono solo lì ad aspettare la loro prossima vita. Sembra che solo le anime altamente avanzate siano nelle biblioteche e nelle altre aree del complesso. Queste altre anime sono ancora associate alla Terra.

D: Forse è tutto ciò che possono comprendere.

J: Verissimo. Questo è un punto estremamente valido.

D: Forse pensano che sia tutto ciò che possa esistere da quella parte.

J: Di solito sono tra persone che la pensano allo stesso modo. Il guardiano della biblioteca sta dicendo: "Come dice il vecchio detto: 'Gli uccelli dalla stessa piuma volano assieme. Ricordatelo. Questo è il detto che il vostro mondo usa. Le persone che sono entità elevate e ad alta energia saranno attirate tra di loro, proprio come le persone che sono ad energie inferiori hanno entità inferiori attirate a loro". Le persone di questo livello vogliono mantenere il loro stile di vita familiare. Ma lo usano per chiarire le cose con se stessi. Questo è il motivo per cui molto karma familiare si manifesta durante le incarnazioni successive, perché hanno avuto forti attaccamenti a questo livello medio. C'è un basso-astrale, un medio-astrale e un superiore-astrale. E nel medio-astrale ci sono questi tipi d'anima. È un po' come l'America suburbana. Ci sono belle case, le persone fondamentalmente stanno parlando con i loro amici, i loro parenti e stanno ricordando i bei vecchi tempi. A volte gli spiriti guida entrano in una casa, parlano con loro e gli dicono che dovrebbero iniziare a prepararsi per le loro prossime vite. E loro dicono, "Beh, vogliamo solo goderci le nostre famiglie un po' più a lungo. Abbiamo tempo? È davvero necessario per la nostra crescita spirituale?" E lui dice: "Beh, sì, dovete andare al tempio". E loro sono un po' timorosi. È l'atteggiamento di "Non saprei, forse".

D: Vogliono rimanere in ciò che gli è familiare.

J: Sì, non vogliono andare oltre. Ma sono in grado di manifestare cose buone e sono abbastanza felici. - Poi andiamo nell'astrale superiore. Dice che è proprio come se ci fossero diverse classi sociali. L'astrale medio è bello; è come andare in un bel sobborgo. Ma l'astrale superiore è semplicemente stupendo, con paesaggi stupendi. Ci sono giardini e i prototipi di tutte le belle montagne, oceani, ruscelli, laghi e cascate. Sono tutti lì e sono semplicemente meravigliosi. C'è questa bellissima città-gioiello dove si trova il Tempio della Saggezza. Ci sono delle montagne che lo circondano dove vivono alcune delle persone che sono entità astrali superiori. Ma vengono nel tempio. Sono anime che amano quel senso di comfort della vita domestica e familiare. Dice che a molte anime molto evolute piace questo tipo di vita. È per questo che hanno le loro villette sulle pendici delle montagne. È bellissimo.

D: *Sembra che gli spiriti vadano in qualsiasi zona a loro familiare. E non passeranno al livello successivo finché non saranno pronti. È corretto?*

J: Esatto. Lui dice che bisogna avanzare fino ad un certo livello. Ma dice che l'alto-astrale è dove vuoi andare quando vieni qui. Dice: "Questo è il posto giusto, è semplicemente stupendo. Il medio-astrale è importante. È dove viene la maggior parte delle anime. Non sono né buone né cattive, non sono degenerate, vogliono solo vedere la loro famiglia e i loro amici. E hanno bisogno di tempo. Ma quando è il momento per loro di andare su in sala computer, significa che è il momento di andare.

D: *Non hanno voce in capitolo al riguardo?*

J: No, non possono davvero; ed è questo che è triste. Lui dice: "Ecco perché hai molta più scelta quando sei nell'alto-astrale. La conoscenza è libertà".

D: *Alla fine tutti vanno in sala computer?*

J: Oh, sì. Ci vanno tutti. Questa è la sala di elaborazione. Ma lui dice che le entità inferiori hanno solo pochi anni in più per incarnarsi attraverso tutta questa negatività. Non può mostrarmi la stanza del computer. È una stanza di elaborazione dove fondamentalmente solo gli spiriti guardiani sono ammessi. È un'area molto importante, ma dice che anche voi nello stato astrale non potete entrarci in questo momento.

D: *Va bene. Non dobbiamo vederlo. Ci piace solo sapere di queste cose.*

J: Questa è la stanza di elaborazione dove le anime sono allineate e abbinate ai corpi appropriati in cui incarnarsi. Ma lui dice che è diverso quando uno spirito dell'astrale superiore vuole incarnarsi. È come se avesse una buona documentazione e gli viene data la priorità. (Risate) Voglio dire, alcuni di loro vengono semplicemente spediti fuori. (Risate) Ho queste impressioni. Dice che è vero, è ciò che succede con alcune di queste anime. Dice che gran parte del dolore e della sofferenza delle persone che sono morte di carestia in Etiopia e cose del genere, sono state causate da vite passate di completa indulgenza. Ha detto che queste vite vengono trasformate in energia spirituale superiore per loro.

D: Poi vengono messi in una vita in cui non vivranno molto a lungo. Solo abbastanza a lungo per cercare di ripagare alcune di quelle indulgenze.

J: Per soffrire. Per insegnare loro che devono crescere spiritualmente.

D: Bene, in questa stanza del computer è dove le connessioni karmiche finali con le famiglie e cose del genere vengono elaborate?

J: Questo è come un enorme centro di elaborazione informatica. In qualche modo vedo come appare, ma non posso entrarci. C'è una fila di anime, tutte con le orecchie basse, che aspettano di entrare. Ma quando arriva un'anima di livello superiore, è come se avesse un servizio prioritario. Sanno già che verrà passata velocemente e viene indirizzata in un'altra direzione.

D: Allora molte di queste anime di livello inferiore sono quelle che vengono mandate a vivere vite così orribili e a morire in massa in questi paesi, durante catastrofi e carestie. Sono loro che tornano a vivere in quei posti?

J: No. Lui dice di non vederla così. Stanno pagando per vite in cui hanno abusato dei loro corpi. Ha detto che tu potresti fare la stessa cosa. Se usi male il tuo tempio, puoi soffrire per questo.

D: La versione che la gente ha del Paradiso si adatta a questi piani astrali?

J: Ha detto che l'astrale superiore sarebbe molto simile al Paradiso perché è molto bello.

D: Questa è la loro versione del Paradiso?

J: Lui dice: no; le persone che credono nel Paradiso e nell'Inferno sono ancora in quel livello medio d'intelligenza. No, non è un Paradiso o un Inferno che gli viene dato. Gli viene data una bella casa di periferia in una zona dall'aspetto molto suburbano. Questo è ciò che si aspettano e quindi è così che va. Non ci sono angeli con l'arpa quassù.

D: Mi stavo chiedendo se c'era qualcuno che fluttuava su una nuvola con un'arpa (Risata).

J: Non ci sono nuvole. L'astrale superiore, però, è così bello. È pieno di splendidi colori floreali simili a gioielli. Potrebbe davvero essere un Paradiso.

D: Questo andrebbe d'accordo con la versione che la gente si aspetta del Paradiso. Ci sono altri piani superiori di cui ti può parlare, o questo è l'ultimo?

J: Dice che questi sono i gradi avanzati quando si raggiunge l'astrale superiore. Eppure ci sono gradi ancora più avanzati al di sopra di questo. "Ma siete ancora legati ad un corpo e quindi ci sono altre cose di cui preoccuparsi. Lui dice: "Non guardare oltre. Al tuo livello di consapevolezza, John, questo è sufficiente".

D: Ogni volta che vai a quei livelli superiori, torni mai indietro e ti incarni di nuovo?

J: No. Lui dice che hai missioni molto più importanti su cui lavorare al piano universale. E che di solito non scegliete di nuovo l'incarnazione fisica, amenoché non sia una missione molto importante. Dice che i grandi uomini nella storia, per esempio Gesù e Buddha, sono stati entità molto alte e superiori che sono tornate.

D: Quindi sono tornati per uno scopo.

J: Giusto, uno scopo molto importante.

D: Mi stavo solo chiedendo se il nostro scopo nella nostra evoluzione fosse di andare oltre quel piano.

J: Lui dice che andiamo oltre l'astrale superiore e andiamo nel ringiovanimento spirituale e poi impariamo ad essere uno spirito universale. Quindi non siamo solo legati alle aree astrali della Terra. Non riesco a capirlo. Ma lui dice: "Non è importante che tu capisca in questo momento". (Risate)

D: Qual è il nostro obiettivo alla fine?

J: La perfezione. Noi aumentiamo. Come sapete dalla vostra legge della fisica, l'energia non si crea né si distrugge. Cambia solo la sua forma nel suo viaggio di ritorno alla sua fonte. E quando raggiunge la sua fonte è della stessa energia. Dice che questo si applica anche alla fisica spirituale. Dice: "Ecco un indizio. Ora pensaci da solo".

D: Ma alla fine la meta è la perfezione. E per raggiungerla devi passare attraverso diverse vite sulla Terra e poi evolvere oltre?

J: Dice che ogni vita ti insegna una qualità diversa che devi imparare nella tua ricerca della perfezione. Non si hanno solo diverse vite. Alcune persone vanno per tre, quattro, cinque, seicento.

D: Naturalmente, molti di loro devono continuare a ripetere le lezioni, vero?

J: Giusto. Lui dice che alcune anime avanzate possono farlo in forse dieci vite. Ma il numero medio è di circa 120. (Improvvisamente) Sta dicendo che abbiamo visto abbastanza ed ora è il momento di lasciare questa zona. Mi conduce fuori dalla biblioteca e mi mostra i gradini che portano fuori dall'area del Tempio e giù in un meraviglioso giardino mozzafiato. Ha detto: "Perché non andate a vedere cosa c'è là fuori". Ho la sensazione che forse abbiamo fatto troppe domande. Cammino in questo giardino ed è semplicemente bellissimo. Ci sono fontane e condotti d'acqua. Gli uccelli cantano. Gli odori dei fiori sono semplicemente meravigliosi. C'è uno spirito luminoso qui e dice: "Parliamo del giardino. È il prototipo di tutti i fiori e gli alberi e gli stagni e i laghi e le fontane che avete sulla Terra, quindi è molto più fine". Tutto è squisito. I fiori sono come gioielli tagliati a mano. I loro profumi sono semplicemente miracolosi. Immagina il miglior profumo al mondo, il più costoso, spruzzato dappertutto. Voglio dire, è proprio quel tipo di profumo meraviglioso che c'è nell'aria. Ci si sente come se la natura ti toccasse per amarti. E ci sono bellissime farfalle. Oh, è semplicemente meraviglioso. È così bello qui. E questo è un prototipo di come sono i giardini nel mondo materiale. Questo è il mondo, il mondo reale. Il mondo astrale è il mondo reale e questo giardino è il prototipo dei nostri giardini terrestri.

D: Sto pensando ai fiori sulla Terra. Fioriranno e poi cadranno.

J: No, questi sono eterni. Non cambiano mai. Ecco perché hanno la perfezione di un gioiello.

D: Come la rosa più perfetta o qualcosa del genere?

J: Sì, ogni petalo è squisito. I fiori sono come i gioielli più perfetti.

D: È lo stesso con gli alberi? Sarebbero come gli esempi più perfetti di questi alberi? È questo che intende?

J: Dice che gli alberi nel nostro mondo, il mondo materiale, sono solo un riflesso di questi.

D: *Stavo pensando al contrario, credevo che forse il mondo astrale fosso un riflesso di questo mondo.*

J: Oh, no, no, no. Lui dice: "Questo mondo è molto meglio. Tutte le cose belle che vengono create nel vostro mondo fisico hanno la loro controparte qui in questo mondo. E la Terra è solo un riflesso del mondo spirituale. Il vostro mondo è così grossolano e grezzo". Era il guardiano di questo meraviglioso giardino che disse questo.

D: *Quindi ogni luogo ha un guardiano.*

J: Sì, ogni luogo in questo complesso ha un guardiano diverso. C'è questo bellissimo lago.

D: *Dove si trova?*

J: Nei giardini. Ci sono tutti i diversi tipi di case costruite lungo una delle rive del lago. E tutto, le fontane, il tempio, le montagne e il paesaggio è perfetto ed eterno. L'intensità dei colori è mozzafiato. È impossibile descrivere l'incredibile bellezza di questo luogo. Dice che forse dovremmo tornare indietro. Dice: "Avete fatto il vostro giro. Ora, tornate indietro. Torna indietro, John!"

D: *Va bene. Ma non c'è qualche altro posto lassù di cui dobbiamo venire a conoscenza?*

J: No, non in questo momento. Dice che alcune aree sono fuori centro perché è come trascinare un infante o un bambino in età prescolare all'università. Dice che queste informazioni non sono necessarie per te in questo momento.

D: *Va bene. Ma digli che sto cercando di scoprire queste cose per la gente che ha paura di morire cosicché sappiano com'è laggiù. Questa è la cosa principale. Forse non avranno paura se lo sapranno.*

J: Lui capisce qual è il tuo servizio. Dice che è bello e che è meraviglioso. Ma dice anche che ci sono alcune cose che teniamo nascoste.

D: *Beh, questo posso apprezzarlo.*

J: E dice, "Abbi cura di te ora. Sentitevi felici e alti nell'amore e nella luce. Siate benedetti e lasciate che la luce bianca vi circondi e vi faccia sentire sicuri e felici".

D: *Ok. Quindi pensa che non dovremmo fare altre domande oggi o cercare di scoprire altre informazioni? Giusto?*

J: (Sorpreso) Se n'è andato!
D: Bene, dove sei? (Pausa) Vedi qualcosa in questo momento?
J: Sono nel grigio. Nient'altro. È tutto grigio. Una specie di nuvole.
D: *Ok, a quanto pare vogliono che smettiamo di fare domande. Va bene per te? Ma immagino che tu non abbiate molta scelta, vero? (Risata)*
J: (Perplesso) Non sono più lì.
D: *Va bene. Abbiamo scoperto un bel po' di cose.*

Poi riportai John a piena coscienza. Ero un po' delusa dal fatto che non riuscimmo a continuare più a lungo con la nostra esplorazione, ma quando interruppero il flusso di comunicazione non avevamo altra scelta. Era come se ci fosse permesso di entrare fino ad un certo punto. Ma quando hanno deciso che era ora di andare, ci hanno semplicemente spinto fuori dalla porta e l'hanno chiusa dietro di noi. La scena era stata completamente rimossa. Questo è stato un evento molto insolito. Questo dimostrava senza ombra di dubbio che non eravamo noi a controllare questa seduta.

Capitolo 6

Diversi Livelli di Esistenza

INFORMAZIONI RIGUARDO AI DIVERSI LIVELLI di esistenza cominciò ad emergere mentre stavo parlando con una donna che si trovava tra una vita e l'altra. Stava frequentando la scuola sul piano spirituale. Ma questa volta sembrava una scuola diversa dalla Scuola della Conoscenza di cui mi avevano parlato in precedenza, anche se c'erano alcune somiglianze. Disse che si trovava al settimo livello.

S: Sto imparando come prendere le esperienze quotidiane di vita e renderle valide, piacevoli ed farle contare. Stiamo imparando le diverse fasi che si stanno verificando sulla Terra. E stiamo cercando di aiutare diverse persone a diventare consapevoli in modo che gli esseri umani possano fare i passi successivi necessari.

D: *Questo diventando una qualche specie di guida?*

S: In una certa misura, sì. Forse aiutando le persone ad aprirsi ai vari regni delle possibilità.

D: *Sei in grado di farlo da dove sei?*

S: Per lo più lo facciamo da qui. Facciamo uno sforzo per attirare l'attenzione degli individui che riteniamo siano in grado di gestire la conoscenza e le informazioni che possiamo dare loro. C'è solo un certo numero di persone che sono aperte a quelli del settimo livello. Ce ne sono di più che sono aperti a quelli del sesto. Ma stiamo cercando di aprire quelli che, per esempio, sono dei leader spirituali o degli inventori. E quelli che molte persone non considerano importanti, nella misura in cui non saranno ricordati per i prossimi 200 anni. Ma stanno facendo qualcosa di

importante. Forse sono il padre di qualcuno che sarà conosciuto, o forse stanno guidando o insegnando a questi bambini.
D: *Cercate di lavorare a livello mentale?*
S: Sì. Attraverso i loro sogni e altre cose del genere.

Sembra che questo settimo livello sia quello da cui provengono le invenzioni, la musica e le influenze creative. Ho sempre sentito che queste cose si diffondono nell'atmosfera ogni volta che il mondo è pronto, che chiunque sia aperto e possa raccogliere queste idee sarà riconosciuto per l'invenzione. Penso che a quelli che stanno dall'altra parte non interessa molto chi faccia l'invenzione vera e propria, basta che sia fatta al momento giusto. Questo spiegherebbe i casi di molte persone in tutto il mondo che lavorano sulla stessa cosa allo stesso tempo e si affrettano a completarla. Molti inventori e compositori famosi hanno affermato che l'ispirazione venne loro durante gli stati di sogno, quando naturalmente sarebbero psichicamente più ricettivi di queste utili influenze.

D: *Potresti spiegare questi piani o livelli spirituali?*
S: Se vuoi immaginare una piramide rovesciata, Dio sarebbe in cima o il lato più lungo e l'umanità sarebbe alla base o alla punta. I piani sono nel mezzo e man mano che salgono, diventano più spirituali. Man mano che si avanza nei piani, si amplia la propria consapevolezza e ci si avvicina a Dio. Tuttavia, questa analogia della piramide è priva di diversi aspetti, uno dei quali è che la parte superiore o più lunga dovrebbe essere infinita. Per essere Dio, dovrebbe essere infinita.
D: *Come avanziamo attraverso i piani?*
S: In questo momento state avanzando attraverso i vostri piani. L'incarnazione è un modo.
D: *Si tratta semplicemente di sviluppo spirituale?*
S: Sì, di sviluppo spirituale. Lo sviluppo fisico è un altro.
D: *Dobbiamo vivere più di una vita per avanzare?*
S: Non avete bisogno di vivere alcuna vita, se lo desiderate. Non è necessario incarnarsi; è semplicemente più efficiente.
D: *Più efficiente per cosa?*
S: Per voi. Per il vostro tempo. Per le vostre esperienze di apprendimento. Incarnarsi, piuttosto che rimanere spirituale, porta

un apprendimento più completo. Queste sono scorciatoie, se volete, verso la meta finale.

D: E qual è la meta finale?

S: Essere uno con Dio. Unirsi di nuovo con Dio e raggiungere la perfezione, e poi non c'è più bisogno di tornare indietro.

D: Molti spiriti o anime hanno raggiunto il livello più alto di questi piani?

S: Molti si sono già uniti a Dio e non devono più tornare ai piani inferiori.

D: Quante vite ci vogliono generalmente?

S: Varia a seconda degli individui. Se riescono a rimanere con l'obiettivo e lo schema che hanno stabilito. Se non dimenticano perché sono lì, e rimangono in contatto con il loro sé interiore e restano rigorosamente sul sentiero, non ce ne vogliono molte. Ma troppe persone si fanno prendere dalle necessità mondane. Il loro ego e le loro vanità crescono intorno a loro, così perdono contatto con le verità spirituali, più profonde delle ragioni della loro esistenza.

D: Se non ci incarnassimo, come potremmo raggiungere Dio?

S: Attraverso altri metodi. Aiutando, assistendo gli esseri incarnati. Attraverso l'essere una guida, un insegnante, un aiutante, un amico sui piani degli spiriti. Ci sono molti metodi diversi.

D: Qual è l'obiettivo di passare fisicamente attraverso questi piani, se lo si può fare anche dall'altro lato?

S: Siamo esseri ascendenti. Stiamo formando una scala. Ci sono altri il cui intero scopo è stazionario. Questo assomiglia alle persone in una maratona. Ci sono quelli che in certi punti non fanno altro che tenere l'acqua e darla ai corridori che passano. Questi corridori sono ascendenti, se possiamo dire così, dall'inizio alla fine. Gli angeli sono gli assistenti che non salgono ma si limitano a servire. Il nostro scopo è partire dall'inizio e correre fino al traguardo. Tuttavia, non c'è un primo o un ultimo posto. Tutti coloro che tagliano il traguardo sono vincitori in quella corsa.

Ero curiosa di conoscere questi livelli. Alcuni spiriti li chiamano dimensioni, ma dalle loro descrizioni, si riesce a capire che stanno parlando delle stesse cose. Mi è stato detto che ce ne sono diversi, da dieci a tredici fino ad un possibile numero infinito, a seconda della persona con cui si parla. Ma sono tutti d'accordo: man mano che si sale, ci si avvicina sempre più all'essere uno con Dio.

D: Puoi parlarmi dei diversi livelli?
S: Non potrei spiegartelo per farti capire ogni piano o dimensione perché non hai l'esperienza per capirlo. Ma cercherò di darti alcune informazioni.

D: La Terra è considerata il primo livello?
S: Il livello della Terra è considerato un quinto livello. Ci sono diversi livelli al di sotto di questo. Ci sono gli elementali, che sono alcuni dei più bassi, al primo livello. Quel piano basilare è composto da emozioni e pure energie. Non sono che energia basilare e da lì si progredisce verso l'alto. Sono forme di vita che non hanno personalità individuale, ma sono semplicemente forme di vita collettiva che aspettano il proprio tempo, come gli umani hanno aspettato il loro. Gli elementali in futuro avranno personalità. Tuttavia, in questo momento sono nel loro periodo d'attesa. Non sottovalutate il loro potenziale perché possono essere molto potenti. Non rimproverateli né sottovalutateli, perché hanno un futuro piuttosto notevole, com'era il futuro umano prima del presente.

D: Gli elementali hanno qualcosa a che fare con ciò che chiamiamo "possessione"?
S: Non nella comprensione tipica. La possessione è una realtà; tuttavia, gli elementali sono attirati e di per se' non invadono. Gli elementali si possono dirigere, quindi tendono ad essere influenzati abbastanza facilmente e possono essere influenzati in un modo o nell'altro.

D: E gli altri livelli?
S: C'è il secondo livello che sono i protettori degli alberi e delle colline. Questi sono diversi l'uno dall'altro. Gli elementali di solito hanno a che fare con i luoghi. Invece, con quelli che proteggono gli alberi, ognuno ha un albero o il proprio tipo di pianta. È come quando i greci parlavano degli sprites e delle driadi e di altre cose del genere. Facevano molto riferimento a questo livello di comprensione.

D: Hanno un'intelligenza?

S: Più malizia che intelligenza, anche se sono fondamentalmente molto gentili. È una questione di progressione. Il vostro livello fisico è solo un altro livello energetico. È semplicemente una questione di percezione dove vi sentite più a vostro agio. Questo determina il livello di incarnazione in cui andate. Alcune persone tornano come fate e folletti perché è lì che si sentono più a loro agio le loro percezioni.

D: *Possono farlo?*

S: Sì. Di solito si incarnano come quelli a cui riferite nella vostra lingua, come: la "piccola gente". Sono più in sintonia con il livello spirituale perché sono consapevoli delle energie coinvolte e di come manipolarle.

D: *Allora questi esseri esistono?*

S: Sì, esistono, ma esistono nel regno degli spiriti. Non esistono in una manifestazione fisica. Ma possono apparire come una manifestazione fisica. Questo è molto importante. Possono apparire, ma sono molto spirituali. Le loro anime, proprio come la vostra, stanno crescendo verso la perfezione. E hanno ricorso su tutte le piante, gli animali della foresta, del mare e anche dell'aria. Sono come i promotori ed i gestori dietro alle cose di questi fenomeni naturali. Ma quando si manifestano, si manifestano come creature simili all'uomo in aree verdi. Questo è il motivo per cui abbiamo storie di folletti, fate, elfi e così via.

D: *Nel loro stato normale sono come uno spirito, ma possono manifestarsi come piccole creature? Perché si manifestano in una forma così insolita?*

S: Fa parte del piano. Sono messi alla prova per imparare a prendersi cura della natura. Quando hanno imparato a farlo, allora possono continuare a prendersi cura di se stessi.

D: *Cosa vorresti dire con questo?*

S: Esattamente quello che ho detto.

D: *Significa che possono evolversi e alla fine incarnarsi come umani?*

S: Si, siete stati fate in altre vite.

D: *Oh? Tutti noi?*

S: Sì. Tutti noi. Non potete davvero parlare troppo dell'evoluzione dell'anima in questo stato attuale del vostro sviluppo. È difficile per voi da comprendere. Ma loro stanno salendo la scala, proprio come noi stiamo salendo la scala.

D: *È per questo che gli umani sono così affascinati da queste cose?*
S: Probabilmente perché ci sono già passati. Sono stati queste fate, specialmente le persone che sono molto in sintonia con la Terra. Stanno ancora ricordando le riflessioni delle loro vite da spiriti della Terra nella forma di queste creature.
D: *Beh, secondo il nostro folclore, si suppone che abbiano poteri magici e cose del genere. È vero? Hanno i poteri che vengono loro attribuiti?*
S: Questo è solo folklore. Hanno dei talenti sorprendenti. Ma per le persone ignoranti, inconsapevoli del regno spirituale, quando si manifestavano, li vedevano come uno spirito piuttosto che una forma di vita fisica. Però hanno vita, in senso spirituale.
D: *È difficile per me vederli come uno spirito che poi si trasforma in una manifestazione.*
S: Hanno il permesso di farlo quando è necessario. Ecco perché non appaiono molto spesso agli umani. Se sei chiaroveggente, puoi vedere che la natura ha tutti i suoi spiriti che si occupano di infiniti compiti.
D: *Sperimentano la morte come la conosciamo noi?*
S: No, non sperimentano la morte. Semplicemente si individualizzano di più. Si allontanano dall'anima di gruppo verso un individualismo più marcato, in modo da poter elaborare il loro destino karmico.
D: *Il folklore è stato così' lungo e continuativo; si dovrebbe supporre che ci debba essere qualche fondamento di verita'. C'è una ragione per cui la gente li vede in modi diversi, come elfi, fate, gnomi?*
S: Alcuni si occupano delle creature dei laghi e delle acque. Altri si occupano delle creature della foresta. Altri si occupano delle creature del tappeto terrestre, l'erba.
D: *È per questo che hanno un aspetto diverso; hanno forme diverse, personalità diverse e così via? (Annuii') Queste creature creano mai qualcosa di negativo?*
S: No, perché sono programmate per non farlo.
D: *Beh, sto pensando al folklore.*
S: Sì. Ma ci sono demoni là fuori che si mascherano per assomigliare a questi esseri. Spesso, queste sono entità astrali negative che hanno vissuto sulla Terra e sono arrabbiate perché non possono

piu' reincarnarsi lì. Possono causare dei problemi. Questo è successo più spesso in passato. Vedi, principalmente gli umani hanno ignorato questi spiriti a causa del loro progresso tecnologico. I demoni erano soliti tormentare sia le persone, le fate e gli animali. Ma ora che gli umani si sono spostati da uno stile di vita agricolo ad uno stile di vita tecnologico, non succede più così spesso.

D: *Come fa la gente a sapere chi è uno e chi è l'altro?*

S: Non dovresti preoccupartene. Gli spiriti della natura non si manifestano molto spesso alla gente mortale. Non è così comune. Ma quando lo fanno, è per una ragione importante. Di solito ha qualcosa a che fare con la terra o con la natura stessa. Per esempio, forse le persone stanno per abusare della terra che è sacra per questi spiriti e quindi causeranno dei problemi. Cercheranno di contattare le persone nel sonno e nelle ore di veglia per dire: "Per favore non abusate di questa terra".

D: *Questo suona come alcune delle tradizioni indiane di cui ho sentito parlare. Ma non si manifestano più così spesso come una volta.*

S: No. Ma fanno cose che sono benefiche per le piante e gli animali di cui si prendono cura.

D: *Mi stavo chiedendo una cosa: ogni pianta e animale ha un protettore personale?*

S: No, perché le piante e gli animali hanno tutti uno spirito di gruppo. E questi spiriti di gruppo sono curati dagli spiriti che voi conoscete come folletti e fate. Ci sono anime individuali che si prendono cura delle anime di gruppo. E queste anime individuali sono gli elfi, le fate, ecc..

D: *Questo è così difficile da capire. Pensavo che forse fosse un'anima di gruppo che si prendeva cura di tutte le piante e che poi si fosse individualizzata.*

S: Sono esseri separati perché l'anima di gruppo non è così evoluta come un'anima individuale che aiuta.

D: *Quindi le fate e gli elfi sono anime di servizio, un po' come le nostre guide e i nostri guardiani.*

S: Si, sono come i folletti. Sono come guide e canalizzatori per il regno vegetale e animale. Questi regni sono consapevoli di questi spiriti.

D: *È un po' come il modo in cui le nostre guide e i nostri guardiani ci aiutano.*

S: Sì. Solo che sono per il regno animale e il regno vegetale. I folletti, gli elfi o come volete chiamarli, sono un tipo di anima particolare che sta evolvendo spiritualmente verso l'incarnazione umana. Avranno questa opportunità in futuro. In fatti, siamo stati quel tipo di energia nelle nostre vite precedenti, ma ora abbiamo assunto un ruolo umano. Questi spiriti sono al servizio degli animali e degli uccelli che hanno un'anima di gruppo. Sono lì per aiutarli perché gli animali non hanno ancora anime individuali. Il modo in cui gli animali vedono la vita è attraverso le loro riproduzioni. Questo è il modo in cui continuano a vivere.

La maggior parte di tutto questo, suonava simile al folklore e alla mitologia, che noi abbiamo liquidato come "sciocchezze" superstiziose. Forse vivendo più vicini alla natura, gli antichi avevano una maggior comprensione di questi principi basilari. Era molto chiaro per loro, ma allo stesso tempo li spaventava. Apparentemente per rispetto della natura, inventavano storie e le popolavano con tipi distinti di creature, i cui nomi sono arrivati fino a noi nel folklore e nei miti. Tutto ciò sembra essersi evoluto dai loro tentativi di comprendere questo regno degli spiriti che abbiamo scelto d'ignorare nella nostra società meccanizzata e complicata.

D: *Però, poi, nella loro evoluzione questi spiriti alla fine diventano umani.*
S: Sì. Non dovrei davvero parlare molto di queste informazioni. Ma, sì, stanno imparando a trasformarsi in umani. Sono un'anima giovane. Sono pieni d'amore per tutta l'umanità e tutta la natura, ma specialmente per la natura. Saliranno la scala evolutiva dopo il cambiamento della Terra, perché allora cominceranno ad incarnarsi in corpi fisici. In questo momento stanno preparando il mondo per questo cambiamento della Terra. Questo è il motivo per cui le persone vengono guidate a vivere in certe zone in tutto il paese. Quando questi spiriti s'incarneranno in una vita umana, il mondo sarà cambiato da un sistema vibratorio planetario basso ad un sistema vibratorio planetario alto e questo rifletterà la loro luce e le loro vite. Molti di loro entreranno in funzione e s'incarneranno per aiutare a ricostruire il mondo, per produrre

cibo e per dare sintonia con gli animali che sono stati traumatizzati dal cambiamento della Terra.

D: Cosa succederà al nostro tipo di spiriti?

S: Mentre ha luogo il cambiamento della Terra, avverranno diversi cambiamenti nei gruppi di anime. Ci evolveremo fino ad un senso più elevato di coscienza.

D: A quel punto non vorremmo incarnarci sulla Terra?

S: Ci reincarneremo anche sulla Terra solo per soddisfare il nostro senso del karma. Ma la maggior parte delle persone che verranno sulla Terra saranno spiritualmente evolute. Tutti gli esseri meno evoluti saranno mandati in un altro universo per ricominciare il loro viaggio cosmico.

D: Sembra che ci saranno molti cambiamenti dopo il cambiamento della Terra.

S: Questi spiriti della natura si stanno preparando. Davvero, non dovrei dire più niente.

L'argomento dell'avvicinarsi di un possibile spostamento dell'asse terrestre e le meccaniche correlate, sono discussi più dettagliatamente nel mio libro, "Conversazioni con Nostradamus" (3 volumi).

D: Ok, e gli animali? Hai detto che non hanno anime individuali?

S: No. Gli spiriti degli animali sono diversi dagli umani. Sono così diversi dall'anima di un umano che non posso spiegarlo molto bene. Hanno spiriti di gruppo, e questi vengono elaborati con gli altri elementali. Alcuni animali, come mucche e cavalli, hanno la tendenza al branco che è facilmente identificabile come spirito di gruppo. Ma gli spiriti animali non hanno personalità come gli umani. Sono comunque forze vitali e abitano corpi - corpi animali.

D: Hanno incarnazioni come gli umani?

S: Sì, si tratta d'incarnazione. C'è il riempimento del corpo fisico con una forza vitale, sì, quindi sarebbe un'incarnazione in quel senso.

D: Uno spirito animale si incarna mai come un essere umano?

S: (Si accigliò e sembrò perplesso) Sì, alla fine lo fa. Fa parte della sua crescita spirituale. Proprio come voi andrete a livelli più alti, così lo spirito di un animale si separa dallo spirito del gruppo, diventa un'anima individuale ed inizia il processo di crescita spirituale. Molte delle persone sulla Terra sono state animali in altre vite su altri pianeti, eoni di tempo fa.

D: *E questo faceva parte dell'evoluzione? Sono curiosa di sapere dove abbiamo iniziato. Che tipo di energia eravamo quando abbiamo iniziato?*

S: Dobbiamo passare attraverso tutte le serie di sviluppo: gas, materia, pianta, animale, umano, spirito, divino.

D: *Allora un animale fa parte di uno spirito di gruppo e può diventare individualizzato e staccarsi dal gruppo?*

S: Sì, succede a causa dell'amore. Gli umani che mostrano amore ad un animale gli danno una personalità. L'amore lo aiuta a separarsi e lo rende più individualista. Questo eleva la loro coscienza. Questo è il motivo per cui si dovrebbe essere sempre amorevoli con tutte le creature. Però non capisco creature nocive come insetti, vespe e zanzare. (Fece una faccia disgustata, ed io risi.) Fanno parte del piano. La maggior parte degli insetti sono stati messi lì per una ragione, ma sento che alcuni non hanno bisogno di essere lì perché non sono veramente produttivi. Ma dopo il cambiamento della Terra, non ci saranno più.

D: *Gli spiriti animali dovrebbero essere ad un certo livello?*

S: Alcuni sono al secondo; alcuni sono al terzo e alcuni sono da qualche parte nel mezzo. Per esempio, una formica sarebbe su un livello diverso da un cane o un cavallo che ricevono molto amore. Non ci sono sempre livelli distinti che dicono: questo è qui e quello è in quell'altro. Ci sono molte sfaccettature per ogni personaggio. Ci sono anche coloro che sono in forma umana terrena, ma sono su questi livelli inferiori. Sono autorizzati a farlo nella speranza che si elevino. Alcune persone sono al terzo livello anche dopo essersi incarnate. Sono quegli umani che non hanno coscienza. Semplicemente, vivono un'esistenza. Non vivono una vita. Vivono meno di una vita.

D: *In che senso? Sono cattivi o semplicemente non hanno interesse?*

S: Non hanno l'intelligenza per essere né buoni né cattivi. Di questi ce ne sono pochissimi. Ci sono più incarnazioni di quarto livello che di terzo livello. Quello che chiamereste un sociopatico, sarebbe un individuo di quarto livello. Di nuovo, non hanno coscienza, ma hanno l'intelligenza per sapere come usarla contro gli altri.

D: Quelli del terzo e quarto livello che sono antisociali, sarebbero gli assassini e i criminali?
S: Sì, in gran parte. Sono quelli che sono scesi a quel livello o che non hanno ancora raggiunto gli altri. Non c'è coscienza. E poi c'è il quinto livello che è la vostra esistenza quotidiana. Ci sono anche alcuni che raggiungono il sesto livello e vengono da lì, al piano terreno.
D: Il sesto livello è sopra la Terra?

Stavo cercando di visualizzare fisicamente questi livelli in luoghi riconoscibili con confini definiti, cosa che poi ho scoperto essere impossibile.

S: Il sesto è quello conosciuto come il regno degli spiriti.
D: Sarebbero gli spiriti che non volevano lasciare la Terra?
S: Sono quelli che a volte rimangono bloccati nel piano terrestre per i loro motivi o per la loro famiglia che potrebbe tenerli lì col dolore del lutto o altro.
D: La Terra è al quinto. Dopo ci sono il sesto, il settimo e più in alto? E questi sono i luoghi dove si trovano le scuole?
S: Le scuole e i maestri e altre cose, sì. L'ottavo e il nono livello sono riservati ai grandi maestri. Se raggiungi il decimo, sei di nuovo uno con Dio.
D: Beh, le persone vanno mai all'indietro? Stavo pensando alla teoria che gli uomini si incarnano come animali.
S: No. A meno che tu non sia estremamente bestiale. In altre parole, se ti comportassi come un animale e volessi diventare un animale, potresti, sì, ma è molto raro. Di solito non è permesso. Una volta era possibile. Tuttavia, non lo è più. Lo si faceva nei primi tempi della sperimentazione, ma ora non più. Non è che non sia possibile, ma che non è permesso. Se una persona fosse scesa così in basso, probabilmente sarebbe rimasta da questa parte fino a quando non si fosse rialzata, piuttosto che andare più in basso nella scala. È possibile che una persona scenda mentalmente ad un livello animalesco, ma è improbabile che entri nel corpo di un animale. Una volta raggiunta la coscienza umana, è molto raro che torniate ad un'esistenza di luce animale perché vi siete evoluti da quella.

D: *Quindi gli umani che si incarnano sarebbero nel terzo, quarto e quinto livello.*
S: A volte anche il sesto.

Mi chiedevo come fosse possibile, visto che siamo incarnati e il sesto livello è il regno degli spiriti.

S: Avete sentito l'espressione che una persona ha un piede in questo mondo e l'altro nel prossimo. Questi sono gli individui che sono molto aperti a tutto ciò che li circonda.
D: *Sono in grado di cambiare livello a piacimento?*
S: Per la maggior parte, una volta che ne diventano consapevoli e cominciano a trattare con entrambi i mondi. C'è il settimo livello che ha molte delle scuole di conoscenza e di pensiero. È dal sesto e settimo livello che proviene gran parte della conoscenza. Alcuni umani operano su due livelli senza rendersene conto. Per esempio, un inventore che non ha idea da dove venga la sua conoscenza.

Mi venne in mente come abbiamo spesso sentito parlare del settimo cielo. Si suppone che sia un luogo di perfetta felicità. Mi chiedevo se il concetto originale provenisse da questa teoria dei diversi livelli?

D: *Su quale livello si trova il luogo di riposo?*
S: Non ha un livello. Semplicemente, è. Esiste a causa del bisogno d'essere senza stimoli di alcun tipo. Pertanto, non ha un livello. Si va lì per esserne privi.
D: *È in un posto speciale lontano dagli altri piani?*
S: Non necessariamente lontano. È in mezzo ai piani, ma è completo in se stesso. È difficile da spiegare. Per usare un'analogia, sarebbe come quando stai salendo direttamente dalla superficie del tuo pianeta e l'aria diventa rarefatta. Man mano che si sale, si arriva al livello delle nuvole e si vede una nuvola che è molto spessa, dall'aspetto solido. È separata in se stessa, ma fa ancora parte dell'aria. Il luogo di riposo è così.
D: *Ogni volta che passi da una vita all'altra, vai ad un livello diverso o torni allo stesso che hai lasciato?*

S: A volte dipende da quello che hai fatto in quella vita. Se tu, invece di essere elevato, sei stato forse declassato in una vita, allora non torneresti allo stesso livello che avevi lasciato. A volte andresti direttamente in un'altra vita. Altre volte andresti in un periodo di riposo. A volte torneresti semplicemente in una scuola, ma non necessariamente la stessa che avevi lasciato. Forse avevi altre lezioni da imparare, o stavi rivedendo ciò che dovevi imparare la volta successiva. Forse stai cercando di decidere se vuoi tornare, o se vuoi rimanere lì e lavorare per un lungo periodo di tempo.

D: *C'è una scuola su ogni livello?*

S: Sì, ci sono molte scuole su ogni livello: scuole di luce, scuole di pensiero. Ognuna di esse usa una parte di ciò che è la legge naturale e l'ordine delle cose. Cercano di aprire l'individuo a quella porzione di verità in modo che possa trovare la via.

D: *Non si passa al livello successivo finché non si è pronti?*

S: Esattamente.

Sembrava di passare da una lezione all'altra, a scuola. Forse è così, con la Terra che è solo una delle classi.

D: *Vorresti dire che ci sono certi requisiti prima di poter passare a quello successivo? Si può finire per tornare indietro o passare al livello successivo in base a ciò che si è fatto?*

S: Sì. E una volta superato un certo livello, come circa il nono, è molto, molto raro incarnarsi nuovamente perché si è superato il bisogno primario di lezioni come quella. Amenoche, come ho detto, non siate declassati da una certa esistenza in cui siete così sopraffatti dalle tentazioni che affrontate quotidianamente che invece di elevarvi, vi queste vi declassano.

D: *Sembrerebbe che arrivando ai livelli superiori si sia al di là di queste tentazioni.*

S: Se sono passati molti eoni da quando hai vissuto un'esistenza terrena, è come quando a qualcuno viene negato qualcosa. Se un bambino non ha avuto caramelle per molto tempo e gli vengono offerte, molto probabilmente se ne ingozzerà. È questo tipo di cose che a volte accadono. Non è così comune come ai livelli inferiori, ma succede. Anche il più grande degli avatar [semidei] può essere tentato, sì.

L'avatar è un semidio che scende sulla terra in forma corporea. Ci sono molti esempi nelle scritture degli indù. Il nono livello apparentemente sarebbe stato quello da cui proveniva il gran maestro Gesù. Questo spiegherebbe anche la storia nella Bibbia della sua tentazione da parte del diavolo. Questa fu una battaglia con il suo stesso sé interiore.

D: *Ci deve essere qualcosa sulla Terra che fa questo alle persone.*
S: Sulla Terra la cosa che voi chiamate il male, il lato oscuro delle cose, è più attivo che qui. E l'attrazione è maggiore, sì.
D: *Rende molto difficile resistergli.*
S: Però poi, nel resistere, ti rende più forte, se riesci. Qui dove l'esistenza è molto facile e non devi resistere, forse non cresci così velocemente.
D: *Così sembra che torni in una vita con tutte le migliori intenzioni e piani, ma non puoi sempre attenerti ad essi, credo.*
S: "I migliori piani di topi e uomini spesso vanno a monte". [Robert Burns] Non sai mai cosa succederà, finché non ci sei dentro. A volte è utile viaggiare a ritroso per aiutare chi sta sotto. Spesso coloro che si trovano nelle dimensioni superiori tornano nel mondo fisico per aumentare la consapevolezza delle persone.

In Buddismo li chiamano boddhisatva. Sono descritti come persone che hanno raggiunto l'illuminazione e tuttavia hanno scelto di tornare sul piano fisico per compassione verso i loro simili. In questa forma di buddismo, Gesù era un boddhisatva o un illuminato.

S: C'è una dispensa per coloro che si offrono per fare questo. Gli è permesso, per così dire, e viene fatto.
D: *Un'anima andrà alla fine in tutte queste diverse dimensioni o piani?*
S: Stiamo tutti lavorando per questo. Questo è l'obiettivo finale. Il piano finale è l'unità, la riunione con Dio.

Altri hanno dato queste stesse descrizioni con parole diverse. Non penso che siano contraddittorie. Tutto ciò che mi dicono dipende dalla crescita dello spirito che sta facendo il resoconto, dall'accuratezza delle loro percezioni, dalla loro capacità di articolare ciò che percepiscono, date le limitazioni del nostro linguaggio. Ogni singola entità mi ha detto che il nostro linguaggio è totalmente inadeguato a descrivere ciò che vedono. Spesso cercano di compensare usando analogie, ma anche queste sono tristemente inefficaci per descrivere l'intero quadro. Ciò che si trova oltre il velo è così travolgente che, nel migliore dei casi, è difficile comunicare le informazioni ai nostri sensi mortali. Possiamo solo fare del nostro meglio per comprendere queste entità entro i nostri limiti umani. Questo o non cercare affatto alcuna conoscenza.

ECCO UN ALTRO RAPPORTO di un'altra entità riguardo ai vari piani di esistenza.

S: I diversi piani occupano lo stesso spazio. Per esempio, voi in questo momento esistete sul piano fisico, eppure i vostri aspetti spirituali hanno riflessi sui piani spirituali. Questo perché anche i piani spirituali sono qui, ma le vibrazioni coinvolte sono di una frequenza diversa. Con gli occhi spirituali, molte volte può apparire quasi come un luogo fisico. È qui nella stessa posizione della Terra; è solo una frequenza diversa. È come la vostra radio. È la stessa radio, e le vibrazioni che la attraversano occupano lo stesso spazio simultaneamente, però su frequenze diverse. E voi regolate il ricevitore di frequenza per ricevere un particolare insieme di vibrazioni in un dato momento. Lo stesso succede con questi diversi piani. Esistono simultaneamente, però sono su frequenze diverse, perciò non collidono, per così dire. Non sono sicuro di essere stato chiaro.

D: *Penso di capire. Questo è quello che ho sentito, che puoi essere su un livello e non essere consapevole degli altri piani.*

S: Sì. O se diventi consapevole, attraverso la meditazione o altro mezzo disponibile su questo piano; siete solo debolmente consapevoli perché siete in una frequenza diversa. Siete in grado di alterare una parte della vostra frequenza, abbastanza da interagire complementarmente con un'altra frequenza per sapere che esiste. Ma ci sarà una barriera. Da qui la descrizione di vedere attraverso un vetro opaco o un velo. Ci sono diversi piani, ma ci sono anche piani intermedi dove potete, se necessario, interagire con altri provenienti da altri piani. Per esempio, alcuni di quelli con cui avete interagito sul piano fisico in questo processo di elaborazione del vostro karma, possono trovarsi su un piano diverso. Potrebbero non essere ancora nati sul piano fisico e avreste bisogno di consultarvi con loro per vedere cosa stanno decidendo per la loro prossima incarnazione. Potreste aver bisogno di discutere come funzionerebbe al meglio per entrambi i vostri karma, riguardo a dove e quando incarnarvi. Questo è uno degli scopi del karma e della reincarnazione. Potete andare in questi piani intermedi a questi scopi, mentre siete nello stato di sonno. Inoltre quando siete tra incarnazioni, potete avere accesso ai piani superiori.

D: *Si può andare su questi altri piani anche se non si è così avanzati? O ci sono delle barriere che ti permettono di andare solo a certi livelli?*

S: Vai fino a dove la tua comprensione e il tuo intelletto te lo permettono. La tua mente è l'unica barriera. Dipende da quanto sei stato in grado di aprire la tua mente e capire. Se lo desideri o ne hai bisogno, ci sono sempre persone che ti aiutano ad aprire ulteriormente la tua mente.

D: *Ho cercato di capire questi livelli. Continuo a cercare di immaginarli come se avessero confini fisici distinti, cosa che sto cominciando a capire, è probabilmente impossibile.*

S: Non hanno confini fisici distinti. Per usare un'analogia, sul vostro piano trovarsi a terra sarebbe come essere ad un livello. Mentre vai dritto verso l'alto dalla superficie del tuo pianeta, passi attraverso l'atmosfera che gli scienziati hanno etichettato in diversi strati, stratosfera o quel che è, a seconda di quanto è rarefatta l'aria. Ma questo non ha luogo a livelli diversi. Si tratta solo di transizioni graduali da un livello all'altro. Quando si sale direttamente da terra, non si vedono i diversi livelli di atmosfera. Notate solo che le cose cambiano gradualmente e diventano diverse man mano che salite. I piani spirituali sono così.

D: *Sai quanti piani ci sono?*

S: No. Ci sono innumerevoli piani, credo. Alcuni piani sono per scopi speciali e altri piani sono generali.

D: *Qual è il livello più alto a cui qualcuno può andare se sta progredendo, come hai detto, sempre più in alto?*

S: Beh, non so davvero se posso dirti qualcosa al riguardo perché non sono sicuro che ci sia un limite a quanto in alto si possa progredire. Non sono a conoscenza di alcun limite e la mia percezione si estende verso l'alto solo fino ad un certo punto. Ma coloro che sono più avanzati di me possono percepire oltre, perché sono più avanzati. Al mio livello attuale, tutto ciò che so, è che si può continuare a progredire. E più si progredisce, più il tuo karma diventa positivo.

D: *Presumo che non si voglia rimanere allo stesso livello e continuare a girare in un solco. Dopo aver lasciato il livello di incarnazione, torni allo stesso livello spirituale che hai lasciato?*

S: No. Molte volte dipende dalle cose che ti sono successe mentre eri incarnato e dal modo in cui le hai gestite. Per esempio, se quando ti sei incarnato, hai iniziato a fare una pratica regolare di meditazione e qualcosa di simili, questo ti aiuterà a progredire anche mentre sei sul piano fisico. Poi, quando ritorni, sei in grado di raggiungere un livello più alto. Se uno rimane temporaneamente bloccato, per così dire, ad un livello particolare, di solito è perché lì c'è qualcosa che dovete imparare, ma che avete difficoltà ad assimilare.

Ho cercato di ottenere più informazioni da questa entità riguardo ai livelli della Terra che erano al di sotto di quello fisico (umano). Dissi che avevo sentito che il livello più basso erano le energie delle cose, come le rocce, le piante e gli alberi.

S: Penso che tu ti riferisca agli elementali. Tutto l'universo, compresi tutti i piani di questo universo - e alcuni degli altri universi, ma sto parlando solo di questo universo in questo momento - tutto è energia di varia intensità e diversi livelli. Voi percepite il piano fisico come solido e fisico semplicemente perché l'energia del vostro corpo è compatibile con esso in quel modo. Ma è anche tutta energia, come i vostri scienziati atomici già sanno. Le energie incarnate nei vari livelli della creazione, come le rocce, gli alberi e così via, non sono necessariamente livelli inferiori o superiori di energia, nè necessariamente piani inferiori o superiori. Sono solo diverse vibrazioni di energia o spiriti, se volete chiamarli così. Sono forze viventi che hanno potere e vita. Solo che operano secondo regole diverse. Ti dicevo come, sul piano in cui mi trovo ora, le regole dell'energia si applicano in modo diverso e operano in modo diverso. È così anche per questi altri livelli d'energia. Ecco perché le cose che accadono e sembrano inspiegabili sulla vostra Terra, si manifestano perché sono spesso influenzate o causate da entità da questi altri livelli energetici. Possono interagire con il vostro livello energetico. Capisci?

D: *Sto cercando di pensare come potrebbero influenzarci o causare cose che sono inspiegabili.*

S: Beh, avete il folklore riguardo ai folletti e cose del genere per aiutarvi a capire questi diversi livelli di energia. Il concetto della piccola gente esiste veramente. È un insieme di entità su un livello energetico diverso. E' un diverso tipo d'incarnazione in cui si può entrare. Per esempio, un modo in cui questi altri livelli energetici possono influenzarvi è interagendo con qualsiasi capacità psichica possiate avere. E in un altro modo, aiutandovi ad essere sensibili ai cambiamenti del tempo, ad altri fenomeni, o cose del genere. O forse se fosse accaduta una strana serie di "coincidenze", potrebbe essere dovuta ad influenze da questi altri livelli di energia. Temo che questo possa creare confusione - non per me, ma per voi. Per esempio, se uno desidera fortemente qualcosa, la forza di questo desiderio e i pensieri al riguardo, emettono una certa forma di energia. Le entità su questi altri livelli energetici ne saranno consapevoli. E potrebbero influenzare le cose, in modo sottile, per facilitarne la realizzazione.

D: *Queste altre entità influenzano mai qualcosa in modo negativo? O potrebbero essere autorizzate a farlo?*

S: Sì, ce ne sono alcune che lo fanno. E' come lo Yin e lo Yang, mantenendo le cose in equilibrio. Di solito quelli che influenzano le cose in modo cosiddetto "negativo" o sono maliziosi, o la persona che ha emesso l'energia di diversi desideri non è stata chiara in ciò che voleva. Quindi percepiscono ciò che è accaduto come negativo.

D: *Stavo pensando alle nostre idee di spiriti cattivi o demoni.*

S: No, questi non sono così.

Questo tema prosegue al capitolo 10 che tratta di Satana, della possessione e dei demoni.

D: *Come mi dici dalla zona a cui la Chiesa Cattolica si riferisce come il Purgatorio? Esiste un posto del genere nei livelli?*
S: No. La cosa più vicina che ritengo potrebbe equivalere al purgatorio, sarebbe il luogo di riposo per le anime danneggiate. Ma non è un luogo di punizione, non come i cattolici implicano con il loro termine di purgatorio. Non c'è davvero un luogo specifico come il purgatorio o l'inferno. Qualsiasi esperienza del genere è creata dalla vostra mente come risultato di cose che sono accadute nelle incarnazioni passate.
D: *Stavo per chiederti dell'inferno. Alcune persone hanno descritto luoghi che gli sono sembrati "cattivi" quando hanno avuto esperienze di pre-morte. Ne sai qualcosa?*
S: Se lo aspettavano. È il risultato delle credenze di qualcuno che ha vissuto una vita tale da farli "andare all'inferno". A causa del tipo di vita che hanno vissuto, hanno attirato, energie e influenze negative. Quando passano al lato spirituale delle cose, le influenze negative sono ancora raggruppate intorno a loro. Ma ora sono coscienti di queste influenze e possono percepirle perché sono sul piano spirituale. Queste cose li circondano totalmente e ciò influisce sulle loro menti, facendogli credere di essere in un luogo molto sgradevole, quando in realtà è uno stato mentale dovuto alle energie negative che sono state attratte da loro nelle loro incarnazioni passate.
D: *Ma non è un luogo dove devono restare?*
S: No. La condizione dell'Inferno è tutta una questione dello stato in cui è la vostra mente durante il periodo di transizione. L'idea del Paradiso e dell'Inferno è diventata un po' una favola o una leggenda dalla vostra prospettiva. Coloro che scelgono di crederci creano la propria realtà a tal punto che quando passano oltre trovano quella realtà elementare che loro stessi hanno contribuito a creare e quindi è davvero reale. Le descrizioni del Paradiso e dell'Inferno nelle vostre sacre scritture, sono il risultato di persone che hanno avuto esperienze di pre-morte. Dopo essere tornati hanno descritto ciò che hanno visto. E ciò che hanno visto è come hanno percepito le energie spirituali intorno a loro, durante il periodo di transizione. Ma non si sono inoltrati abbastanza per essere in grado di realizzare ciò che stava realmente accadendo.

Se descrivevano qualcosa di buono e molto piacevole, veniva riportato come il Paradiso. Quelli che descrivevano qualcosa di orribile e terribile, veniva riportato come Inferno.

D: *Parlano sempre di fuoco e cose del genere.*

S: Le energie negative possono torturare la mente in modo da farti sentire come se stessi bruciando. Però non è un bruciore fisico perché il corpo mortale è già stato scartato.

D: *Quindi come posso aiutare le persone a capire queste cose quando scrivo nei miei libri? Per un'infinità di tempo la chiesa gli ha insegnato che le cose stanno così.*

S: Questa è un'ottima domanda. Scrivi le cose che scopri da questa unità e da altre per poi mettere in relazione le informazioni. Incoraggia le persone a leggere libri sulle esperienze di pre-morte in modo che possano superare questo atteggiamento mentale secondo il quale la morte è qualcosa da temere. La morte non dovrebbe essere temuta più del respiro.

D: *Ho sentito dire che se alcune persone muoiono e hanno paura di andare all'inferno, allora questo è ciò che vedranno. Pensano di aver vissuto una vita negativa e questa è l'unica cosa che riescono ad aspettarsi, quindi questo li predispone ad una esperienza negativa.*

S: Sì, è così, perché questo è uno degli atteggiamenti che aiuta ad attrarre energie negative. Se si aspettano un'esperienza piacevole, allora è quello che avranno e questo renderà il periodo di transizione più facile. Sarà meno probabile che abbiano bisogno di andare nel luogo di riposo per lavorare sui loro atteggiamenti e quindi per dissipare le energie negative. Se possono sviluppare atteggiamenti positivi durante la vita, questo di per sé aiuterà a dissipare le energie negative. Le persone che trapassano in questa condizione negativa sono spesso mandate nel luogo di riposo, perché hanno bisogno di lavorare su questi problemi. Per lavorare sul loro atteggiamento o su qualsiasi cosa che nel loro caso specifico avesse attirato queste vibrazioni negative. Hanno bisogno di capire cosa abbiano fatto per attrarle e cosa possano fare per aiutarsi a crescere, migliorare ed evitare che queste influenze negative non siano più attratte a loro. Quando lavorano sui loro diversi aspetti personali e quando correggono o guariscono un certo atteggiamento, l'energia d'attrazione non c'è più. Le influenze negative si dissipano o cadono perché non c'è più l'energia che le trattiene. È come una combinazione di magnetismo, elettricità e gravità o qualcosa del genere.

D: *Cosa succederebbe se qualcuno si reincarnasse prima della dissipazione di queste influenze?*

S: Di solito si cerca di dare loro più tempo nel luogo di riposo, per iniziare a fare progressi positivi, verso la dissipazione di queste influenze negative. Se uno dovesse incarnarsi prima che queste influenze si siano dissolte... Non sono sicuro di ciò che succederebbe. Penso che venga semplicemente aggiunto al loro karma. Potrei sbagliarmi. Penso che quando si nasce, quando si è giovani e innocenti, si è protetti per un periodo di tempo - fino a quando si raggiunge quella che viene chiamata la condizione di responsabilità, cioè quando si inizia a realizzare il giusto e lo sbagliato. A quel punto, quando la mente raggiunge una maturità sufficiente per sapere cosa è giusto e cosa è sbagliato, poiché lo stato mentale era già presente, generalmente sceglierà lo stato mentale che manterrà quelle forze a lui attratte. E di solito finiranno per attrarre più forze o energie negative. Si tratta solo di andare al luogo di riposo quando muoiono e lavorare su questi atteggiamenti in modo che possano dissiparsi.

D: *Mi chiedevo se tornassero con queste forze ancora con loro e se questo significherebbe che stanno iniziando col piede sbagliato, per così dire.*

S: Viene dato loro un periodo di grazia, per così dire, quando sono ancora innocenti. Ma quando raggiungono l'età della responsabilità, quando cominciano a prendere le loro decisioni: se fare o non fare qualcosa, se sia giusto o sbagliato, se vogliano farlo o meno, indipendentemente dal fatto che sia giusto o sbagliato. A quel punto questi atteggiamenti si esporranno di nuovo e le energie torneranno.

D: *Quando inizia l'età della responsabilità?*

S: Ci sono età diverse per persone diverse, a seconda di come si sono sviluppati. Per alcune persone può essere già a cinque anni. Per altri può essere a dodici anni o giù di lì. Dipende dall'individuo.

D: *Dipende dalla loro percezione del giusto e dello sbagliato?*

S: Sì. Alcuni individui non perdono mai la loro innocenza. Quelli che sono ritardati mentali o altro, mantengono la loro innocenza per tutta la vita. Quando muoiono, è una fortuna in un certo senso, perché non devono cercare di dissipare le energie negative perché non hanno avuto la percezione di avere questi atteggiamenti che avrebbero attirato queste energie. Inoltre, la difficoltà di vivere quel tipo di vita li aiuterà anche a smaltire molto karma. Cambierebbe molto karma cattivo in karma buono.

D: *Mi chiedo perché qualcuno vorrebbe entrare in una vita essendo ritardato o gravemente handicappato.*

S: È un modo per non dover passare continuamente attraverso il ciclo del luogo di riposo. Alcune persone sono in grado di andare avanti e risolvere i loro problemi nel luogo di riposo, prima di reincarnarsi. Ma altri non hanno sempre lo stesso successo.

D: *Direi che più le persone sono a conoscenza di ciò che accade realmente e meglio sarà per tutti; anche se la chiesa non sarà d'accordo con me, sulle mie idee di ciò che è meglio per le persone (Risate).*

S: No, ma non succederà mai. Per loro è una questione di potere. La religione è stata corrotta in un gioco politico o di potere, cosicché ciò che era spirituale è diventato uno strumento di sublimazione delle masse per controllarne il comportamento. Ci sono nei loro abbellimenti alcuni aspetti che sarebbero forse veri in un senso molto elementare. Tuttavia, in questo momento, il quadro generale è grossolanamente frainteso dalla maggior parte di coloro che sono sul piano fisico.

D: *La chiesa impaurisce le persone pretendendo che se non faranno ciò che gli viene detto andranno dritti all'inferno. Penso che questo crei un intero atteggiamento di paura. Se le persone riuscissero a crearsi un'idea approssimativa di come sia veramente, allora saranno più preparate.*

S: È difficile proiettare precisamente com'è veramente, a causa delle limitazioni della lingua parlata. Ma forse questo darà loro un indizio su come sono i concetti reali.

Capitolo 7

Le cosiddette vite "cattive"

S: L'unico Dio assoluto, vero e amorevole, che è maestro di tutti gli universi non è un Dio vendicativo e odioso. Non c'è un tale Dio in nessun universo. Non ha bisogno di punizioni. Non c'è bisogno di punizioni nel Suo schema di vita. C'è già abbastanza punizione sulla vostra Terra in questo momento, senza aggiungerne altra. Diremmo che il concetto di karma è un effetto, non una causa. Il concetto è stato dato attraverso un'attenta considerazione come spiegazione del perché le cose accadono.

D: *Per noi è difficile capire perché alcune persone sembrano essere più depravate di altre. Una risposta facile è semplicemente accettarlo come karma di un'altra vita. Hai una spiegazione del perché la vita di alcune persone sembra filare liscia per tutta la vita, mentre altre hanno così tanti disordini e conflitti?*

S: Forse è perché sta guardando una vita alla volta. Se tu guardassi la progressione di quell'anima con una visione estesa, cioè forse 100 vite invece di una sola, forse vedresti che non tutte le vite sono facili per tutti, né tutte le vite sono difficili per tutti. In ogni progressione ci sono delle specifiche esperienze, appropriate per quella particolare vita, siano esse facili o difficili. L'esperienza di una vita, non è la verità dell'esperienza; ma lo è la lezione che si impara da quella vita. E li sta la verità. La lezione è il frutto di una vita e non quanto sia facile o difficile sia la vita. Di nuovo, se tu avessi una visione estesa di molte vite, vedresti che in tutti i casi ci sono quelle più facili e quelle più difficili. Dire che uno sia in una vita molto difficile per questo periodo, significherebbe soltanto che le sue lezioni richiedono una vita che è comparativamente più difficile di quella di qualcun altro.

D: *Quindi qual è lo scopo della reincarnazione? Per correggere ciò che si è fatto in passato?*

S: Lo scopo è di imparare di più. Per imparare sempre di più. Perché non si potrà mai imparare tutto ciò che c'è da sapere in una sola vita. Lo scopo di vivere di nuovo non è quello di correggere, ma di aggiungere qualcosa. La vostra conoscenza non può essere completa con una sola vita. Molte vite devono essere vissute per permettervi di comprendere completamente le lezioni che voi stessi avete assegnato a voi stessi. Dall'altra parte non c'è nessun severo maestro di lavoro, con frusta e pala in mano, pronto a seppellire il vostro corpo e a punirvi, per poi restituirvi a questa terra di dispiacere. Le esperienze di vita e di rinascita dovrebbero essere viste con una visione più positiva. Cioè, una di apprendimento e amore e non di punizione e dolore. È tutto nell'atteggiamento. Perché ciò che si crea, si vive, e ciò che si vive, si crea.

D: *Ci sono solo spiriti buoni dove ti trovi ora?*

S: Spiriti in evoluzione. Non c'è né buono né cattivo.

D: *Ma le persone hanno vite negative. Questo come lo vedi?*

S: Le persone hanno vite cattive perché non affrontano i problemi che sputano fuori, problemi che loro stessi contribuiscono a scegliere. Pensano di non avere controllo su ciò che gli succede, quindi perché dovrebbero lavorarci sopra? Sulla vita si deve essere lavorare; non si può semplicemente pattinare da un giorno all'altro.

D: *Ci sono persone che fanno cose molto negative durante la loro vita. Ma a che scopo?*

S: A volte non è solo la persona che lo fa. A volte ci sono altre forze che entrano in gioco. E non serve a niente, se non a mostrare agli altri quanto in basso possa cadere una persona. In questo modo serve al suo scopo. Ma non importa quanto in basso vada quella persona, o quell'anima, c'è sempre spazio per tirarsene fuori - con il lavoro, la preparazione e affrontando i problemi che avranno. Questo è ciò su cui bisogna lavorare.

D: *Nella Bibbia c'è scritto che dobbiamo imparare ad essere perfetti.*

S: Non ci si aspetta che gli esseri umani diventino perfetti, anche se alcuni lo hanno fatto. Questa è, naturalmente, l'eccezione piuttosto che la regola. Sforzarsi di essere perfetti è la lezione.

D: *Stavo pensando che l'unico modo per diventare perfetti è imparare tutte queste lezioni, il che è molto difficile sul piano terrestre.*

S: Si impara ciò che è perfetto sperimentando ciò che non lo è. Quindi è importante imparare ciò che non è perfetto, quanto imparare ciò che lo è. Non ci può essere la comprensione di ciò che è dato, finché non si è sperimentato ciò che è preso.

D: *Questo significa che tutti devono sperimentare le cosiddette vite "negative" nella loro progressione per poter capire queste cose?*

S: Non direi che uno deve farlo. Tuttavia, molti lo scelgono come metodo per accelerare il loro processo di apprendimento. Nessuno vuole rimanere più a lungo del necessario nella forma fisica, perché questo non è un vero stato essere. Così, le lezioni che accelerano più rapidamente il proprio apprendimento fino al punto in cui non è necessario incarnarsi ulteriormente sono le lezioni più richieste o ricercate.

D: *Credevo di averti sentito dire che dovevamo sperimentale il male per capire il bene.*

S: Non c'è una regola che dice che il male deve essere sperimentato. C'è però la realtà dell'intuizione che viene dall'esperienza dell'uno per comprendere pienamente l'altro. Questa non è una regola, è un fatto.

D: *Sì, ho sentito dire che non puoi apprezzare la felicità se non hai conosciuto la tristezza. Sai, gli opposti di ogni cosa.*

S: Esattamente. E così sarebbe opportuno guardare con compassione a coloro che sembrano essere nel loro stato più negativo, poiché stanno imparando le lezioni che permetteranno loro di diventare più positivi.

D: *Pensi che scelgono queste esperienze negative per la loro crescita?*

S: Molti lo fanno. Molti si trovano in queste situazioni e quindi si potrebbe dire che viene dato loro un dono per sperimentare più pienamente quelle lezioni.

D: *Sembrerebbe che nessuno vorrebbe avere esperienze negative se potesse scegliere.*

S: Questo è vero. Si dovrebbe guardare oltre all'esperienza in sé, alle lezioni acquisite, per capire perché si dovrebbe scegliere una tale esperienza. Non ci sarebbe una personalità sana, se si traesse piacere da questa o quella esperienza "negativa". La disarmonia è una lezione in sé e per sé, per apprezzare e comprendere meglio ciò che è di natura armoniosa. Le lezioni s'imparano, comunque, in questo modo.

D: *Stavo pensando che la persona che entra in una vita può decidere di avere alcune esperienze negative per ripagare qualcosa che ha fatto in passato?*

S: Non direi "ripagare", perché questo non è un concetto preciso della legge universale. Si potrebbe avere necessariamente bisogno di capire la ragione dietro ad uno specifico atto, al fine di illuminare l'individuo in modo che questo atto non debba ripetersi e ostacolare il suo progresso. Per stabilire questa consapevolezza, sarebbe necessario che quell'entità sperimentasse la realtà complementare, o che si trovasse dall'altra parte del bastone, per così dire.

D: *Questo è quello che intendevo, sceglierebbero queste esperienze di proposito. Ma verrebbe dato loro l'avvertimento che potrebbero esagerare una volta entrati nel fisico.*

S: Questi avvertimenti sarebbero più appropriati se dati a riguardo di altre energie fisiche, non necessariamente riguardo ad una particolare lezione. Molte energie di natura fisica sono piacevoli, ma sono dannose quando s'indulge eccessivamente. E si potrebbe quindi perdere di vista il proprio cammino a causa di un'eccessiva indulgenza di una particolare energia.

D: *È vero, si può esagerare anche con le cose buone. Suppongo che sarebbe molto noioso se avessi una bella vita senza che accada nulla e nessun problema da risolvere. Pensi che la cosa principale sia che una persona impari qualcosa dall'esperienza?*

S: Questa sarebbe l'intera ragione e giustificazione dell'esperienza iniziale.

D: *Ma alcune persone non sembrano imparare nulla, sembra solo che continuino a fare sempre gli stessi errori.*

S: Finché alla fine non imparano. E allora non sarebbe necessario ripetere questi errori.

D: *Mi è stato detto che non c'è alcuna punizione, qualunque cosa facciano.*

S: C'è sicuramente una punizione. E la punizione peggiore di tutte è quella che ci diamo da soli. Siamo noi stessi giudice e giuria. Siamo noi a decidere quale sia il comportamento appropriato e quale no. E così dobbiamo decidere noi stessi la nostra penitenza quando scopriamo di aver trasgredito quelle leggi, universali o personali, che dettano ciò che è accettabile e ciò che non lo è.

D: *Allora lo facciamo da soli. Non c'è un Dio o un giudice superiore che ci impone la punizione. Giusto?*

S: Questa è un'affermazione piuttosto accurata. Tuttavia, ci sono situazioni in cui la consapevolezza dell'entità è diventata così offuscata dall'eccessiva indulgenza che l'intuizione è stata persa e la consapevolezza della portata del problema non è presente. Allora è necessario che un ordine superiore assista l'individuo nell'appropriarsi di quelle esperienze necessarie per liberare la consapevolezza dell'entità.

D: *Questo ha più senso. Alcune persone dicono che facciamo tutto da soli. Ma ho conosciuto una ragazza che aveva fatto molti errori nelle vite passate e c'era una guida che la istruiva su cosa fare dopo. Sembrava una contraddizione perché non aveva scelta in materia.*

S: Ci sono sempre contraddizioni quando si stabilisce una legge assoluta. Perché ci sarà assolutamente una contraddizione.

D: *Qualcun altro disse che questo dimostrava la sua incapacità di gestire i suoi affari, per così dire.*

S: Questa sarebbe un'affermazione corretta.

D: *Pensi che a volte la personalità rimanga intrappolata in queste esperienze e situazioni negative e non cerchi di cambiare?*

S: Esattamente. Molti scoprono di aver perso il cammino dei loro obiettivi e sembrano mantenere queste esperienze negative. Questa è una vera possibilità quando ci si incarna ed è uno dei rischi coinvolti. Questa consapevolezza della possibilità di perdere di vista il proprio cammino per eccesso di indulgenza nelle energie fisiche è spiegata prima di ogni incarnazione.

D: *I maestri offrono loro le scelte dicendo: "Puoi fare così, ma rischi di lasciarti trasportare".*

S: Questo glielo dicono come un avvertimento, non tanto come una scelta. L'entità stessa deve scegliere il proprio cammino con le informazioni date dai registri Akashici e dalle verità universali.

Con queste informazioni queste entità determinano poi ciò che sarebbe più appropriato per quella incarnazione e le circostanze di come manifestare quella realtà.

D: E il peccato? Esiste una cosa del genere?

S: Il peccato fondamentalmente è fare ciò che sai essere sbagliato e farlo consapevolmente. Non puoi peccare se non sai che è sbagliato. Devi avere una morale per poter peccare. È qui che l'uomo differisce dall'animale, il fatto che l'uomo ha una coscienza. Quando uccide qualcuno e sa che è sbagliato, questo è peccato. Quando un animale lo fa, lo fa inconsapevolmente; quindi, l'animale è senza peccato. Lo fa soprattutto per sopravvivere o per il cibo, mai in modo insensato.

D: Allora se qualcuno fa qualcosa senza volerlo o se non si rende conto che sta facendo qualcosa di sbagliato, è un peccato?

S: È un peccato minore. Hanno il peccato di essere inconsapevoli, che è qualcosa che si deve imparare. Devi imparare ad essere consapevole dei tuoi simili; al punto che non vuoi far loro del male, che il loro dolore è il tuo.

D: Mi sono sempre chiesta se dalla vostra parte c'è mai qualcosa che viene considerato come un peccato.

S: Li consideriamo grandi ingiustizie.

D: Beh, sulla Terra abbiamo la Bibbia dove si dice che molte cose sono peccati.

S: Molti di quelli che vi è stato detto essere peccati - si sente parlare dei "Sette peccati capitali" che i cattolici hanno inventato - sono solo aggiunte successive che hanno introdotto a loro piacimento. Per maggiore controllo.

D: Quindi coloro che dall'altra parte non li considerano così gravi?

S: Alcuni lo sono, ma ognuno deve lavorare sui propri. Non esiste una punizione come dire che questa persona sarà gettata nella fornace per sempre. Non esiste una cosa del genere, amenoché quella persona non si stia punendo in quel modo. "Loro" non lo fanno.

D: La gente dice che tutto è bianco e nero e va secondo la Bibbia.

S: Ma la Bibbia stessa è stata cambiata nel corso dei secoli, in base a ciò che ritengono giusto o che ritengono essere la verità. Per secoli questo è stato il livello di controllo che avevano sul popolo, sulle masse. Dicendo: se non fate quello che diciamo noi, allora andrete all'inferno, come lo chiamano loro.

D: *Ma dicono che è la Parola di Dio.*

S: All'inizio era così e in gran parte lo è ancora. Ma ognuno può manipolarla secondo il proprio punto di vista, per dire ciò che pensa che debba dire. È un libro molto nobile. L'intenzione era ineccepibile, ma la trascrizione è un po' difettosa. Ci sono imprecisioni. Tuttavia l'intento è vero oggi come lo era durante il regno di Cristo.

D: *Queste imprecisioni provengono dalle traduzioni?*

S: Non tanto intenzionalmente, ma semplicemente errori che sono destinati ad accadere in un'impresa umana. Ma ci sono altri grandi libri che sono stati scritti, sono altrettanto validi ed insegnano l'illuminazione. Come la Bhagavad Gita, il Corano, diverse cose del genere.

Più tardi, quando questo soggetto uscì dal trance, le chiesi di pronunciare il nome del libro, Bhagavad Gita, ma lei non ci riuscì. Né io né lei ne aveva mai sentito parlare. Trovai una definizione della Gita nel Dizionario di Mistica di Frank Gaynor. "Bhagavad Gita: In sanscrito significa Canto del Divino. Il titolo di un celebre poema epico filosofico inserito nel Mahabharata [scrittura sacra indù] contenente un dialogo tra Krishna e Arjuna che indica chiaramente la relazione tra la moralità e i valori etici assoluti nella filosofia indù dell'azione (karma yoga). È considerato uno dei poemi filosofici più influenti della letteratura sanscrita. La data esatta di origine è sconosciuta". Il Sanscrito è una delle lingue più antiche della nostra Terra ed è considerato la "madre" delle moderne lingue indoeuropee. Ci sono molte traduzioni della Gita disponibili in Inglese. Il Corano è il libro sacro dei musulmani ed è considerato da molti musulmani troppo sacro per essere tradotto in qualsiasi lingua, anche se ci sono traduzioni in disponibili in Inglese.

S: Tutte le strade portano in una direzione. Alcuni hanno qualche deviazione in più lungo la strada, ma ognuno può imparare da tutte queste cose e sarebbe una persona più completa per averlo fatto. Se si ha una mentalità chiusa, si perde gran parte dell'esperienza della vita. Non si dovrebbe mai fare affidamento su un solo sentiero come se fosse la via ultima. Perché in tutti i sentieri c'è la verità e in tutti i sentieri c'è la falsità. Devi passare la tua vita a setacciare per trovare quella che è la tua verità, per scoprire ciò che sai essere la verità per te stesso. Non deve necessariamente essere la verità per gli altri e devi accettarlo. Non è un percorso facile essere diversi.

D: *La società di solito scoraggia cose come questa. È saggio incoraggiare le persone a mettere in discussione le cose?*
S: Certo. Perché in quel mettere in discussione troveranno la verità e questa li sosterrà.

ASSASSINI

D: *Cosa succede per rendere una persona un criminale?*
S: Ci sono molte ragioni per cui questo possa accadere. Potrebbe essere una funzione insegnata. Cioè, a molti viene insegnato attraverso la negligenza o l'abuso dei genitori come diventare criminali. Criminale è una definizione che parla di uscire dai confini sociali; cioè, oltrepassare quei confini che sono socialmente accettabili. Naturalmente, con i diversi costumi sociali, si potrebbe vedere che alcune attività ad un certo punto, anche in una cultura, potrebbero essere criminali e tuttavia in quella stessa cultura in un altro periodo non lo erano. Da un punto di vista spirituale non esiste una cosa come "il criminale", perché questo è un fenomeno sociale che parla di abuso dei confini sociali. Noi ascriviamo alla filosofia secondo la quale fare del male ritardando il proprio progresso. Tuttavia, da un punto di vista spirituale non esiste ciò che chiamate attività criminale. Potrebbe essere la manifestazione di uno squilibrio spirituale. Tuttavia non sarebbe spiritualmente criminale, sarebbe socialmente criminale. Le azioni che si manifestano sul piano fisico supererebbero o uscirebbero da quei confini sociali che poi colorerebbero o decreterebbero che l'attività è, come la chiamereste voi, "criminale".

D: *Hai detto che nessuna divinità superiore ti punisce, che le persone si puniscono da sole. Supponiamo che qualcuno sia stato un assassino. Come si punirebbe?*
S: Per esempio, possono scegliere di tornare indietro e devono lasciare quell'esistenza nel pieno della loro vita, quando sono più felici. In questo modo si stanno punendo, perché si stanno mettendo al

posto della persona a cui hanno tolto la vita. Devono sapere come ci si sente. Devono vederlo dall'altra parte.

Credo che tutti conosciamo casi come questo. È uno dei più difficili da capire. Perché persone apparentemente buone che non hanno mai fatto del male a nessuno vengono uccise nel fior fiore degli anni. Perché altre vengono uccise improvvisamente proprio quando stanno finalmente realizzando il sogno di una vita. Mi è sempre sembrato così ingiusto, ma apparentemente sulla bilancia sempre in equilibrio del karma ha perfettamente senso.

D: Quindi questa è una punizione che hanno scelto da soli?
S: È una loro scelta. Nessuno è mai costretto a tornare nel corpo.
D: Ho sempre pensato che un assassino sarebbe stato ripagato dall'essere ucciso da qualcun altro. Occhio per occhio, per così dire.
S: Ci sono altre alternative. Perché se fosse vero che l'unico modo in cui potrebbe risolvere la cosa è essere ucciso lui stesso, allora questo sposterebbe il karma negativo su qualcun altro. Questo porterebbe semplicemente a spostare il carico in giro, piuttosto che risolverlo e far sì che l'umanità in generale lo superi.
D: E se fossero uccisi dalla loro precedente vittima?
S: Allora l'ex-vittima avrebbe l'omicidio nel suo karma. Anche se sono stati uccisi in una precedente incarnazione, l'eliminazione di quel karma non implica voltarsi e uccidere qualcun altro. Questo è un modo piuttosto drastico di risolverlo. Ci sono altre alternative che sono la via morbida, come la chiamano alcuni. Lavorando in modo gentile e alla lunga funziona meglio.

Nel mio lavoro con le regressioni ho avuto casi di persone che sono nate in una famiglia con le stesse vittime che avevano ucciso in una vita precedente. In questi casi stanno cercando di risolvere il karma attraverso l'amore. Forse questo è uno dei modi morbidi o gentili. Questo sembrerebbe essere un metodo molto superiore al: "Ti ucciderò perché mi hai ucciso".

Inoltre, come menzionato in un capitolo precedente, questo karma può essere risolto dovendo tornare ed essere un servo o un protettore di colui che hanno ucciso, dedicando così la loro vita a quella persona in quel modo.

UN'ALTRA VERSIONE:

S: Una cosa violenta come un omicidio commesso nella foga della passione, richiederà diverse vite per essere ripagata. E questi modi di ripagare sono numerosi quanto le volte che è stato commesso. Dipende dai karma individuali delle persone coinvolte. Generalmente quello che succede è che nelle loro vite future continueranno ad essere coinvolti in una stretta relazione di qualche tipo, con la persona che hanno ucciso. E questa di solito nelle prime vite, è una relazione antagonistica. Perché la persona che è stata uccisa scopre che per qualche motivo ha paura o odia questa persona e non capisce perché. E nel frattempo questa persona, l'assassino, si sente attratta a conoscerla e a starle vicino perché vuole rimediare a ciò che ha fatto nella vita passata. Ci vogliono diverse vite per risolverlo. Uno che fa qualcosa di così violento come l'omicidio, ha allungato quasi indefinitamente la quantità di tempo che deve rimanere nella parte fisica dei cicli karmici; prima di poter andare nel piano spirituale per restarci e continuare lì i suoi cicli karmici.

D: *Allora l'omicidio è una cosa che non può essere risolta così facilmente sul piano spirituale. Deve essere affrontato sul piano fisico?*

S: E' meglio risolvere le cose che hanno un karma violento come quello a livello fisico, perché il livello fisico è abbastanza base per gestire le vibrazioni violente coinvolte. Per risolverle sul livello spirituale, c'è il rischio di sconvolgere il karma di altre persone, perché lì c'è un equilibrio delicato.

D: *Non c'è sempre la possibilità che la persona possa uccidere di nuovo, se questo è molto forte nel suo karma?*

S: Questo è lo scopo delle scuole tra una vita e l'altra. Aiutarli a risolverlo, in modo che non siano così inclini ad uccidere di nuovo nelle vite future. Cerchiamo di evitare che rimangano bloccati in un circolo vizioso.

D: *Se continuano a fare queste cose, apparentemente non sono rimasti lì abbastanza a lungo per liberarsi di questi sentimenti.*

S: Andrebbero nel luogo del riposo. Come faccio a spiegartelo? Se lo spirito è nel luogo di riposo non perché è stato danneggiato, ma semplicemente perché non è avanzato e decide di voler rientrare nel piano fisico, non c'è davvero nulla che tu possa fare. Gli permetti di entrare nel piano fisico perché è uno spirito sano, solo che non è avanzato. Ma lo spirito che è stato danneggiato da qualcosa che ha fatto nelle sue incarnazioni passate, anche se volesse entrare nel piano fisico, non potrebbe farlo perché il danno che ha subito gli impedisce di farlo senza l'aiuto di qualcuno che è più in alto. A volte lo spirito danneggiato sarà aiutato a reincarnarsi per uno scopo specifico al fine di risolvere una parte specifica del suo karma. Ma altre volte, anche se uno spirito vuole andare e non è ancora il momento giusto, allora dicono: "No, hai ancora un po' di guarigione da fare prima".

D: *Mi chiedevo se c'è un qualche modo per fermarli in caso volessero tornare.*

S: Se sono uno spirito sano, no, possono andare avanti e reincarnarsi. E le forze che governano l'universo tengono tutto in ordine e si assicurano che non cerchino di reincarnarsi in un corpo che ha già uno spirito.

D: *Mi sono imbuta in casi in cui qualcuno muore e vuole tornare immediatamente, non spendono nemmeno un momento laggiù.*

S: Sì, questo succede spesso quando sono nel periodo di transizione. Come dicevo, dopo aver completato il periodo di transizione, se decidono di tornare immediatamente; se sono in salute sono in grado di farlo. Semplicemente lavorano su altro karma. Ma la maggior parte degli spiriti sceglie di rimanere su questo piano per un po', per imparare di più e per avanzare di più. Perché l'apprendimento e la preparazione che fate qui, si trasmette nel vostro subconscio e nei vostri atteggiamenti riguardo a qualsiasi saggezza che siete in grado di ottenere. In questo modo avrete più successo nel vostro karma.

D: *Quindi non è proprio un bene che uno spirito si giri e torni immediatamente?*

S: Non proprio. Potrebbe essere controproducente. Ma alcuni spiriti sono impazienti.

D: *Ritengo che alcuni di loro siano così coinvolti nel fisico che pensano che sia tutto ciò che c'è. Nei casi in cui tornano*

immediatamente, non avrebbero avuto alcuna possibilità di lavorare sulle relazioni karmiche o vedere i loro schemi, vero?
S: No, questo è vero. Di solito sono quelli che pensano che le loro vite siano tutte incasinate, confuse e si lamentano: "Perché non va mai niente bene?" È perché sono tornati disorganizzati.
D: *Non avevano nessun piano d'azione, per così dire.*
S: Appunto. Quindi tutto cade a pezzi, per così dire. Sono tornati troppo presto e non erano preparati. Se avessero aspettato solo un po' e si fossero organizzati, allora le cose sarebbero andate molto meglio. Ora, a volte, se uno spirito non sembra voler cambiare, viene tenuto in un posto specifico, tra una vita e l'altra, per aiutarlo a crescere e svilupparsi per la prossima incarnazione. Ma è tenuto in un equilibrio molto delicato e fanno tutto molto attentamente.
D: *Che tipo di posto sarebbe?*
S: È difficile da descrivere. C'è un piano diverso per risolvere problemi speciali come questo. Non è usato per un lavoro a lungo termine come i piani spirituali superiori. Viene usato principalmente tra una vita e l'altra per aiutare qualcuno a risolvere un problema specifico, in modo che sia meglio preparato per la prossima vita e possa fare progressi nel suo karma. Se non fosse così, alcuni rimarrebbero bloccati in un circolo vizioso e non progredirebbero mai e questo non è bene. Così vengono aiutati a progredire tra una vita e l'altra perché tutto nell'universo deve continuare a progredire.
D: *Questo posto speciale sarebbe come una scuola? O che tipo di atmosfera sarebbe?*
S: È come un ritiro.
D: *Tenendoli in isolamento lontano dagli altri?*
S: No, è come andare in un monastero a meditare e contemplare. Lì si incontrano con altri che hanno problemi simili e con una guida spirituale. Devono elaborare questi problemi, capire perché hanno fatto quello che hanno fatto e dove devono svilupparsi per superare queste cose.
D: *Stavo pensando alla versione che la gente ha dell'inferno. Non sarebbe così?*
S: No, quella è una nozione sviluppata dai cristiani. Non si applica nella realtà. È stata sviluppata principalmente come un espediente politico per aiutare a costruire il potere della chiesa ortodossa e

per aiutare a superare l'influenza degli gnostici. Questo è un piano dove si va per imparare e per contemplare i propri errori e ciò che si è fatto. Ci sono sempre anime avanzate che sono lì volontariamente per aiutarvi a crescere e per aiutarvi a preparare la prossima vita. Perché è un processo di crescita. È come crescere un bambino. Quando un bambino fa qualcosa di sbagliato, non lo butti nel forno.

Che figurativamente sarebbe simile alla nostra credenza dell'inferno. Gettare il peccatore nel fuoco.

S: Si fa sedere il bambino e si parla con lui di ciò che ha fatto di sbagliato, lo si aiuta a capire perché era sbagliato e si cerca di trovare un'azione migliore da usare in una situazione simile in futuro.

D: *Però cosa succede se la persona si rifiuta di ascoltare e vuole comunque tornare nel fisico?*

S: Se non sono pronti a tornare nel fisico non possono tornare, perché tutto deve essere bilanciato al modo giusto perché possano tornare. Se non hanno imparato nulla dall'aver visto un grosso errore, allora le cose non sono ancora in equilibrio e gli viene dato un po' più di tempo. A volte, se qualcuno non ha ancora imparato nulla da un particolare errore e si rifiuta di ascoltare, viene rimandato in una situazione simile e avrà un'ulteriore possibilità di realizzare azioni alternative. I maestri cercano di farlo in modo che non ci saranno gravi conseguenze sul karma dello spirito, così non sarà così difficile per loro progredire.

D: *Ma si sente parlare di persone che sembrano non avere alcuna morale.*

S: Questo è vero. Non funziona sempre. Ci sono alcuni che sono incorreggibili. Ma la maggior parte delle anime vuole crescere, vuole diventare migliore e più avanzata. Si tratta solo di dirglielo e permettergli di aprirsi alla conoscenza che è lì per loro.

D: *Cosa succede a qualcuno che sembra essere semplicemente animalesco? Sembra non avere morale o coscienza e continua a ripetere gli stessi errori?*

S: A volte questi sono spiriti che non sono molto sviluppati. Hanno molto karma, ma non gli interessa davvero. Vogliono solo godersi la sensazione fisica di essere sul piano fisico. Non si preoccupano minimamente del karma che stanno accumulando. C'è un altro posto speciale sui piani. Il vostro equivalente fisico sarebbe quello di un ospedale. È per queste anime che sono molto danneggiate e noi cerchiamo di aiutarle a diventare migliori. È molto simile alla psicoterapia e a volte ci vuole molto tempo. I miglioramenti che si fanno sono così minuscoli che è difficile tenerne conto, è un processo molto lento. Soprattutto gli spiriti avanzati lavorano con questi, perché ci vuole una quantità smodata di pazienza e conoscenza.

D: *A me sembra il modo più umano di farlo. Ma continuo a pensare al nostro concetto di luoghi come l'inferno. Non c'è mai un momento in cui un'anima è così danneggiata, come hai detto tu, che se ne lavino le mani e la buttino fuori?*

S: No. Non c'è un posto dove buttarli fuori. Tutti noi siamo qui. Tutti interagiamo tra di noi e dobbiamo lavorare insieme. E quelli con cui è particolarmente difficile lavorare, sono aiutati dagli spiriti che hanno più pazienza e conoscenza.

D: *Naturalmente, poter lavorare con qualcuno così, va sempre a beneficio anche del karma di quella persona.*

S: Oh, sì, di solito, questi sono spiriti che hanno raggiunto il loro massimo sono vicini.

D: *Avrebbero una pazienza infinita. Quindi non è possibile che dicano: "Oh, lascia perdere. Non c'è speranza per lui".*

S: No. Continuano a lavorare con loro. A volte, dopo alcune incarnazioni, alcuni sentimenti cosiddetti "umani", cominciano a farsi strada nei loro cuori, loro malgrado. Cominciano a rendersi conto che ci sono piani più alti di vita e di esistenza. È allora che finalmente iniziano a lavorare attivamente e fare qualcosa per cambiare il loro karma. Per dare un esempio di quanto siano danneggiate queste anime che vengono allo "ospedale", nel vostro piano c'era uno chiamato Adolph Hitler. Non fu mandato all'ospedale perché la sua anima non era così danneggiata. Fu mandato nella parte di apprendimento del piano, il ritiro. Aveva bisogno di un tempo tranquillo di riflessione perché era diventato - beh, un'altra metafora - i suoi nervi erano diventati intrecciati. Il suo problema in quella vita era essere una persona estremamente creativa. Sarebbe stato un genio creativo, ma non aveva sbocchi perché la cultura della Depressione in cui era cresciuto non permetteva sbocchi creativi. C'era una quantità smodata di energia dietro questa creatività, come c'è sempre in questi geni. Doveva avere un altro sbocco da qualche parte, questo ha deformato la sua visione della vita e quindi i suoi pensieri, e si è sviluppato nel risultato finale. Quello che è successo si riflette principalmente sul karma di suo padre piuttosto che sul suo.

D: *(Questa fu una sorpresa) Io non la penserei così.*

S: La radice del problema ebbe inizio quando suo padre si rifiutò di lasciargli studiare cose creative.

D: *In ogni caso, Hitler fu colui che fece quelle cose orribili.*

S: È difficile da spiegare. (Fece una pausa, cercando di pensare a come dirlo) Ha iniziato con buone intenzioni, volendo essere un artista o un architetto o qualcosa del genere. Ma non gli fu permesso di svilupparsi in quella direzione e quell'energia venne deformata. Il suo errore principale è stato quello di non essere in grado di gestire quell'energia in una forma costruttiva, in un'altra forma oltre alla creatività. Così la trasformò in distruttività. Questa è la cosa principale che ha dovuto risolvere.

D: *Sembrerebbe che avrebbe potuto trovare uno sbocco in una forma più creativa, anche se suo padre non glielo avrebbe permesso.*

S: Sì, avrebbe potuto diventare ingegnere, per esempio.

D: *Accusare il padre, non è un po' come scaricare la colpa?*

S: No. Hitler deve condividere la sua parte di colpa. Ma non può essere attribuita solo a lui perché il problema è iniziato con gli atteggiamenti ristretti che suo padre aveva sviluppato. Suo padre avrebbe potuto sviluppare atteggiamenti più ampi.

D: *Ma sembra comunque che non dovesse diventare così fanatico nelle sue azioni. Tu sai cosa sia successo lì.*

S: L'intensità delle energie creative ne fu la causa. Se invece avesse potuto svilupparsi come artista, sarebbe stato un artista pazzo, fanatico in quello. Ma sarebbe stato accettato come Bohémien.

D: *Almeno non avrebbe fatto del male a nessuno.*

S: Vero, tranne forse a se stesso.

D: *Ma così com'è stato, è diventato una palla di neve che ha influenzato milioni e milioni di persone. Pensavo che sarebbe finito in "ospedale".*

S: Non era così danneggiato. Contorto, sì; danneggiato, no. Principalmente ciò di cui aveva bisogno era tranquillità e tempo per raddrizzare le cose. Le anime che sono in ospedale sono state così danneggiate dall'essere passate attraverso la stessa porzione di karma più e più volte che si sentono come fossero bloccate in quel karma. Mentre, nel caso di Adolph Hitler, era la prima volta che questo gli succedeva. Anche nelle sue vite precedenti aveva un forte impulso creativo ed era in situazioni in cui poteva lasciarlo sviluppare. Ma in questa vita era bloccato. La lezione che doveva imparare fu di gestire quell'energia quando non poteva avere le cose come voleva - gestirla in qualsiasi modo che si adattasse al modello in cui doveva vivere. E non gestì bene questo aspetto. Quella era la parte principale del suo karma che dovrà rielaborare in una vita futura - essere capace di gestire situazioni indesiderabili.

D: *Beh, non ha creato più karma per se stesso con quello che ha fatto e con tutte le vite delle persone che ha influenzato?*

S: Ha creato più karma per se stesso, è vero. A questo punto è difficile dire quanto, visto che è successo così di recente.

D: *Vuoi dire che non è ancora tutto analizzato?*

S: Sì. Ci vorranno parecchie vite, parecchie incarnazioni per poter vedere come ha influito sull'equilibrio delle cose e quanto deve ancora lavorare.

D: *Stavo pensando a tutti i milioni di persone che sono state uccise come risultato diretto della sua vita.*

S: Questo è vero, diede l'ordine di ucciderle, ma fu parzialmente influenzato dalle persone intorno a lui. E non ne traeva la stessa quantità di piacere fisico diretto che ne traevano i veri carnefici. Quello che sto dicendo è che diede l'ordine di uccidere queste persone e questo si riflette sul suo karma, ma gli uomini che hanno ricevuto questi ordini di costruire le camere a gas e di usarle, le guardie e gli altri, provavano un piacere fisico diretto nel vedere queste persone morire.

D: *Sì, non è stato lui a uccidere, ma non ha fatto nulla per impedirlo.*

S: Ha semplicemente reso possibile l'uccisione di queste persone. Ecco perché si riflette sul suo karma: ha permesso che accadesse. Li ha incoraggiati a farlo, ma si è tenuto le mani pulite, per così dire, non facendolo direttamente lui stesso. Il fatto che abbia creato un sistema politico che avrebbe permesso tutto questo, si riflette negativamente sul suo karma. Molti degli uomini nel sistema lo facevano perché lo volevano fare. Erano disadattati in società normali e provavano un piacere fisico diretto nel commettere queste atrocità.

D: *Però lui aveva anche l'ossessione fanatica di eliminare una razza. Con il suo fanatismo e la sua persecuzione diede inizio allo sterminio degli ebrei, un'intera razza di persone.*

S: Sì. Era contro qualsiasi razza che non fosse puramente Tedesca; "Ariana" come la chiamava lui. Voleva che la sua amata Germania fosse nello stesso tipo di situazione in cui si trovavano gli Stati Uniti 100 o 150 anni prima, con spazio per crescere, diventare una grande potenza e più spazio per moltiplicare la popolazione. Voleva avere una nazione enorme con molti tedeschi e poter usare la loro cultura per influenzare il mondo intero, come avevano fatto gli Americani. Voleva obliterare qualsiasi razza che si frapponeva a questo obiettivo. Questo faceva parte del processo di distorsione di quell'impulso creativo, perché chiaramente era impossibile farlo senza danneggiare molte persone. Se fosse riuscito a diventare un genio creativo avrebbe potuto contribuire a quella potente cultura della Germania che amava così tanto.

D: *Stavo pensando che aveva un tale pregiudizio che anche questo avrebbe avuto una reazione karmica.*

S: Quello era solo una parte della sua anima contorta. È stato in grado di elaborare quel pregiudizio attraverso la contemplazione e l'incontro con i maestri spirituali.

D: *Lui è sicuramente un esempio molto difficile da capire.*

S: Sì, è una situazione molto complessa.

D: *Che dire di qualcuno come "Jack lo Squartatore"? Questo non lo influenzerebbe affatto nella sua prossima vita?*

S: Certamente sì. E per favore sappi che parliamo con molta attenzione qui, perché non vogliamo offendere il vostro senso di proprietà o i vostri standard morali. Perché sentiamo che il vostro senso della morale è molto delicato e non vogliamo disturbarlo. Tuttavia, vorremmo chiedervi d'avere pazienza con noi mentre vi diamo informazioni che potreste non avere. Forse c'è stata qualche lezioni da apprendere da quell'esperienza di, come dite voi, Jack lo Squartatore; e forse erano positive per questa persona. Certo, c'era le vittime hanno sofferto moltissimo e per i vostri standard sociali, quei crimini erano atroci. Questi atti non erano un comportamento sociale accettabile. Tuttavia, ancora una volta si potrebbe dire che questo individuo imparo' attraverso la partecipazione in quelle azioni. Forse una lezione d'indulgenza, su cosa significhi essere egoisti e senza riguardo per la vita umana. Forse questa è stata una lezione importante per quell'individuo. Diremmo anche che forse ci sono state delle lezioni da imparare, per quanto difficili, per coloro che chiamate "le vittime". E forse possiamo inserire anche un'altra possibilità qui. Che i partecipanti in questo episodio, per quanto sconveniente, fossero volontari dei piani interni. E che si erano accordati durante le loro fasi di pianificazione prima dell'incarnazioni, di partecipare a questo evento. E per dare alla vostra società un metro con cui misurare gli standard della vostra morale. Un esempio di ciò che è o non è un comportamento sociale accettabile. Riuscite a vedere che in tutte le azioni, buone o cattive che siano, ci sono lezioni da imparare? Non solo per coloro che sono partecipanti diretti, ma anche per coloro che sono osservatori esterni. Quindi, se si dicesse che questo è stato un crimine orribile, questo potrebbe essere accettato. Ma si potrebbe anche accettare, senza negare l'orrore di tali crimini, che molte lezioni sono state apprese da tutte le persone coinvolte. E lasciatemi parlare della forza vitale. La coscienza che era nel corpo non è stata uccisa, è stata semplicemente trasferita su un altro piano d'esistenza. La forza vitale, che è anche in ogni cellula del vostro corpo, è stata trasferita e non è andata persa. La semplice composizione fisica del corpo è passata da uno stato organizzato ad uno stato disorganizzato. Tecnicamente parlando, la morte non è altro che la riorganizzazione delle molecole a livello fisico e lo spostamento della coscienza da un contenitore veicolare ad uno di natura libera. La vita è sempre stata e la vita sempre è. Non c'è nulla di simile al togliere la vita, perché la vita semplicemente si trasforma in un'altra forma. Parliamo qui da un punto di vista strettamente tecnico, con tutte le norme morali e i valori emotivi rimossi.

D: *E la vittima? La persona che viene uccisa violentemente da un'altra persona? Questo è traumatico per loro?*

S: In gran parte dipende anche dalla preparazione delle anime. Molte anime sono venute da questa parte a causa delle guerre ma non erano affatto traumatizzate. Sapevano che questa morte sarebbe avvenuta e l'hanno accettata. Altri sono rimasti estremamente traumatizzati, tanto da dover andare nel luogo del riposo. Non sempre la situazione è uguale. Due persone possono morire fianco a fianco, nello stesso istante con quello che sembrerebbe la stessa quantità di trauma. Però una può esserne traumatizzata e l'altra no.

D: *Questo ha qualcosa a che fare con l'età delle anime e le loro esperienze precedenti?*

S: Non tanto in base all'età delle anime quanto in base alla loro comprensione del Cristo in tutti & in se stesso. A volte un'anima giovane può comprenderlo con maggiore comprensione di un'anima definita vecchia.

D: *Una volta mi avete detto che il modo in cui qualcuno muore ha significato, così come il modo in cui vive.*

S: Anche questo è vero. In molti casi certi tipi di morte rimuovono molto karma. Le morti lunghe e lente hanno lo scopo di portare apprendimento a quell'individuo. E se imparano in questo modo, accumulano un grande karma positivo.

I SUICIDI

D: *E i suicidi?*

S: Sì, sono casi molto tragici, perché questa è veramente una delle verità più tristi che esistano. Non ci sono semplicemente parole per descrivere questa situazione in tutta la sua interezza. Il suicida deve rendersi conto della gravità di ciò che ha fatto. Perché non c'è semplicemente la rottura del contratto, l'energia dell'anima individuale è gettata nella completa disarmonia. I suicidi, a seconda della forma in cui si trovano, a volte vanno all'ospedale e a volte nella zona di contemplazione. Il più delle volte, una o due altre entità sono assegnate a questa persona per spiegare il perché è estremamente sbagliato togliersi la vita. Togliere la vita a se stessi è l'unica cosa che può veramente essere considerata, da questa parte come peccato, perché la vita è così preziosa. Queste persone sono disorientate e confuse su cosa sia veramente la vita e su cosa debbano realizzare. Non sono in grado di vedere le soluzioni che possono elaborare con il karma che hanno a disposizione. E tra una vita e l'altra imparano ad ampliare la loro prospettiva e a guardare gli aspetti più grandi delle cose, in modo da poter risolvere i problemi senza arrendersi. I suicidi normalmente non tornano rapidamente nel corpo. Di solito è troppo traumatico. Non possono risolvere il problema che li ha portati a suicidarsi, abbastanza velocemente per tornare nel corpo così presto. Si parla con loro e li si aiuta. Devono imparare perché l'hanno fatto e cosa li ha portati a quel punto. Di solito ci vuole molto tempo prima che siano pronti ad affrontarlo. Se è estremamente grave, vengono portati nel luogo di riposo in modo che dimentichino il trauma del perché sono arrivati a quel punto della vita, fino al punto di contemplare di togliersi la vita. Il suicidio porta su quell'anima molto karma negativo che dovrà essere eliminato da molto bene nelle vite precedenti e successive.

D: Se questa è la cosa peggiore che si possa fare, allora si puniscono quando ritornano?

S: A volte non è nella vita in cui vanno direttamente. Non sempre vanno in una vita in cui lavorerebbe sui problemi avuti in quella precedente. A volte ci vogliono diverse esistenze per arrivare al punto in cui sentono di poter affrontare quei problemi. Ma tutti i problemi alla fine vengono affrontati. E' inevitabile. Il modo migliore per gestirli è tornare in una vita che avrà la sua giusta quota di problemi, proprio come nella precedente. Il suicidio viene ripagato risolvendo questi problemi, tenendo duro, essendo disponibile, vivendo fino ad una matura vecchiaia e avendo una buona vita a tutto tondo. Potrebbero essere necessarie diverse vite come questa per ripagare il suicidio e per aiutare a bilanciare il karma. Ci si mette sulla strada giusta risolvendo i problemi a cui si è rinunciato in precedenza. Un suicida deve affrontare di nuovo la stessa situazione e lo stesso problema (che lo portarono al suicidio) finché non impara un modo accettabile di risolverlo. Non potranno mai scappare o nascondersi, questo porterebbe solo a prolungare il loro progresso e a creare scompiglio.

D: So che fate fatica con il nostro concetto di tempo. Ma quanto tempo passa prima che un suicida trovi sollievo?

S: Questo varia da caso a caso. Ogni anima non impara alla stessa velocità dell'altra. Dipende dalla confusione di quell'anima e dai sentimenti di inutilità e perdita, più di ogni altra cosa. Il suicidio non è perdonato con leggerezza, ma può essere risolto. Non è impossibile da risolvere, come alcuni vorrebbero farvi credere. Nulla è impossibile da risolvere; è solo che alcune cose richiedono più tempo di altre perché alcune cose sono più complicate. Sì, l'uccisione di se stessi è l'ultimo torto, perché ciò sbilancia il karma. Uccidere se stessi, uccidersi, non porta a risolvere alcun karma, invece crea altro karma.

D: *Alcune persone si suicidano per sfuggire a un problema.*
S: Suicidarsi per sfuggire ad un problema non fa altro che amplificare quel problema che dovranno vivere di nuovo. Non stanno sfuggendo a niente, stanno solo peggiorando la situazione per loro stessi. In realtà non stanno risolvendo nulla, stanno semplicemente creando più problemi. Il suicidio non è una soluzione.

D: *Il suicidio potrebbe mai avere a che fare con la vita degli altri?*
S: Sì. Molte volte quando c'è un suicidio, si manifesta l'opportunità per le altre anime della famiglia, di imparare dall'esperienza. Per esempio, diciamo che un ragazzo si uccide e da quell'esperienza la madre si rende conto di essere stata troppo prepotente ed impara ad essere più comprensiva. A quel punto ha imparato da questa tragedia, anche se è stata una dura lezione.

D: *In alcuni casi questo non sarebbe un karma per la famiglia o per gli amici che sono rimasti?*
S: (Enfaticamente) Il suicidio non fa mai parte del karma! Il suicidio è un aspetto del libero arbitrio.

D: *Capisco, allora non potrà mai essere visto come un bene per qualcosa.*
S: Esattamente. Non ci sono vincitori.

D: *Ma capita mai che influenzi direttamente il karma di qualcun altro?*
S: No. Perché la persona che si suicida starebbe accorciando il proprio karma e non sarebbe giusto nei suoi confronti.

D: *Ho sentito che le persone hanno più o meno un contratto quando entrano in una vita. E il suicidio rinnega quel contratto - sarebbe come non adempiere al proprio impegno.*
S: Prima di entrare in una vita, incontrano i loro maestri spirituali e cercano di capire, in generale, quanto karma possono gestire nella

prossima vita se riescono a prendere bene le loro decisioni. È quasi come un compito in classe. La persona dice: "Bene, questo è ciò che cercherò di ottenere in questa vita". Ora, se non riesce a portare a termine tutto, questo non si riflette negativamente su di lui. Il fatto che ci stiano lavorando e che ci stiano provando, è ciò che conta. E se a metà strada, proprio mentre stanno a malapena iniziando, prendono la scorciatoia e si uccidono... beh, non solo non avranno realizzato nulla di ciò che avevano detto di cercare di fare; che avevano seriamente promesso di cercare di realizzare; ma avranno anche creato altro karma su cui dovranno lavorare. Quindi è un'esperienza negativa in tutto e per tutto.

D: *Devono ancora risolvere i loro problemi e il loro karma. Andarsene prima d'aver completato il proprio scopo sarebbe un auto-goal.*

S: Esattamente. Però, se c'è una quantità "X" di lavoro da fare in una vita e se questa quantità "X" di lavoro viene completata prima che abbiano vissuto un'intera vita; allora se desiderano passare oltre, non c'è bisogno che continuino nel fisico se vogliono o desiderano farlo. Allora un'uscita anticipata può essere organizzata attraverso i canali appropriati. Gettare via il corpo prematuramente o prima che il lavoro sia finito, è assolutamente intollerabile.

Capitolo 8

Le Guide

IN QUASI TUTTE LE CULTURE del mondo c'è la credenza in Angeli Custodi e Spiriti Protettori. Ma esistono veramente?

S: Esistono degli spiriti guardiani. Di solito è qualcuno con cui avete avuto un legame stretto in precedenza e che sul piano spirituale sta frequentando la scuola o qualsiasi altra cosa. Vi stanno aiutando a passare attraverso il vostro periodo di apprendimento e vi proteggono. Stanno servendo il loro scopo sul piano degli spiriti.

D: *Vengono assegnati ad una persona specifica?*

S: Possono scegliere le loro affinità. Sono con voi dal giorno della vostra nascita.

D: *Quindi non sei solo quando entri nel corpo fisico.*

S: Nessuno è mai solo. La solitudine è un muro del proprio sé che ci allontano dagli altri. Ci sono sempre altri con cui condividere l'esperienza, se solo abbattessimo i muri e permettessimo loro di aiutarci.

D: *Se non sono incarnati, come possono aiutare?*

S: Questo è un po' difficile da spiegare a causa della mancanza di comprensione del livello spirituale. Ma c'è del lavoro da fare sia a livello dello spirito che a livello fisico. Ci sono quelli che, dopo un'incarnazione, devono andare a scuola sul livello dello spirito, alcuni di loro saranno insegnanti nelle scuole. Ci sono molti altri modi in cui possono aiutare, incluso guidare coloro che sono sul piano fisico.

D: *Hanno sempre a cuore il vostro interesse?*

S: Si, per la maggior parte del tempo, quelli che vi circondano hanno a cuore il vostro interesse. Dovete imparare a proteggervi da quelli che forse non lo hanno.
D: *La nostra guida personale è abbastanza potente da tenere lontane le altre influenze?*
S: Sì. A condizione che anche voi impariate a circondarvi di ciò che è bene. Questo terrà lontano tutto ciò che è negativo. Non c'è buono o cattivo, c'è solo positivo e negativo. Ogni esperienza da cui si impara non è mai negativa.
D: *Ma a volte è difficile sapere se qualcosa è bene per te o no. Come puoi sapere se altre influenze stanno cercando di spingerti nella direzione opposta?*
S: Aprendoti e percependo quale sarà il risultato finale di ciò che ti stanno consigliando. Tutti voi siete in grado di vedere. E se vedete che le cose andranno male, allora sapete che questa entità non vuole il vostro bene.
D: *Ma conosciamo gli umani - sono facili da ingannare.*
S: Non siamo perfetti. Altrimenti non entreremmo più nel corpo.
D: *Come possiamo sapere se è la nostra guida che cerca di influenzarci ed evitare d'essere ingannati?*
S: Se pensate a voi stessi nella vostra vita quotidiana, spesso siete in conflitto con voi stessi nel decidere se fare questo o quello. Per esempio, durante una dieta, quando uno potrebbe cedere alla tentazione di avere una coppa di cioccolato. La parte di voi che desidera il gelato sta chiedendo gratificazione. Ma la parte superiore di voi, che riconosce la necessità della dieta, dice: "No, non farlo". Così potete vedere che c'è una divisione dentro di voi. Le vostre guide si sentono come se fossero una parte di voi, un'estensione. In questo modo sapete che è la vostra altra anima che sta parlando. Se qualcuno vi dà un consiglio e vi sentite esitanti al riguardo, dovete forse osservare la fonte da cui proviene. Se proviene dalla vostra guida, avrete la sensazione che sia giusta per voi. Non vi costringerà mai a fare qualcosa, si limiterà soltanto a darvi dei suggerimenti. Se c'è della forza, sicuramente non è un'entità positiva, perché allora il vostro libero arbitrio è annullato. Voi prendete decisioni consapevoli e non vi viene detto di fare questo o quello, perché anche questo è uno sforzo umano. Le guide non dirigono lo spettacolo dai dietro le

quinte, come alcuni sembrano credere. Svolgono la loro e voi avete la vostra. È un accordo reciproco e consensuale, una partnership tra spirituale e fisico. Loro fanno il loro lavoro e voi fate il vostro.

D: *Molte persone credono che quelli sul vostro piano dirigano lo spettacolo.*

S: Sì, però devono essere guidati a comprendere che c'è una responsabilità condivisa in queste questioni. Molte decisioni sono puramente umane e sono basate sul pensiero umano, sull'esperienza umana e sui concetto umani. Le guide cercano di assistervi con la loro saggezza e la loro esperienza. Se siete incerti tra la vostra decisione e il suggerimento della vostra guida, questo non è sbagliato; semplicemente fa parte del processo di scelta. Sono semplicemente lì per offrire aiuto e assistenza. Non è necessario seguire rigorosamente le proprie guide. Sono solo degli assistenti. Voi siete il padrone del vostro destino.

D: *Quindi le nostre guide e gli spiriti aiutanti cercano di influenzarci a fare la cosa giusta?*

S: Questo deve essere chiarito. Influenzare non è la parola giusta. Le guide e gli aiutanti non cercano d'influenzare. E' più preciso dire assistere o illuminare. La differenza può sembrare molto sottile ma è molto importante. La Terra è il piano della scelta. Avete piena libertà di scegliere ciò che volete. Se avete bisogno d'assistenza nella vostra scelta, questo è il loro scopo. Loro si limitano ad aiutare e a cercare di mostrare o chiarire. Non è come se foste delle marionette manipolate dall'altro lato. Avete il vostro destino saldamente nelle vostre mani. Ci sono degli astanti che sono in grado di aiutarvi sul momento e sono in attesa di ogni vostra richiesta d'assistenza. Non vi spingono verso un destino immaginario; voi create il vostro destino. La stessa cosa si può dire di voi, mentre vivete nel fisico. Dovreste aiutarvi l'un l'altro disinteressatamente. Alcune persone sentono di dover aiutare gli altri, che gli piaccia o no. Non dovreste sentire di "dover" aiutare, indipendentemente dal vostro stato emotivo in quel momento. Dovreste dare aiuto quando volete; allora potete dare un aiuto della migliore qualità. Quello che vi stiamo dicendo è questo: Per favore, non sentitevi in dovere di aiutare sempre tutti. Sentite solo che dovete aiutare quando sentite di voler aiutare. L'aiuto forzato è peggio che non dare alcun aiuto.

D: È qui che entra in gioco il libero arbitrio?

S: È esattamente questo.

D: Quindi stai dicendo che avendo il libero arbitrio, siamo liberi di seguire o ignorare qualsiasi consiglio che riceviamo? E questo vale sia per lo spirituale che per il fisico?

S: Esattamente, però per favore visualizza ciò che ti dico prima di lasciare questa affermazione. Se vedi un bambino che gioca con una bottiglia di veleno, naturalmente correresti ad afferrare quella bottiglia dal bambino, giusto? Supponiamo che il bambino ti schiaffeggi, ti spinga indietro e continui a cercare di aprire la bottiglia. Cosa faresti allora?

D: Persevererei.

S: Supponiamo che il bambino abbia la tua stessa forza?

D: Allora direi che si è meritato quello che ha avuto.

S: E anche noi la pensiamo così.

D: Quindi è possibile che una guida ci impedisca di ferirci?

S: Sì, è possibile. Vi informeranno di un situazione imminente. Questa è solo assistenza. Posso farti un esempio di ciò che potresti ritenere essere il caso di una guida che prenda il vostro posto. Mentre guidi, se un'auto venisse verso di te a tua insaputa e fosse sulla traiettoria di collisione, il tuo volante potrebbe improvvisamente virare a sinistra e allontanarti dal pericolo. Ovviamente, questo non accade, ma se le vostre guide fossero autorizzate a farlo, sarebbe ciò che accadrebbe. Voi guidate e loro si limitano ad informarvi.

D: Farebbero mai una cosa del genere in caso d'emergenza?

S: Se fosse necessario. È stato fatto prima, ma solo in situazioni estreme. Non mi è permesso discuterne in dettaglio, perché vi pre-influenzerei riguardo ai processi in questione. Ma per la maggior parte dovete sapere che il vostro destino è il risultato delle vostre azioni. Di nuovo, ti ricordo, un aiuto forzato è peggio che nessun aiuto.

D: E' bello sapere che abbiamo un aiuto se ce n'è bisogno.

S: Questo è corretto. Noi da questa parte siamo spesso divertiti dall'impetuosità e dall'impazienza degli umani. Questo è dovuto dalla differenza tra il mondo spirituale e quello fisico. Nel mondo spirituale, un pensiero è come fatto. Il solo pensare un pensiero, produce l'effetto desiderato. Nel mondo fisico, le cose non sono così facili; così l'uomo deve imparare la pazienza.

Poiché un pensiero sul piano spirituale fa accadere le cose istantaneamente, è significativo che sulla Terra ci venga dato molto più tempo tra il pensiero e la materializzazione del pensiero, in modo da avere la possibilità di cambiare idea. Se le cose avvenissero istantaneamente qui nel nostro mondo fisico, ci potrebbero essere molti problemi. A causa della nostra natura umana con i suoi molti difetti (egoismo, invidia, gelosia, ecc.), probabilmente creeremmo il caos. Non siamo così puri nelle nostre intenzioni e mi hanno detto in passato che l'intenzione è la cosa più importante di ciò che vogliamo materializzare.

S: La relazione tra guida e guidato è fluida, mercurea, cambia da incarnazione, ad incarnazione e perfino all'interno di una singola incarnazione, a seconda delle necessità. Non c'è una regola fissa e rigida. I mezzi sono dettati dal bisogno.

D: *Come vengono selezionate le guide per ogni persona?*

S: Sono scelte in base alle necessità di una persona in quel periodo della loro vita. Alcune possono essere la loro guida per tutta l'incarnazione. Altre possono essere temporanee o possono andare e venire a seconda delle necessità. Nel corso di una vita possiamo avere diverse guide. Le loro funzioni cambiano man mano che la nostra vita cambia.

D: *C'è differenza tra una guida, un consigliere e uno spirito? In diverse occasioni ho sentito utilizzare questi diversi termini.*

S: Le guide sono spiriti. Un consigliere è di ordine superiore a quello di una guida. Un consigliere ha molta più conoscenza ed esperienza da cui attingere. Un serbatoio di esperienza, per così dire. Una guida è molto più intima e vicina ad una reale incarnazione. Come uno che forse ha recentemente lasciato un'incarnazione e quindi ha ancora familiarità con le complessità della vita fisica. Un consigliere di solito è molto che non s'incarna e viene invitato per informazioni. Mentre le guide sono uscite più recentemente da un'incarnazione, i consiglieri sono progrediti al di sopra del bisogno incarnarsi. Così ognuno di loro è abbastanza capace di fare il lavoro che gli è stato assegnato. Una guida può avere più conoscenza del fisico. Un consigliere può conoscere più dettagli.

Questo suona piuttosto come un insegnante che va da un professore o dal preside della scuola per un consiglio più avanzato riguardo a un allievo. L'insegnante conosce naturalmente l'allievo su una base più intima perché è con lui ogni giorno. Il professore o il preside potrebbero non conoscere affatto lo studente, ma possono offrire consigli perché hanno molta più conoscenza ed esperienza. Anche il preside non si relaziona con gli alunni in classe ad un livello così intimo da un bel po' di tempo. Sono più lontani dalla situazione, ma come tali possono dare un'opinione molto più imparziale. Allora chiesi se potevamo scoprire il nome delle nostre guide.

S: Vi parleranno quando sarà necessario o rilevante. Veramente non ci sono nomi qui sul piano degli spiriti; ci sono solo suoni, vibrazioni e colori. Dare il nome è un'abitudine propria della razza umana. Permette una facile identificazione. Ma questi nomi che vi piace dare alle guide sono in qualche modo dispregiativi o fuorvianti, perché i nomi hanno una vibrazione e attaccare o assegnare un nome ad una guida può darle una vibrazione sbagliata. Quindi è meglio conoscere una guida più dalle vibrazioni che dal nome.

D: *Avete detto che è possibile per chiunque diventare una guida. Ci vuole un po' di tempo per arrivare alla punto di essere la guida per qualcun altro?*

S: Dipende unicamente da come sviluppi il tuo karma. Alcune persone che sono in grado di sviluppare veramente il loro karma in modo positivo diventano una guida entro uno o due cicli di vita. Ma altri devono lavorarci più a lungo. Dipende solo dallo sviluppo individuale. È davvero una questione di raggiungere un particolare piano spirituale. Una volta che hai raggiunto questo piano puoi essere una guida o sedere nel consiglio generale (vedi capitolo 13) a seconda di come hai bisogno di crescere a quel particolare punto. Quando sei nei livelli spirituali al di sotto di questo piano, allora stai ancora crescendo in altri modi e stai facendo altre cose per aiutare, ma non così direttamente come essere una guida.

D: Ho sentito dire che alcune persone chiedono, quando passano dall'altra parte: "Ora mi sarà permesso di guidare altre persone? E la risposta è: "Come puoi essere una guida quando tu stesso hai ancora bisogno di una guida?

S: Beh, ci sono sempre quelli che sono più avanzati di te per aiutarti. È come un adulto che guida un ragazzo che a sua volta si gira e aiuta un adolescente, che a sua volta si gira e aiuta un bambino a stare fuori dai guai.

D: Pensavo che si dovesse passare attraverso un certo numero di esperienze o requisiti prima di poter essere una guida.

S: È così. Quando arrivi al livello in cui puoi guidare una singola persona sul piano fisico, allora hai raggiunto quello stadio di sviluppo spirituale in cui puoi gestire quella responsabilità in modo spiritualmente maturo senza sbagliare. Ma questo non significa che hai smesso di crescere perché qualcuno più avanzato di te ti sta ancora aiutando nella tua crescita, mentre tu a tua volta stai aiutando qualcun altro che non è così avanzato nella sua crescita. E questo è il modo in cui funziona l'intero sistema.

D: Ma potresti ancora fare degli errori se non fossi pronto per il lavoro, per così dire, di guidare qualcuno.

S: Sei pronto per il lavoro quando ti viene dato il lavoro. Quello sarebbe un errore sul... non vengono fatti errori del genere. Quando passate dall'altra parte, gli schemi energetici sono perfettamente chiari e potete vedere subito dove qualcuno è compatibile, dove si inserisce, a che livello è e cosa può fare. E questo è ciò che gli viene dato da fare. Gli viene dato in modo d'avere l'opportunità di crescere e svilupparsi in perché possano raggiungere nuove abilità.

D: Allora non ci sono errori.

S: Giusto. Perché quello sarebbe un errore di posizionamento, non un errore in ciò che possono o non possono fare. Se dai a una persona qualcosa che va oltre le sue capacità, non è un suo errore; è un tuo errore.

D: Beh, si dice sempre che si può imparare molto insegnando ad altre persone. Chi sono quelli che fanno queste scelte? Hai detto che sarebbe stato un errore da parte di chi diceva loro di fare queste cose.

S: Lo stavo usando come metafora.

D: *Mi chiedevo se c'era qualcuno lassù che stava dicendo: "Va bene ora, è il tuo turno di tornare indietro e fare la guida", o qualcosa del genere.*

S: No. Siccome qui tutto è energia, tutto viene fatto in base a come ti adatti all'energia. Mentre lavori per aiutare le altre persone, stai accumulando energia per conto tuo. E quando hai accumulato una certa quantità d'energia, allora è il momento di rientrare nel piano fisico, perché ci vuole energia per tornare indietro attraverso la barriera e continuare a lavorare sul proprio karma ancora una volta da quel livello.

D: *Quindi lo si sa da soli. Non c'è nessuno che dice: "Bene, è ora che tu faccia queste cose".*

Nella nostra società siamo abituati ad avere qualcuno che si occupa delle cose. Quindi stavo cercando d'inserire tutto questo all'interno di quei limiti.

S: Esatto. Tutto è perfettamente chiaro a tutti, quindi non si c'è bisogno di dire a nessuno cosa fare; perché è evidente a te e a tutti gli altri quali bisogni hai e cosa puoi e vuoi fare. Qui tutto è visto sotto forma di energia. Ogni pensiero e intenzione ha energia e questa è apparente. Quando è il momento per voi di tornare indietro e rientrare nel piano fisico, è allora che il consiglio generale entra e determina dove vi inserite nello schema. E questo determina quando, dove e con chi nascerete sul piano fisico.

D: *Quindi il consiglio ha molto da dire al riguardo.*

S: Non è necessariamente avere "voce in capitolo"; si tratta solo di aiutare, di assicurarsi che l'energia continui a fluire come dovrebbe. Quando qualcuno ha bisogno di tornare sul piano fisico, allora rientra nel livello d'energia dove dovrebbe essere, in modo da renderlo compatibile con la sua energia e con l'energia circostante, per assicurarsi che finisca in contatto con le persone con cui è stato in contatto in altre vite. E quindi si arriva a karma collegati.

D: *Cosa succederebbe se è tutto pronto e tutto pianificato per il ritorno di qualcuno, ma all'ultimo minuto cambia idea?*
S: Però, non lo fanno.
D: *E se decidono di aspettare o non vogliono entrare proprio in quel momento?*
S: Il tempo di procrastinare è già passato se avete impostato il processo per rientrare nel piano fisico. Prima di decidere di entrare nel piano fisico potete passare tutto il tempo che volete sul piano spirituale. Quando arriva il momento in cui decidete che è il momento di rientrare nel piano fisico, una volta presa questa decisione, si mette in moto il processo. Allora siete bloccati con la vostra decisione perché la vostra energia comincia a fluire in quella direzione, per essere reindirizzata di nuovo nel piano fisico. E' solo una forza dell'universo, una volta che inizi il processo, devi seguirlo fino in fondo.
D: *Stavo pensando in particolare ai bambini che sono nati morti; forse lo spirito ha deciso di cambiare idea all'ultimo minuto e non entrare.*
S: No, quello che succede con i bambini nati morti è che i genitori del bambino hanno bisogno di quell'esperienza nella loro vita a quel punto per lo sviluppo del loro karma, per una ragione o per l'altra, a seconda delle circostanze individuali.
D: *Beh, pensavo che avesse senso, forse lo spirito non era del tutto pronto, voleva aspettare o stava cercando di uscire dal contratto, per così dire. O anche nei casi in cui muoiono quando sono molto giovani, di solo pochi mesi.*
S: Quelli che muoiono quando sono molto giovani, in quei casi sono di solito spiriti che sono abbastanza avanzati da andare occasionalmente sul piano fisico, non necessariamente perché hanno bisogno di risolvere un aspetto del loro karma, ma per aiutare il karma di qualcun altro. Lo fanno per aiutarli quando, per qualche ragione, il karma dell'altra persona potrebbe migliorare grazie al solo fatto di avere un particolare spirito nella realtà delle loro vite, per un breve periodo.
D: *Solo per qualche mese?*
S: O anche pochi giorni. Poi lo spirito rientra nel piano spirituale e continua con quello che stava facendo. Più tardi, se hanno bisogno di tornare sul piano fisico per elaborare un'altra vita di karma,

procedono e lo fanno. Ma a volte gli spiriti più avanzati si offrono volontari per andare sul piano fisico per un breve periodo di tempo, al fine di aiutare dando una spintarella al karma di un altro spirito.

D: *Continuo a pensare che avevano qualcosa, come un contratto, che dovevano adempiere e stavano esitando o volevano rinnegare quel contratto.*

S: Contratto è una brutta parola. Non si applica affatto. Perché quando uno spirito prende la decisione: "Voglio rientrare nel piano fisico", non prende la decisione finché non è pronto a portarla a termine. Se sentono di non essere pronti a portare a termine la decisione, perché prendere la decisione? Una volta che hanno deciso, la loro energia inizia a fluire in quella direzione. E si inserisce nello schema generale, in modo tale da continuare a sviluppare il loro karma ed inserirsi nello schema generale dell'universo.

D: *Gli altri spiriti mi hanno detto queste cose. Stiamo cercando di mettere questo fenomeno in termini comprensibili dal nostro punto di vista fisico. Ecco perché queste parole sembrano consone. Inoltre, presumo che stessero guardando da punti di vista diversi. E forse stavo parlando con spiriti che non erano così altamente sviluppati.*

S: Questa è una possibilità. A volte, quando è il momento per gli spiriti dei livelli spirituali più bassi di rientrare nel piano fisico, non percepiscono come l'energia influenzi l'intero sistema. Non si rendono conto che la loro decisione è uno specifico impegno. Userò un'analogia. Nel vostro mondo avete una forma d'intrattenimento chiamata scivolo d'acqua. È come versare dell'acqua in cima allo scivolo. Non potete raccogliere l'acqua finché non raggiunge il fondo dello scivolo e scorre fuori dal bordo. Tutto ciò è come entrare di nuovo nel piano fisico. Prendere la decisione di entrare nel piano fisico avvia il flusso d'energia e questo equivale a versare l'acqua dal contenitore in cima allo scivolo. Per poter ritirare l'acqua nel suo stato precedente, cioè, ritirare la vostra energia sul piano spirituale, dovete scendere lo scivolo. In altre parole, devi proseguire.

D: *Non puoi fermarti a metà strada.*

S: Giusto. Non è perché qualcuno ti sta puntando una pistola alla testa, per così dire, e ti forza a farlo. È semplicemente una delle leggi dell'universo su come l'energia fluisce. Una volta che l'energia inizia a passare attraverso questo schema, l'energia deve completare questo schema prima di poter essere trasformata in altre cose. Gli spiriti ai livelli più bassi di sviluppo non sono ancora stati in grado di afferrare questa visione d'insieme e così se prendono la decisione d'essere pronti a tornare, ma poi cominciano ad avere dei ripensamenti, possono sentirsi come se fossero costretti a tornare indietro. Non è perché qualcuno li sta facendo tornare indietro; è semplicemente perché sono già nel processo di scendere sullo scivolo. Devono scendere fino alla fine dello scivolo prima di poter essere raccolti sul bordo inferiore, per così dire.

D: *Quindi, le cose sono già in movimento.*

S: Esattamente.

D: *Allora le risposte che ho ricevuto potrebbero provenire da persone che sono a livelli inferiori di sviluppo.*

S: Sì, o forse sentivano che non eri in grado di capire le risposte di livelli più alti.

E' ovvio che io parlerei agli spiriti di molti livelli diversi di sviluppo. Quindi le loro risposte potrebbero non essere contraddittorie. È semplicemente la verità dal loro punto di vista.

D: *Ma ci sono persone nel fisico che sembrano non voler essere qui. Sono molto arrabbiati.*

S: Sì, questi sono spiriti che hanno problemi con il karma negativo e sono un po' recalcitranti. E gli spiriti che sono attratti dal karma negativo, sono di solito un po' arrabbiati d'essere di nuovo sul piano fisico, perché sono convinti che combineranno altri casini.

D: *Ecco perché ho la sensazione che sono stati forzati a tornare e non vogliono restare qui nel corpo.*

S: Così è come se stessero correndo in quel circolo vizioso di cui parlavo prima.

Capitolo 9

Dio e Gesù

QUANDO CHIEDI A QUALCUNO di descrivere il proprio concetto di Dio, stai facendo una domanda piuttosto complessa, perché probabilmente ci sono tante definizioni di Dio quante sono le persone. La nostra visualizzazione interiore di come deve essere Dio è condizionata dalla nostra educazione religiosa e questo è ciò su cui di solito ritorniamo. Sarebbe molto difficile cambiare i nostri concetti non solo di questo, ma di tutti gli altri argomenti spinosi che vengono affrontati in questo libro. Tutto ciò richiede una mente aperta, una mente che sia disposta almeno ad ascoltare altre idee, anche se all'inizio possono sembrare ridicole e assurde. Credo che la chiesa primitiva abbia dovuto presentare Dio nel modo più semplice possibile perché la gente del tempo potesse concepirlo. Credo che la gente nel corso dei secoli abbia semplicemente accettato queste prime presentazioni di Dio e che molti non si siano preoccupati di fare ulteriori domande, ma abbiano creduto all'immagine che la chiesa aveva dato loro. Ci possono essere stati alcuni, anche in quei giorni, che si sono permessi una visione più ampia di Dio. Quando mettiamo da parte il lavaggio del cervello, il condizionamento e guardiamo questi concetti a mente fresca, è sorprendente come non si contraddicano affatto. Sono semplicemente modi diversi di dire la stessa cosa.

Per prima cosa dobbiamo allontanarci dal concetto di Dio come un vecchio. Semmai, dovrebbe essere una donna, perché le donne sono l'aspetto creativo. Tuttavia, non è né maschio, né femmina. Non ha un genere. È un'enorme energia incredibile nella sua potenza e portata.

Di seguito diversi individui in trance profonda risposero alla domanda su come concepivano Dio nello stato spirituale tra le vite.

S: Ti chiediamo di visualizzare questa scena. In tutta la creazione, dai confini di ogni universo fino al centro e ritorno, c'è una forza, non vista ma comunque presente, che è una struttura invisibile che tiene tutto insieme. Nel calcestruzzo c'è il rebarb (barre di rinforzo), invisibile ad occhio nudo, ma che tiene insieme il calcestruzzo. Sai di cosa sto parlando?
D: *Sì, capisco quello che dici.*
S: Quindi questo è il concetto di Dio. È il rebarb dell'universo che tiene tutto insieme, non visto ma comunque presente. Perché se questo venisse meno anche solo per una frazione di secondo, ci sarebbe una distruzione totale, assoluta, completa. Questo è il concetto di Dio che è stato personificato sul vostro mondo.

S: Sto osservando la struttura di questo universo.
D: *Puoi dirmi cosa vedi?*
S: Non sono sicura che questo linguaggio sia sufficiente.

Questo l'ho sentito da ogni entità con cui ho parlato. La nostra lingua Inglese e probabilmente ogni altra lingua sulla Terra, è semplicemente inutile nel tentare di catturare la vera immagine di ciò che l'entità vede. Le ho detto che capivo e le ho chiesto di tentare comunque.

S: In questo momento sono in grado di vedere in parti dello spettro che non potete vedere con i vostri occhi. Posso vedere i colori e l'aspetto dei raggi cosmici che voi non potete vedere. Posso guardare nel cuore stesso dei pianeti e vedere la rete scintillante, il reticolo di atomi che li tiene insieme. È estremamente bello e potente. La stretta banda di onde che potete vedere con i vostri occhi sono di colori diversi, e le bande più ampie che non potete vedere sono anch'esse di colori diversi, fino ad arrivare alle bande che osservate con l'udito. Ma posso comunque vederle e vederne anche i loro colori. Fanno parte dello stesso spettro elettromagnetico.

D: *Queste bande sono così alte che possiamo solo sentirle. Allora questo significa che anche il suono ha colore?*
S: Sì. Il suono è molto, molto più lento di ciò che voi chiamate "luce". Ma sono tutte vibrazioni, energia e posso vederle tutte; la banda che percepite come luce e anche ciò che è oltre quello che vedete come luce. Posso vedere tutto. È impossibile descriverlo perché posso vedere anche l'etere. È molto bello. E' come osservare l'aurora boreale. Immaginate che tutto lo spazio sia pieno di aurore boreali interconnesse e che tutti i diversi colori si mescolino tra loro. Ci sono campi e zone di energia, colori che interagiscono e si alterano a vicenda, causando cambiamenti. È molto complesso.
D: *Noi immaginiamo lo spazio come se fosse nero e vuoto. Vorresti dire che in realtà è pieno di tutti questi colori e vibrazioni?*
S: Esattamente! Vibrazioni, colori, energia, e passano attraverso ogni cosa. Solo perché c'è un pianeta che gira intorno al sole, non significa che blocchi o riduca l'energia. L'energia passa proprio attraverso. Tutta l'energia che è lì per essere influenzata viene influenzata. L'intero universo e poi questo universo è collegato agli altri universi.
D: *Qual è la sorgente di tutta questa energia?*
S: L'energia è sempre lì. Veramente non ne conosco la sorgente. Forse un tempo c'era una fonte. Eppure quest'energia è ciò di cui sono fatti gli universi. E quando gli universi avranno vissuto la loro vita, saranno scomposti di nuovo in questa energia. E poi nuovi universi saranno costruiti di nuovo da questa energia.

Questo suonava come una reincarnazione su una scala enorme, universale. Un ciclo senza fine, che si ripete costantemente, che riguarda il più grande e forse anche il più piccolo di tutta la creazione.

D: *Siamo così abituati a pensare alla luce che viene dal sole e cose del genere. Pensavo che forse questa energia proviene da qualche parte.*
S: No. L'energia è tutto ciò che c'è e riempie tutto quello che c'è. È tutta energia. E l'energia, nel processo d'essere tutto ciò che c'è, si trasforma in varie strutture, che finiscono per essere pianeti, soli, energia, pensieri, vari universi e così via.
D: *Che tipo di concetto hai di questo "tutto ciò che c'è"?*

S: (Sospiro) È troppo grande per concepirlo tutto in una volta, anche per me. L'unico modo in cui posso esprimerlo a parole è: tutto ciò che c'è, sempre e per sempre. Tutto ciò che c'è: è energia. E mentre l'energia fluttua - come fa l'energia - i vari universi vengono in esistenza come fluttuazioni di questa energia.

D: *Mi chiedevo se questo si adatta al nostro concetto di Dio.*

S: In realtà quel concetto è piuttosto ristretto. Ma considerando la portata limitata delle vostre menti, fate il meglio che potete. Non vi sto sminuendo, sto solo affermando un fatto. Il più ampio concetto di Dio che possiate concepire, sarebbe comunque minuscolo come un filo d'erba, rispetto a "tutto ciò che c'è". E poi devi considerare che molti dei tuoi simili hanno concetti ristretti di Dio, il che è spiacevole ma è così. Sono troppo spaventati per aprirsi al loro pieno potenziale.

D: *Mi stavo solo chiedendo se qualcosa stava dirigendo tutto questo, la creazione dell'universo, la creazione delle persone e tutto il resto. Questo torna di nuovo al nostro concetto di Dio.*

S: L'energia è organizzata. L'energia è sempre stata organizzata. Questo fa parte della sua struttura di base. È questa organizzazione di base che scende fino ai limiti molto, molto piccoli della sua struttura facendo sì che le cose appaiano in ordine e siano organizzate.

D: *A causa di questo ordine, la gente pensa che debba essere diretto da qualcosa.*

S: No, si sviluppa come deve svilupparsi secondo la sua organizzazione come fluttuazioni regolari dell'energia. Ci sono fluttuazioni regolari avanti e indietro da una zona all'altra che influenzano questo universo e gli altri universi in modi particolari. Le fluttuazioni variano dall'estremamente grande e gigantesco alla più piccola fluttuazione possibile, di cui i vostri scienziati non scopriranno mai i limiti. Continuano a scoprire piccole suddivisioni di energia, ma non sembra che arriveranno mai alla struttura di base.

D: *Credo che sarà molto difficile per la gente allontanarsi dall'idea di un Dio che dirige le cose. A loro piace pensare che le cose siano fuori dal loro controllo e che un potere superiore sia al comando.*

S: Sì. Una delle cose principali nella prossima fase dello sviluppo umano, è realizzare che ognuno è responsabile del proprio destino. Che ciò che desiderano che avvenga è ciò che avviene. Le cose che sembrano accadere all'improvviso sono il risultato di cause passate, pensieri passati o quello che avete esternato.

Un'altra entità ha riportato quest'idea in un concetto che potevo accettare più facilmente. Parlava di spiriti da livelli superiori che scendono al nostro livello per aiutarci qui sulla Terra.

S: A volte è utile viaggiare all'indietro e aiutare quelli che stanno sotto. Gli spiriti delle dimensioni superiori a volte tornano nella vostra dimensione e aiutano quelli del mondo fisico ad aumentare la loro consapevolezza. C'è una dispensa data a coloro che si offrono per fare questo. È permesso, per così dire, e viene fatto. Questa non è un'esperienza di tipo fisico.

D: *Chi o cosa offre questa dispensa o approva tutto questo?*

S: Avviene attraverso i consigli che governano gli universi. Ogni universo ha un consiglio centrale e poi ci sono i consigli locali.

D: *Questa è un'idea nuova per me. Ho sempre pensato ad un solo universo. Puoi spiegarti meglio, per favore?*

S: Ci sono molti universi, molti, molti universi. Il nostro è un universo particolare, o l'universo in cui ci troviamo qui ora è solo uno dei tanti. Ci sono molti, molti universi diversi.

D: *Per me è un po' difficile da comprendere. Sono al di fuori del nostro universo o cosa?*

S: Sono nello spazio fisico. Il concetto richiede una vasta immaginazione per concepire le distanze coinvolte. Ci sono governi politici - politico non è un termine esatto, ma è un termine che può essere compreso qui. Ci sono governi di livelli spirituali. In ogni universo ci sono livelli di governo che gestiscono gli universi individuali e collettivi.

D: *Questo equivarrebbe a ciò che la gente chiama "Dio" o un Essere superiore?*

S: Certamente! È lo stesso Dio per tutti. Il mio Dio è il tuo Dio, tutto è Dio.

D: *È Lui che stabilisce i consigli?*

S: Ci sono consigli delegati. Lui non si preoccupa, di per se, di tutto questo. Ci sono degli esseri sotto di Lui che fanno il lavoro, per così dire. C'è una catena di comando. Vi chiediamo di avere una visione più aperta e di considerare Dio come un semplice osservatore dei suoi figli nei loro compiti. I figli svolgono i compiti. Dio semplicemente è. Dio è, punto. I figli fanno il lavoro; Dio è. Il concetto di Dio è la somma di tutto, di tutto. Noi siamo Dio. Collettivamente siamo Dio. Siamo pezzi individuali di Dio. Dio non è uno, ma Dio è tutto.

D: *Allora i consigli sono istituiti in diverse parti dell'universo, in diverse aree?*

S: Sì. Governi locali, se vuoi.

D: *Questo è vero anche per il nostro pianeta Terra? Siamo sotto un consiglio, per così dire?*

S: Si, è vero.

D: *Sto cercando di capire. Con molti universi, vuoi dire che ognuno ha il suo Dio?*

S: Tutti gli universi assieme fanno Dio. Ogni universo ha la consapevolezza di Dio, anche se la consapevolezza sarebbe diversa nei diversi universi così come nelle diverse aree di un universo. Il loro concetto di Dio sarebbe diverso. La realtà di Dio è immutabile in tutti gli universi, in tutta la creazione. Dio è, noi siamo una parte di Dio individualmente. Ma tutti noi, presi insieme, come un tutto è ciò che Dio è.

D: *Questa è la forza che ha creato tutto?*

S: Esattamente. Tutto questa è semplicemente una manifestazione di Dio.

D: *E noi come anime individuali? Hai qualche informazione su come siamo stati creati?*

S: Ci è stata semplicemente data una personalizzazione. Siamo solo pezzi di Dio, a cui Lui ha dato la personalizzazione.

D: *Perché ci siamo divisi da Dio, se questo è un termine corretto?*

S: Questo è solo una parte del piano generale - il grande piano divino che solo Dio stesso conosce pienamente. Molti conoscono i piccoli dettagli, ma nessuno, tranne Dio stesso, lo conosce nella sua completezza.

D: *Hai detto che siamo tutti Dio. Eppure noi qui sulla Terra abbiamo tutti dei difetti, non siamo perfetti. Se facciamo parte di Dio, questo non lo renderebbe imperfetto?*
S: C'è semplicemente un fraintendimento della parola "imperfetto". Tutto ciò che esiste, è Dio. Ma Dio è perfetto. Pertanto, tutto è perfetto. Ciò che percepiamo come imperfetto sono solo le nostre percezioni. Le nostre percezioni non sono necessariamente le stesse, anche in altre parti del pianeta; quindi ciò che percepiamo non può essere ritenuto assoluto. Ciò che percepiamo come imperfetto non è necessariamente tale se visto a livello di Dio. Le imperfezioni sono umane, ma Dio ama le imperfezioni così come ama le perfezioni. Questo è capire Dio. ConoscerLo è amarLo di più, sapendo che Lui ci ama sia per le nostre imperfezioni che per le nostre perfezioni. Le imperfezioni sono solo imperfezioni per noi, ma non per Dio. Possiamo chiamarle come vogliamo.
D: *Parli di Dio come se fosse separato da noi, eppure dici che ci vogliono tutti noi per comporre Dio. Puoi spiegare? Dici che Lui ci ama. Come può essere se Lui non è un'entità separata da noi?*
S: Prima di tutto, Dio non è separato da noi. È intimamente unito a noi. Forse per capire sarebbe meglio chiarire il sistema sanguigno nel corpo umano, che è composto da singole cellule o aspetti. Il sistema stesso non potrebbe essere completo senza le singole emoglobine e così via. Eppure, ogni emoglobina non è completa senza essere nel sistema. Così tutto è uno e uno è tutto; entrambe non possono esistere senza l'altra.

GESU'

D: *Dobbiamo credere che l'uomo, Gesù, fosse il Figlio di Dio?*
S: Questa è una semplificazione molto grossolana, perché Dio non è umano. Quindi come potrebbe avere un figlio? E' stato formulato in questi termini perché la gente capisse ad un livello molto elementare. Il termine "figlio" non doveva essere preso alla lettera. Se volete un chiarimento, Gesù era emissario di un altro livello di realtà spirituale, molto più vicino a Dio di quanto lo siamo noi. Il suo livello non era direttamente sotto Dio. In altre parole, ci sono livelli che sono più completi di Gesù. Tuttavia, Egli proveniva da un livello in cui nessun uomo prima di lui fosse

mai venuto. La mente umana ha difficoltà a comprendere molti di questi concetti. Perciò devono essere espressi e formulati in termini che la comprensione umana possa accettare.

D: La Bibbia ci insegna che Gesù era con Dio e parte di Dio prima di venire sulla terra. Questo è nello stesso modo in cui anche i nostri spiriti sono una parte di Dio?

S: Esattamente.

D: Ma non era più simile a Dio?

S: Era su un piano più alto, dire.

D: Ci sono altri che si sono incarnati che potrebbero essere classificati allo stesso, non so se dovrei dire "ruolo", ma altri che sono venuti sulla Terra come aiutanti che sarebbero considerati grandi come noi cristiani consideriamo Gesù? Altri che forse non conosciamo e che si stanno incarnando nello stesso modo?

S: Se stai parlando di adesso, allora non posso dirlo.

D: Ci sono stati altri emissari come Gesù in passato?

S: Certamente. Sono ben documentati. I nomi non sono importanti perché si tende a perdere di vista l'intento e a concentrarsi sull'individuo. C'erano coloro che erano, si potrebbe dire, gente di strada, non erano così noti ma provenivano dallo stesso piano. Hanno servito il loro scopo in modo ammirevole. Semplicemente non erano ben conosciuti come Gesù.

D: Qual era lo scopo della morte di Gesù?

S: La sua morte è stata interamente una sua scelta. La Bibbia direbbe altrimenti e va bene così, se uno vuole crederci. Tuttavia, Lui è stato ucciso da mani umane e da volontà umana, non dal destino divino. È stata una Sua scelta quella di mettersi nel destino dell'uomo.

D: Hai ragione, la Bibbia dichiara come Lui disse che nessun uomo prese la Sua vita; ma che Lui stesso la presentò di sua propria volontà

S: Questo è vero.

D: Ma qual era l'obiettivo di questo?

S: Se volete un obbiettivo, notate chi l'ha ucciso, gli umani o i carnefici in questo caso. Questo era solo per sottolineare il livello al quale l'interazione umana era ed è ancora.

D: È morto per dimostrare agli uomini che potevano vivere di nuovo?

S: Se è questo che hanno bisogno di credere. Letteralmente, no. Figurativamente, sì.

D: *Cosa è stato letteralmente?*

S: Non c'era una traduzione letterale della necessità della Sua morte. Ha semplicemente messo il Suo benessere nelle mani degli uomini e ha permesso loro di fare ciò che volevano. Il risultato è ben documentato.

D: *Perché ha scelto un modo così orribile di morire?*

S: Quello non l'ha scelto lui, era solo l'usanza del tempo. Ha semplicemente acconsentito. Aveva il potere di sfuggire alla morte, se voleva. Scelse di sperimentarla.

D: *Penso che stiamo cercando di capire cosa cercava di dimostrare morendo in quel modo.*

S: Le Sue motivazioni appartengono a Lui e non cercherò di giudicarle. Se fosse vivo oggi, potrebbe verificarsi una situazione simile in cui sarebbe falsamente accusato, rimesso al sistema di giustizia penale e giustiziato con iniezione o sedia elettrica o plotone d'esecuzione o impiccagione. La crocifissione era semplicemente il metodo "in voga" a quel tempo.

D: *Sembra piuttosto insensato se non ne comprendiamo il motivo.*

S: Non guardare verso Gesù; guarda verso il tuo prossimo. La risposta sta nel fatto che Lui è stato giustiziato. Il punto qui è che c'è l'ingiustizia.

D: *L'ingiustizia dell'uomo verso l'uomo? È questo che intendi?*

S: Esattamente.

D: *Beh, siamo stati indottrinati all'idea che Lui sia morto per i nostri peccati. Capisci questo concetto?*

S: Queste sono semplicemente razionalizzazioni che sono state inserite nella Bibbia per cercare di spiegarla ad un livello molto elementare. È necessaria una comprensione molto più ampia per capire tutta la vita e l'esperienza di Gesù. Molte credenze comuni e accettate sono dannose per una vera comprensione, in quanto aggrapparsi a queste impedirà una crescente consapevolezza della vera funzione o filosofia.

D: *Nell'Antico Testamento della Bibbia ci sono frequenti riferimenti allo Spirito Benedetto. Nel Nuovo Testamento è più frequentemente chiamato Spirito Santo. C'è un'indicazione che si tratti d'uno spirito di Dio disponibile ad aiutare le persone. Mi piacerebbe saperne qualcosa di più e su come funziona.*

S: Diremmo che questo sarebbe un tentativo della tua coscienza di comprendere un aspetto della natura di Dio. C'è una vaga consapevolezza delle divisioni di ciò che chiamate "Dio". E a queste divisioni sono state date queste tre denominazioni: il Padre, il Figlio e lo Spirito Santo. Tuttavia, la comprensione di ciò che è lo Spirito Santo, sarebbe tanto difficile da ottenere con la vostra consapevolezza quanto lo sarebbe Dio Padre. Basti dire, comunque, che questo spirito è di natura energetica - è più una forza vitale che una forma di vita. Forse per dire, più della vita che sostiene. Cioè, l'essenza della vita stessa piuttosto che la personalità piena di questa vita.

D: *È possibile per una persona sopravvivere senza questo spirito?*

S: No, come potrebbe la personalità sopravvivere senza la vita? La vita parla su molti piani, non semplicemente la vita fisica ma la vita spirituale. È l'elemento che sostiene la consapevolezza personale o la personalità al vostro livello.

D: *Allora stai dicendo che è lo spirito della vita stessa. Questo è il modo in cui lo riconosceremmo.*

S: Per formularlo in termini che comprendi, questo forse è corretto.

Così sembrerebbe che quando le chiese parlano della Triade, o Trinità, il Grande Tre-in-Uno, sono in realtà più vicine al concetto reale di quanto si rendano conto. Ognuno di essi è separato, proprio come noi siamo separati da Dio, eppure sono tutti Uno. Sono tutte forme della stessa cosa, eppure le loro descrizioni sono state messe in termini semplificati che le nostre menti umane possono comprendere. È più difficile per noi visualizzare Dio come una forza energetica. È molto più facile per noi darGli una personificazione. Dalle informazioni che ho ricevuto sembra che lo Spirito Santo e Dio siano essenzialmente la stessa cosa, una forza vitale che permea tutto. Senza l'uno o l'altro non ci può essere vita perché questa è l'energia motrice. Quindi sarebbe contraddittorio per la chiesa dire che dobbiamo permettere allo Spirito Santo di entrare in noi, perché è già lì. L'assenza di questo Spirito significherebbe l'assenza della vita stessa.

Capitolo 10

Satana, Possessioni e Demoni

D: Abbiamo chiesto del concetto di Dio, cosa mi dite del concetto di Diavolo o Satana?
S: Il concetto è semplicemente questo, è un concetto, un'analogia, una razionalizzazione che viene usata per scopi di comprensione.
D: Allora non esiste un'entità reale?
S: No, non esiste questa entità reale. Non c'è nessuna personificazione.
D: Ma la gente dice che il Diavolo è un essere, una persona. Esiste una cosa del genere?
S: Non come un essere o un'entità malvagia e considerata il Diavolo. Quando la maggior parte della gente parla del Diavolo, parla dell'essere conosciuto come Lucifero, che era uno al tempo della formazione, e che, per la sua stessa sete di potere, ha perso tutto.
D: Lo associano al male?
S: Questo perché la maggior parte degli elementali che sono stati associati al male si riuniscono intorno a lui.
D: Pensi che questo erroneo concetto dia a questo tipo di forze più potere?
S: Sì, perché utilizzano l'ignoranza per i loro scopi.
D: Quindi la gente dà loro potere pensando a loro?
S: Non ricevono potere solo dai pensieri. Ricevono potere dalle azioni che le persone compiono. Ecco perché ogni volta che qualcuno dice: "Il diavolo me l'ha fatto fare", quando ha fatto qualcosa che riconoscere essere sbagliato, questo dà loro più energia.
D: Ho sentito dire che ci deve essere un diavolo perché bisogna avere equilibrio. Se hai il bene, devi avere il male.

S: Questa è una razionalizzazione o un tentativo di comprendere. La gente ha bisogno di qualcosa per dire: "Oh, adesso capisco". Se non capissimo non ci sentiremmo a nostro agio. Queste sono razionalizzazioni per farci sentire a nostro agio, per farci sentire che possiamo capire. Abbiamo creato molte razionalizzazioni per spiegare ciò che vediamo e sentiamo e osserviamo intorno a noi, al punto che queste razionalizzazioni hanno una vita propria. Ora dovrebbero essere intese come semplici razionalizzazioni e non come entità a sé stanti.

D: *Quindi è un bene o un male che le persone razionalizzino in questo modo?*

S: Serve allo scopo: creare una sensazione di sicurezza. Tuttavia, soffoca la crescita perché c'è una resistenza a separarsi dalla razionalizzazione per capire qualcosa di più complesso. Non è né buono né cattivo, semplicemente indifferente, per quanto riguarda ciò che è giusto o sbagliato.

D: *Che mi dici del dogma del peccato e che si andrà all'inferno e si brucerà nelle fiamme, ecc.. Lo spiegheresti come un errore di traduzione?*

S: Quando eri bambina i tuoi genitori ti minacciavano costantemente con la cintura se non finivi la cena o per molte altre cose. La paura di queste punizioni è ciò che ha indirizzato la tua attenzione o le tue azioni lontano da ciò che ha causato il confronto in primo luogo. Erano semplicemente minacce degli adulti per farti fare ciò che percepivano come buono.

D: *Quindi non esiste alcun luogo fisico come l'inferno?*

S: Non c'è nessun luogo fisico. La mente creerà il proprio inferno al momento della morte, se è questo che si aspetta. Supponiamo che una persona viva una vita di malvagità, pur sapendo che andrà all'inferno per quello che sta facendo. Se ci crede fermamente, allora quando morirà ci sarà quello ad aspettarla.

Non credo che le persone debbano necessariamente vivere una vita malvagia. Possono vivere una vita perfettamente normale, timorati di Dio e assidui partecipanti alla chiesa, che ha piantato in loro queste paure. Essendo normali sanno di non essere perfetti, quindi si aspettano di andare all'inferno per qualche piccolo peccato insignificante, perché questo è ciò che la chiesa ha promesso. Sentono di essere così indegni che non ci può essere altro aldilà per loro se non l'inferno. Questo tipo di lavaggio del cervello fa un'estrema quantità di danni per la persona, se la prepara ad aspettarsi l'Inferno invece del Paradiso. Penso che sia qui che la chiesa sbagli e possa fare più male che bene. Facendo intensamente temere alle persone l'inferno, la chiesa riesce a crearlo per la gente.

S: Rimangono lì nella loro versione dell'inferno finché non si rendono conto che è una fabbricazione della loro stessa mente. Può durare un anno o un secolo, ma poiché il tempo non ha significato da questa parte, è come un batter d'ali. Quando si rendono conto che non devono rimanere lì, non c'è più nulla a trattenerli e vengono liberati per andare dove appartengono veramente.

D: *Però c'è molto di ciò che noi chiamiamo "male" nel mondo.*

S: "Il male" non è un termine corretto. Si ritorna a ciò che è bene e ciò che è male. E' semplicemente una incomprensione, questo sarebbe un termine più appropriato. Dal nostro punto di vista, le cose che voi chiamate "male" sono semplicemente energie mal indirizzate o incomprese. Queste energie semplicemente non sono evolute. Non sono personificazioni del male. Non sono entità, per così dire. Non c'è nessun diavolo seduto sulle spalle delle persone che dice loro di fare questo o quello. Da questa parte non abbiamo alcun concetto di male, perché il male è semplicemente una disarmonia tra due forze e a questo è stato dato il termine "male", affinché la vostra mente umana cosciente possa comprendere la disarmonia. Vi prego di capire che non esiste un male incarnato. Non esiste nessun diavolo Satanico che cammina sulla terra e strappa l'anima alle persone. Questa è una falsità, una storia creata per capire la disarmonia. Userò un'analogia. C'è il positivo e il negativo in una batteria. Se dovete avviare un'auto, avete due cavi di collegamento: positivo e negativo. E se ne staccate uno; beh, rimarrete fermi li per un po', no? Quindi si può vedere che entrambi sono necessari. Nessuno dei due è più importante, più utile o più efficiente perché hanno eguale importanza ed utilità. Quindi liberatevi del vostro mania di bene e male, perché questo è un concetto impreciso che ostacolerà le vostre concezioni e la vostra comprensione.

D: *Queste energie sono giunte qui da qualche altro luogo?*

S: Sono energie che vivono su questo pianeta. Siamo tutti energie. Voi siete un'energia, la vostra anima è un'energia. Queste sono le energie di cui parlo. Potremmo dire anime.

D: *Questo è in accordo con l'idea che i pensieri sono delle cose?*

S: Esattamente. I pensieri sono energia. I pensieri sono manifestazioni reali. I pensieri sono, punto.

D: *Vorresti dire che quando le persone pensano a queste brutte cose che accadono nel mondo, le stanno effettivamente creando?*

S: Questo è vero. Pensare all'inferno sulla Terra lo manifesterà, proprio sicuramente quanto crearlo con il sudore della nostra fronte. Potrebbe non accadere nello stesso modo, ma accadrà altrettanto sicuramente.

D: *Quindi pensando a queste cose e temendole, le persone stanno creando un'energia di pensiero abbastanza potente da causarle. Corretto?*

S: È esattamente così. Un pensiero è energia. La vostra anima manipola l'energia. Il pensiero è una manipolazione dell'energia. Un pensiero è un atto intenzionale. Lo scopo è di contrastare questa disarmonia introducendo energia fresca, nuove idee, speranza, nuove direzioni. È l'intenzione del pensiero stesso che conta. Se inviate amore a qualcuno, quella è l'intenzione. Se desiderate qualcosa in cambio, potete inviare amore, ma l'intenzione non è quella. Dipende interamente da ciò che ci si aspetta.

D: *E questo non può essere mascherato. Il vero sentimento alla fine viene fuori, è questo che intendi?*

S: Il mittente sa quali sono le intenzioni. Il ricevente può non saperlo.

D: *Allora se è vero che non esiste il male e non esiste il diavolo, da dove proviene il nostro concetto di male?*

S: Vuoi davvero saperlo? C'è una parola che riassume facilmente tutto questo concetto: S-C-U-S-E (scandì le lettere una ad una). C'è una mancanza di responsabilità nel dare la colpa di questa infelicità e di questo terrore agli altri. È molto più facile puntare il dito all'esterno che all'interno. E quindi, voilà, il Diavolo è lì col suo forcone a spingere gli altri a fare ciò che normalmente non farebbero. "Chi, io? No, il Diavolo me l'ha fatto fare". Questo fenomeno va avanti da secoli. Ed è ciò che s'intende con "scuse". Questo è il "male".

D: *Stavamo pensando che il male fosse sicuramente una forza e ci chiedevamo da dove venisse.*

S: Viene dall'immaginazione. È stato evocato e quindi si aggira per il mondo divorando bambini innocenti, depredando, violentando, saccheggiando. Questo è il male incarnato. La scusa è quella di nascondersi dalla responsabilità.

D: *Allora viene dalla mente delle persone?*

S: Esattamente. Viene dai desideri interiori delle persone e non da qualche forza esterna, perché non c'è una tale entità che si aggira nell'universo. C'è semplicemente una mancanza di responsabilità da parte di coloro che vogliono attribuire la responsabilita' al Diavolo.

D: *Beh, con così tante persone che credono che ci sia il male e che ci sia il Diavolo...*

S: Allora c'è il Diavolo.

D: *È possibile che credendoci, le persone possano creare una sorta di forma pensiero?*

S: Non possono creare un'entità, perché solo Dio può farlo. Possono creare situazioni che sembrano dimostrare la sua esistenza. Creano gli eventi che provano a loro stessi la validità di ciò che vogliono credere. Questo è vero non solo nelle esperienze "malvagie", ma anche in quelle buone e "sante": ciò che credete, pre-programma la vostra esperienza. Credete a ciò che volete e questo è ciò che troverete.

D: *Ma abbiamo sentito che è possibile creare forme pensiero con la nostra mente.*

S: Questo non è corretto, perché nessun semplice mortale ha il potere di creare. Solo Dio ha questo diritto, questo potere. Ciò che gli uomini creano sono queste situazioni o circostanze che sembrano provare l'esistenza di questo diavolo. Può darmi un esempio specifico di ciò che sta chiedendo?

D: *Beh, ho sentito dire che se abbastanza persone si concentrano, possono creare una forma pensiero.*

S: Questo non è corretto. Possono creare dell'energia che è semplicemente una raccolta delle energie che vi immettono. Si tratta semplicemente di unire le energie. Questo può essere fatto per il bene o per il male. Ma non c'è la creazione di un'entità.

D: *Quindi si dissipa quando l'energia viene rilasciata?*

S: Non verrebbe creato nulla, quindi l'energia si dissiperebbe e tornerebbe agli elementi. Ripeto, non c'è la creazione di nessuna entità in tutto questo; c'è semplicemente la raccolta di diverse energie, che è un processo molto potente. Non c'è creazione di vita da parte di nessuna creatura, sia essa astrale o altro. C'è solo energia creata da Dio e questo è quanto.

D: *Quindi non dobbiamo temere nulla del genere?*

S: Esattamente. L'umanità è stata nelle catene della paura per troppo tempo ed è ora di rompere le catene di quella schiavitù e liberare gli esseri umani per accettare le loro responsabilità. Ci sono entità che possono essere considerate demoniache. Ci sono entità semplicemente elementali che sono state deformate dal contatto con l'uomo. Ci sono anche entità elementali che sono state elevate dal contatto con l'uomo. Sta tutto nell'esposizione. Il potere è lo stesso, dipende da come viene utilizzato. Non ci sono zone bianche o nere.

A questo periodo avevo difficoltà a capire il termine "elementali". (Si veda anche il capitolo 6).

D: *Con elementali, intendi che sono solo molto semplici - non hanno ancora imparato nulla?*

S: Sono spiriti della Terra, sì.

D: *Spiriti connessi alla Terra?*

S: Spiriti della Terra. C'è una differenza.

D: *Possono incarnarsi anche loro?*

S: No. Sono ciò che alcune persone hanno imparato a conoscere quando si parla di possessioni, di solito parlano di un superamento elementale.

D: *Potrebbero evolvere in uno spirito come te?*

S: Potrebbero evolversi in una forma superiore, ma non gli sarebbe mai permesso d'incarnarsi.

D: *Quando i nativi americani parlavano di alberi e animali che avevano spiriti, facevano riferimento a questo?*

S: Esattamente. Hanno dei guardiani, per così dire, che si prendono cura di loro. Sono più un sentimento, uno spirito di percezione che non ha molto pensiero.

D: Quindi come si potrebbero gestire se causassero problemi? Si potrebbe ragionare con loro?
S: Si potrebbe ragionare con loro nel fatto di fargli sapere che li stai affrontando e gli dici di andarsene. Solo dicendolo nel modo giusto se dovranno andare.

D: Quindi non si può ragionare con loro come si farebbe con un'altra persona. Questi sono quelli che causano solo problemi?
S: Non sempre. Ci sono esempi di buon uso degli elementali. Ci sono stati esperimenti difficili nell'uso corretto degli elementali, guadagnando conoscenza.

D: Quindi se non sono uno spirito dotato di ragione, non possono capire se quello che fanno è "giusto" o "sbagliato".
S: Esatto. Gli elementali vivono di energie di sentimento. Ne troverete alcuni che vivono nelle chiese. Sentono l'elevazione della preghiera e la felicità che si sprigiona in quel luogo e si nutrono di queste emozioni. Però ci sono anche quelli che si nutrono di odio, lussuria e cose del genere. Questi si riuniscono in luoghi che generano quelle emozioni.

D: C'è qualche modo in cui gli umani possono proteggersi dalle influenze di questi elementali dispettosi?
S: Puoi sempre far scendere una preghiera di protezione su te stesso e su ciò che ti circonda.

D: C'è un modo particolare per farlo?
S: Beh, dipende dal modo in cui vedi l'Essere Eterno e l'universo. Puoi semplicemente richiamare il potere ultimo di ciò che è buono e chiedergli di proteggerti.

D: Quindi non ci sono parole specifiche che devono essere dette in un certo modo?
S: No. Deve solo venire direttamente da dentro ed essere detto con intento. Le persone che sono presumibilmente "possedute", sono in realtà esempi di quegli spiriti che hanno una dose particolarmente cattiva di energie negative attratte da loro. Erano diventati abbastanza forti da iniziare ad influenzarli sul piano fisico. Questi spiriti, quando passeranno dall'altra parte, dovranno spendere un bel po' di tempo nel luogo di riposo per liberarsene.

D: Sto cercando di capire questi spiriti negativi che attirano.
S: Non spiriti; energie.

D: *Energie negative. Credo che la gente pensi sempre a queste energie negative come se fossero simili al diavolo e ai demoni.*

UN'ALTRA VERSIONE:

D: *Quando qualcuno è posseduto, l'entità che cerca di possedere è un vero spirito?*
S: È uno spirito distorto. Più al livello di ciò che voi definireste "demoni". Sono anime inferiori a quelle umane, sono state deformate attraverso il tocco o il contatto con certe entità o anche persone; in modo da essere distorte e malvagie.
D: *Ma se non hanno realmente vissuto alcuna vita, da dove provengono?*
S: Erano presenti alla Formazione. I casi di cosiddetta "possessione" sono generalmente causati da qualcuno che ha permesso al proprio karma di diventare seriamente squilibrato, lasciando un vuoto in una parte delle proprie energie karmiche dove altre energie possono entrare. Queste sono di solito energie disorganizzate, perché l'energia che costituisce la vostra anima e il vostro corpo non è l'unica energie che esiste. Alcuni dei termini superstiziosi che erano comuni nella vostra lingua: Folletti della terra, folletti dell'acqua, elementali, e varie cose del genere si riferivano a collezioni di energie vagamente organizzate che di solito sono collegate a certe caratteristiche fisiche sulla Terra. A causa del loro tipo d'energia, sono attratti da certe situazioni fisiche.
D: *Quindi, normalmente non è una possessione da parte di uno spirito umano trapassato?*
S: No. Di solito è un tipo di spirito elementale che è presente sulla Terra in ogni momento perché è semplicemente parte della Terra.
D: *Hanno davvero intenzione di fare del male quando fanno cose del genere?*
S: No. La ragione per cui entrano è perché c'è un grave squilibrio ed un vuoto, e il vuoto deve essere riempito. È come una calamita per loro e vengono attirati senza che lo vogliano veramente. Non lo fanno apposta, è solo un incidente. E la violenza che ne consegue è perché non sono così organizzati, in termini energetici, come lo sono le anime umane. Sono meno strutturati e quindi non

sono in grado di compiere azioni organizzate: così le azioni violente sono il risultato.

D: *Credevo che fossero più spiriti malizioso.*

S: No. Ci sono cose che fanno per malizia; ma cose del genere accadono generalmente a causa di uno squilibrio nelle energie. E' di nuovo la legge di causa ed effetto. Queste energie sono attirate da questo squilibrio a causa dell'interazione di quell'energia con la loro energia. E' solo una questione di energie drenanti piuttosto che rigeneranti. La possessione è una realtà; tuttavia, gli elementali sono attirati e non invadono in quanto tali.

D: *C'è qualcosa che qualcuno può fare per liberarsene, per espellerli se sono entrati in quel modo?*

S: È difficile da dire. Fondamentalmente rendendosi conto che è stato causato da uno squilibrio interiore. L'unica cosa che posso vedere che è disponibile al tuo attuale livello di conoscenza sarebbe meditare e riportare le cose in equilibrio. Appena le cose tornano in equilibrio, gli elementali dovrebbero andarsene proprio come nel naturale corso degli eventi. Perché le polarità delle energie coinvolte cambierebbero ed essi non potrebbero più rimanere perché l'energia non interagisce più nello stesso modo.

D: *Si sente parlare di esorcismi eseguiti dalla chiesa.*

S: Quello è principalmente un aiuto per la mente del soggetto coinvolto; per aiutarlo a rendersi conto che qualcosa è fuori equilibrio e per aiutarlo a cercare di rimettere qualcosa in equilibrio. Ma di solito è come mettere un cerotto su un taglio profondo. Non aiuta veramente il taglio che continua a sanguinare intorno al cerotto. La persona coinvolta deve lavorare attivamente su se stessa, per essere in grado di bilanciare lo squilibrio. Farsi spruzzare addosso un po' d'acqua e ripetere qualche parola non correggerà la situazione.

D: *Ho sentito che la luce bianca è molto efficace per esorcizzare questi elementali.*

S: Sì. È efficace per la protezione, in particolare contro - non "contro", questa è una brutta parola. Può essere usata per la protezione quando si ha a che fare con persone la cui aura sembra scontrarsi con la propria.

D: *Ho sentito parlare di ciò che chiamano "vampiri psichici", cioè un'altra persona che assorbe la tua energia e ti fa sentire molto debole o prosciugato. Non è un termine molto gentile, ma sai cosa intendo?*

S: Sì. È una buona descrizione per il vostro linguaggio. Questi vampiri psichici sono loro stessi sbilanciati e hanno bisogno di lavorare su se stessi.

D: *A volte non è intenzionale quando queste cose accadono.*

S: Questo è vero. A volte succede spontaneamente. Non è così comune, ma è comunque saggio proteggersi.

D: *Non avevi detto che una persona non può essere posseduta senza la sua cooperazione? Ho capito male?*

S: Per un demone l'unico metodo per entrare è furtivamente. Quindi devono essere molto furtivi per avere anche solo un punto d'appoggio su un'altra persona.

D: *Possono attaccarsi trovando punti deboli nell'aura? Non sarebbe la stessa cosa che ha detto l'altra entità sul trovare un punto debole di squilibrio - una lacuna o un vuoto da riempire?*

S: Si attaccherebbero in qualsiasi modo. Certamente, questo sarebbe, un metodo.

D: *E' possibile per le persone che possono leggere l'aura rilevarli negli altri?*

S: Sì. Se una persona è consapevole di essere usurpata, tutto quello che deve dire è: "Ti ordino di andartene nel nome di Cristo", e se ne deve andare. Devono obbedire a questo nome; non hanno scelta.

D: *Chi deve dare questo comando? La persona in cui si trova il demone o può farlo anche qualcun altro?*

S: Se lo fa qualcun altro, è quello che si definisce un esorcismo. Ma se la persona posseduta ne è consapevole, anche lei può comandare di andarsene. Ma ci deve essere la forza nel comando.

D: *E se non pensano di essere posseduti? Bisogna dire loro cosa dire o fare?*

S: Se non credono di essere posseduti, un altro può fare l'esorcismo per loro ordinando di andarsene. Vi chiedo: che male può fare comandare a qualcosa di andarsene nel nome di Cristo? Se non c'è niente, niente è stato danneggiato. Ma se c'è qualcosa, ha fatto un gran bene a questa persona.

D: *Puoi dirmi se qualcuno ha mai lasciato il corpo fisico e un altro spirito è entrato in quel corpo per usarlo?*

S: Oh, sì. Forse l'anima è diventata insoddisfatta della situazione e ha deciso di non poter gestire ciò che pensava di voler fare. Ma il corpo deve continuare per altri motivi perché questa persona, come la conoscono gli altri, ha bisogno di esistere. Quindi un altro sceglierebbe di entrare in questo corpo e vivere quella vita.

Questa è la descrizione tipica di un "walk-in", non un caso di possessione. I "walk-in" sono discussi al capitolo 15.

D: *C'è mai stato un caso in cui uno spirito è costretto ad uscire dal corpo?*
S: No, è una decisione personale.
D: *Si parla molto di queste cose che spaventano la gente. Dicono che uno spirito malvagio può venire e costringerti ad uscire dal tuo corpo e prendere possesso del corpo. È possibile una cosa del genere?*
S: Forse se non ci fosse il desiderio di rimanere; uno che sembrerebbe essere di mente elevata potrebbe... prendere il sopravvento. Ma non conosco nessun caso del genere. Penso che ciò a cui fai riferimento sia il caso di altre entità che abitano il corpo simultaneamente, piuttosto che un dipartita dell'altra entità.
D: *Due spiriti contemporaneamente? Per quale motivo dovrebbe essere permesso?*
S: Questi sono spiriti irrequieti della varietà elementale.
D: *Credo che tu mi abbia detto che gli elementali sono più o meno privi di alcuna comprensione. Era solo una semplice...*
S: (Interrompendo) Sono un'energia molto basilare. Operano più a livello dei desideri che sulla conoscenza delle ragioni.
D: *Beh, una persona come potrebbe permettere che qualcosa del genere entri?*
S: Non proteggendosi e altre cose. Ma puo' essere sempre buttato fuori in qualsiasi momento il proprietario del corpo desideri disfarsene.
D: *Quindi non sono più potenti del vero proprietario del corpo, se una persona magari si dà a forti bevande o droghe, questo potrebbe aprire il corpo ad un elementale?*
S: Ci sono coloro che, a causa di questi fattori, diventano molto aperti. Ci sono certi elementali che si riuniscono intorno a questo tipo di

persone, ma è una rarità. Non è qualcosa che accadrebbe ogni giorno, per così dire.

D: *Allora il bere forte o altre droghe non diminuiscono la capacità di...*

S: Di proteggersi? No.

D: *Ok. Pensavo che li rendesse più aperti a questi altri spiriti.*

S: Solo se si permettono di esserlo.

D: *Quindi finché si proteggono non hanno nulla di cui preoccuparsi.*

S: Basta chiedere la protezione di Dio, nel nome di Dio o nel nome di Gesù. La semplice vocalizzazione è una protezione istantanea.

D: *Anche la luce bianca potrebbe essere usata in questo modo?*

S: Esattamente, la luce della protezione. Vocalizzare semplicemente il nome di Gesù o di Dio e chiedere la loro protezione è la stessa cosa, perché istantaneamente la luce vi circonda.

Apparentemente non importa quale sia il particolare credo religioso di una persona. Ogni entità è d'accordo sul fatto che invocare un potere superiore per la protezione è sufficiente a tenere lontani gli elementali. Sono anche tutti d'accordo sul potere della luce bianca. Questa è la personificazione della protezione. È molto efficace quando visualizzate questa bella luce che vi circonda, la vostra auto, la vostra casa o qualsiasi altra cosa.

La seguente è una visualizzazione molto efficace per la protezione che mi è stata data da un soggetto in trance.

S: La vocalizzazione è molto efficace, ma dovresti includere più visualizzazione. Vedi pienamente e non fare così tanto affidamento sulla semplice parola. Perché, sebbene la parola sia in verità una creazione di energie, è molto più efficace se visualizzaste veramente e vedeste nella vostra mente esattamente ciò che desiderate. Perché questa è, in effetti, la creazione. Vedete voi stessi avvolti in una piramide di energia bianca che circonda, forse, l'intero edificio in cui vi trovate, o qualsiasi cosa vi sembri più comoda. Se è usata in questo modo, tutti all'interno del suo spazio sarebbero inclusi in questa energia bianca. Incoraggiate tutti coloro che partecipano a co-creare e così facendo, le energie diventeranno più forti. Sarebbe molto semplice descrivere una piramide che circonda i presenti e chiedere che ognuno visualizzi semplicemente questa piramide di energia bianca scintillante, cosicché nessuna energia distruttiva possa entrare dall'esterno. Chiedete che tutte le energie distruttive all'interno siano trasformate ed allineate alle energie creative dell'universo. In quel momento sarebbe eccellente chiedere anche qualsiasi forma di guarigione necessaria per coloro che sono nell'assemblea. Chiedete che le energie distruttive all'interno dell'assemblea, che causano queste manifestazioni fisiche di malattia, siano affidate alla luce bianca, per allinearle e rivolgerle all'universo in modo creativo. Così i presenti assisteranno alla guarigione di chi lo desidera. L'energia non può essere distrutta, ma può essere convertita da negativa a positiva. Chiunque può creare questa piramide di luce bianca e circondarsi di essa. Se manifestata in questo modo, qualsiasi energia distruttiva che si avvicina alla piramide sarà restituita all'universo per essere trasformata in energia creativa e costruttiva. Qualsiasi energia distruttiva all'interno della piramide sarà immersa in questa luce bianca e sarà automaticamente convertita in energia armoniosa, costruttiva e creativa. Visualizzate l'intera piramide completamente avvolta e piena di questa luce bianca. E tutte le energie distruttive all'interno potrebbero essere visualizzate come oscurità nella luce. Vedete semplicemente la luce che cambia le tenebre, che eleva le tenebre alla luce, o che trasforma le tenebre in luce. A sua volta l'oscurità diventa luce e non è più distruttiva, ma è di nuovo energia costruttiva che viene restituita all'universo per scopi costruttivi e creativi. Tutti hanno la capacità di creare questa energia di luce bianca intorno a loro. Hanno solo bisogno di affermare a se stessi il desiderio di farlo. Devono volerlo veramente per crederci. Perché se l'individuo non è fermamente convinto di ciò che desidera, il successo sarà limitato.

D: *Ho sentito dire che si dovrebbe chiedere protezione nel nome di Gesù. È altrettanto efficace?*

S: Certamente. In effetti è lo stesso principio che è all'opera qui; semplicemente ci sono modi diversi di affermare questo principio. Ci sono molti modi in cui questa energia potrebbe essere diretta, a secondo delle credenze religiose dell'individuo. Tuttavia ognuno è allineato in un modo particolare, piuttosto che un altro. È semplicemente una questione di appropriatezza e di preferenza personale. Dipende interamente dall'individuo quanto sia efficace uno specifico metodo.

S: Vorremmo dire ancora che voi stessi siete i creatori. Trovate intorno a voi ciò che è stato creato da voi. Dunque ciò che trovate è effettivamente reale, anche le cose che dite essere immaginarie. Perché l'immaginazione è in tutta la realtà la pennello delle vostre creazioni; quindi, ciò che potete immaginare è effettivamente reale. Che sia di natura fisica o mentale, è effettivamente reale. Queste creature malvagie, come le chiamate voi, sono effettivamente reali per coloro che le creano nella loro mente. Ci sono quelli che non credono in queste cose e quindi non esistono. Tuttavia, sarebbe sbagliato dire che sono irreali per gli individui che credono in loro, perché in effetti sono reali. E' questa vostra capacità di creare ciò che desiderate che è molto più importante ora di quanto non lo fosse prima. E' essenziale che siate consapevoli di questo potere, di questa capacità di creare ciò che volete. Perché così facendo, avete la più che reale scelta di creare ciò che sarebbe buono o ciò che sarebbe cattivo. La realtà che ognuno si crea, dipende interamente da ogni individuo. Godiamo di questi momenti in cui siamo in comunione. Erano così le cose un tempo sul vostro pianeta, quando tutti potevano conversare liberamente come facciamo ora. Tuttavia, c'è stato il tempo della Caduta. Nessuno è stato risparmiato dalla caduta. Come voi anche noi siamo vittime della caduta. (Con cupa serietà) E sentiamo che voi sapete di cosa parliamo.

Noi nella religione cristiana abbiamo sempre associato il termine "Caduta" con l'angelo Lucifero che fu cacciato dal Paradiso da Dio - questo presumibilmente gli diede il dominio sulla Terra e creò la credenza in Satana e nel male.

S: Questa fu l'epoca in cui si perse la conoscenza, la coscienza si abbassò, per così dire, verso la Terra e questo piano energetico superiore fu ignorato e scartato. Così potete vedere da un punto di vista strettamente analogico che c'è stata una caduta definitiva della coscienza dal piano superiore al piano terrestre più basso. Non ci fu, come si è sentito in precedenza, la presenza di un'ondata di male quando ebbe luogo questa caduta. Semplicemente l'attenzione degli abitanti fu spostata dal piano superiore a quello inferiore, per così dire. Questo è ciò che si intende con la Caduta. Questo non è un giudizio giusto o sbagliato. È semplicemente un fatto che si trova nel regno della verità. Così potete vedere che quando perdete di vista chi e cosa siete, allora tendete a vagare, come ha fatto l'umanità su questo pianeta per molti millenni. Si tratta semplicemente di una dimenticanza della vera identità. Un abbassamento della coscienza, per così dire e la dimenticanza che tutti veramente fanno parte del tutto.

D: *Penso che la cosa principale sia chiarire alla gente questa idea di Paradiso ed Inferno.*

S: Questo è un compito molto difficile. La gente ha subito un bel lavaggio del cervello.

D: *Questi concetti erano originariamente nella Bibbia?*

S: No. Un riferimento usato è la descrizione che Gesù diede della Gehenna [nome ebraico per l'inferno] e del lago di fuoco. Stava cercando di descrivere la condizione in cui ci si trova quando si passa al lato dello spirito e si è circondati da influenze negative. Ma le persone che lo ascoltarono, lo presero alla lettera e pensarono che stesse parlando di un luogo reale. In un'altra occasione Gesù disse: "Oggi mi vedrete in paradiso", mentre veniva giustiziato. Si stava riferendo al fatto che dopo la morte sarebbe asceso al lato spirituale della vita e sarebbe stato in quel piano chiamato "paradiso".

D: *Stavo cercando di pensare ad un'altra parte della Bibbia dove si parla di qualcuno che è all'inferno o qualcosa del genere. E chiedevano a qualcun altro di tirarli fuori. (Sul momento feci fatica a ricordare questo passaggio). Lo spirito disse: "Se tu toccassi le mie labbra con una goccia d'acqua..."*

S: Sì, quello spirito era mentalmente tormento e sul piano fisico si potrebbe paragonarlo ad una febbre. Significa anche che particolari energie negative erano intorno a questo spirito. Quando chiese di toccare le sue labbra con una goccia d'acqua, in realtà stava chiedendo un po' di saggezza per aiutarlo a dissipare queste energie negative. E la saggezza avrebbe agito come un balsamo calmante.

D: *Così riuscì a capire e ad uscire da quella condizione. So che le chiese hanno tirato fuori quella parte della Bibbia diverse volte e dicono che questa è una condizione permanente da cui non poteva uscire. Lo usano come esempio di bruciare all'inferno.*

S: Sì, ma non era una condizione permanente. In quel momento continuava a girare in un cerchio mentale e non riusciva ad uscire da quella catena di eventi per dissipare le energie negative. Così chiese un po' di saggezza per aiutarlo a vedere come poterne uscire.

D: *Stavo cercando di ricordare se Gesù parla del Paradiso da qualche parte nella Bibbia. So che c'era una parte in cui diceva: "Il cielo e la terra passeranno, ma la mia parola non passerà". Questa è l'unica cosa che mi viene in mente al momento.*

S: Stava solo parlando dell'universo fisico. Stava dicendo che l'insegnamento delle Sue parole aveva a che fare con i livelli superiori che esisterebbero ancora indipendentemente dalla distruzione di questo particolare universo, perché ci sono anche altri universi, e i livelli superiori esisteranno sempre.

D: *Penso che sia molto importante che le persone capiscano che questi non sono luoghi fisici reali in cui devono andare. Quel concetto è così limitato, è deprimente.*

S: Sì è vero. Hanno bisogno di capire che la reincarnazione non è concetto completamente negato della loro religione cristiana, come sembrano credere.

D: *Cerco di dire loro che in realtà è solo una filosofia. Questo è quello che mi è stato detto. È un modo di pensare e non una religione in sé.*

S: Sì. Le persone che sono dogmatiche riguardo alla loro filosofia o religione perdono di vista come realmente stanno le cose.

Capitolo 11

Fantasmi e Poltergeist

D: *Si sente molto parlare di fantasmi e poltergeist. C'è una spiegazione per questi fenomeni?*
S: Certamente, anche noi potremmo essere considerati come uno di loro se facessimo fluttuare i mobili e accendessimo o spegnessimo gli interruttori. La terminologia è semplicemente applicata a quelle entità spirituali che hanno la loro coscienza concentrata a tal punto da poter causare manifestazioni a livello fisico. Molti di coloro che sono concentrati a quel livello sono in grado di riuscirci. Emozioni intense come l'ira, la rabbia o la gelosia tendono a concentrare l'intera coscienza a tal punto che questo è ciò può succedere.
D: *Stanno cercando di trasmettere un messaggio o qualcosa del genere quando fanno queste cose?*
S: Non necessariamente. Alcuni si stanno solo divertono, in questo modo divertono sia se stessi che coloro che sono i bersagli delle loro malefatte. Non è sempre così, perché voi conoscete bene gli individui meno illuminati.
D: *Stavo appunto pensando che non sarebbe uno spirito molto illuminato a voler fare giochi del genere.*
S: C'è sempre un qualche gioco, sia da questa parte che dalla vostra. Questa è solo un'altra forma di gioco.
D: *Anche gli spiriti illuminati potrebbero fare queste cose?*
S: Esattamente. A volte c'è il risveglio della consapevolezza attraverso questa attività. Il termine "poltergeist" è vagamente attribuito a qualsiasi spirito che manipola gli oggetti fisici. Tuttavia la delimitazione d'intento non è chiarita. Perché spesso c'è un intento

positivo, utile, buono in questi fenomeni, perché illumina coloro che ricevono questa energia al fatto che esistono cose che non possono essere viste, che sono reali, tanto reali quanto il fisico.

D: *Ma a volte queste cose spaventano le persone.*

S: A volte la gente spaventa queste cose. (Risate) Perché non sappiamo mai cosa farà la gente.

D: *E i fantasmi?*

S: La manifestazione di molti fantasmi non è altro che la proiezione delle energie dell'individuo che vede queste apparizioni. Gli individui stessi proiettano queste energie che potrebbero forse essere riflessi delle loro vite precedenti o la consapevolezza di altri piani spirituali, e proiettano queste consapevolezze giù ad un livello fisico. Non vogliamo trasmettere che tutti i fantasmi siano queste proiezioni. Tuttavia, integrate nella vostra consapevolezza che questa è una possibilità. Che non tutti siano veri spiriti ma che a volte siano semplici proiezioni dell'individuo che sta percependo questa realtà.

D: *Proprio come noi percepiamo le fate, le ninfe e questo genere di cose?*

S: Ci sono effettivamente certe energie che sono percepite come fate e ninfe; tuttavia, non sono identiche a quell'energia di cui parliamo. Queste sono energie separate, percepite da un individuo, non proiettate da quell'individuo. Le energie proiettate sono inerenti e parte intrinseca dell'individuo che le percepisce. Ci sono molte altre possibilità di proiezione e percezione. Tuttavia, qui parliamo solo di questa particolare forma di manifestazione, che è un'esperienza di tipo proiezione-percezione.

D: *Alcune persone hanno visto in diversi luoghi, ciò che ritengono essere fantasmi mentre rievocano delle scene. Sembrano essere intrappolati in quel momento nel tempo.*

S: Questa è un'analogia eccellente. Sono intrappolati in un momento nel tempo. Sono entità legate alla terra che sono intrappolate nelle loro stesse azioni, per così dire e non riescono a liberarsene. Perché sono così diretti nelle loro energie che non possono percepire nulla intorno a loro, tranne ciò su cui sono concentrati. E così si trovano in un circolo vizioso, per così dire, destinati a ripetere la stessa serie di circostanze che li ha portati lì in primo luogo; fino a quando non c'è il risveglio. Le persone in forma fisica possono aiutare e assistere questi individui, più facilmente di noi che siamo nello spirito. Sebbene questi fantasmi siano anche spiriti, la loro coscienza e consapevolezza è bloccata nel fisico e questo è tutto ciò che riescono a percepire. Così non possono vedere gli spiriti intorno a loro che stanno cercando di guidarli alla verità, di illuminarli e liberarli dalla loro miseria. Questo è un caso in cui il fisico è più capace di aiutare lo spirituale.

D: *A volte non sembrano consapevoli delle persone fisiche che li osservano.*

S: E' vero, perché spesso sono così chiusi nella loro energia che non vedono nulla intorno a loro, perfino il fisico, eccetto la loro stessa energia.

D: *A volte i casi di poltergeist sarebbero questo tipo di energia?*

S: Non dire, non è corretto. Perché i poltergeist muovono oggetti fisici e sono consapevoli delle loro conseguenze. Sono consapevoli dell'ambiente fisico circostante. È vero che un poltergeist può essere bloccato nell'energia della Terra. Tuttavia, non è corretto dire che quelli bloccati nell'energia della Terra sono sempre poltergeist.

D: *Pensavo che forse cercassero di attirare l'attenzione delle persone intorno a loro creando disturbi in questo modo.*

S: Esatto. Spesso succede coi. È semplicemente per attirare l'attenzione di coloro che li circondano, sia per divertimento che per gratificazione egoica.

D: *Ma a volte un poltergeist può danneggiare le persone con le sue azioni. Ho sentito dire che hanno appiccato degli incendi.*

S: E' vero. Non vogliamo dichiarare che tutti i poltergeist abbiano solo intenzioni onorevoli, perché non è così. Tuttavia, potrebbe esserci altro che cercano, oltre l'attenzione. Può essere una vendetta, per esempio.

D: *Di solito c'è un bambino o qualcuno in pubertà nella casa, e c'è una teoria secondo la quale queste entità usino quell'energia in qualche modo. Questo non è stato completamente spiegato; è solo una teoria.*

S: Diremmo che questi individui che stanno raggiungendo la pubertà agiscono come il proprio poltergeist. Perché stanno utilizzando energie di cui non sono consapevoli. E così creano l'attività, come spesso accade, ma non sempre.

D: *Ma non sono consapevoli di farlo?*

S: Esattamente. Si tratta semplicemente di una manifestazione dei loro talenti e delle loro capacità psichiche che lo scisma dell'esperienza della pubertà sta manifestando con quest'attività poltergeist. Perché molta energia viene diretta quando una persona passa attraverso questa esperienza di pubertà. C'è molto cambiamento nel corpo che si trasferisce poi ai piani mentali, emozionali e a quello spirituale.

D: *Quindi non lo fanno per vendetta verso la famiglia o qualcosa del genere.*

S: Esatto. È semplicemente un modo di scaricare energia. Le emozioni represse vengono dirette e l'energia viene poi rilasciata come attività poltergeist.

D: *Sarebbe bene cercare di spiegare questo perché alcune persone hanno paura di questi fenomeni.*

S: È comprensibile che ne abbiano paura. Perché implicherebbe che ci sono degli spiriti in giro che vogliono far loro del male. Come abbiamo detto prima, questo è talvolta il caso. Tuttavia, non è sempre così.

D: *Se qualcuno si trovasse di fronte ad un'attività poltergeist dannosa, come potrebbe farla smettere?*

S: Come menzionato precedentemente, nel nome di Dio affronta queste entità che sembrano causare questi fenomeni. E come nel caso della possessione, comandale di ritirarsi in nome di Dio o di Gesù. Se le entità sono dannose, allora c'è una protezione adeguata nel nome di Gesù. Se desiderano solo l'illuminazione, allora per favore accettatele e cercate di rimanere o diventare illuminati.

D: *Esiste qualcosa come uno spirito legato alla terra?*

S: Forse in un senso profondo o ancor più profondo di quello che si ritiene comunemente. Uno spirito legato alla terra è qualcuno che ha avuto molti problemi e non vuole ammettere di potersene liberare.

D: *Vuoi dire che amano così tanto la vita che non vogliono lasciare la Terra?*

S: Puo' essere quello, oppure qualcuno qui sulla Terra li sta legando così stretti che non possono andarsene. Ogni volta che ti addolori per qualcuno che non c'è più, leghi quella persona sempre più vicina alla terra. Il dolore ha il suo posto, ma un lutto eccessivo è un male sia per la persona che è in lutto, che per il deceduto. Non c'è motivo di soffrire per quella persona. La maggior parte di loro è molto felice per quello che hanno visto da questa parte.

D: *Allora restando in lutto e aggrappandosi a loro, li si tiene legati alla terra e questo non va bene, la maggior parte delle persone non se ne rende conto.*

UN'ALTRA VERSIONE:

D: *Ho sentito che ci sono cose come spiriti legati alla terra. Cosa succede in un caso del genere?*
S: Questa è una questione confusa. Di solito sono solo spiritualmente sonnambuli. Sono ancora coscienti del piano fisico, notano che qualcosa è diverso, ma non riescono a capirlo. Sul piano spirituale sembra che siano sonnambuli. Possono restare sonnambuli per un tempo che a voi può sembrare molto lungo, sotto forma di spiriti legati alla terra, fantasmi o altro. Ma dopo un po' si sveglieranno e si renderanno conto che sono sul piano spirituale e che hanno altre cose da fare.
D: *Perché sono confusi? È a causa di una morte improvvisa o qualcosa di simile?*
S: Di solito è perché il subconscio ha giudicato male la quantità di tempo rimasta per gestire un particolare aspetto del karma. Il subconscio forse si aspettava un periodo di tempo più lungo, e quando questo viene interrotto, la mente impiega più tempo per riorientarsi.
D: *Questi spiriti legati alla terra si aggirano dove vivevano prima o viaggiano per lo più sul piano terrestre?*
S: Tendono a rimanere nelle zone che gli erano familiari. Probabilmente perché stanno cercando di capire cosa sta succedendo. Poiché sono sonnambuli, è principalmente il loro subconscio spirituale che cerca di raddrizzare le cose in modo che la coscienza spirituale possa riaccendersi, per così dire.
D: *Cercano mai di tornare in un corpo fisico mentre sono in quello stato?*

S: Non spesso. Occasionalmente ci provano, ma lo spirito che è in quel corpo li bloccherà e si renderanno conto che non possono farlo. Sarebbe come urtare qualcuno sul marciapiede. Dopo qualche tentativo, cominciano a svegliarsi e smettono di essere sonnambuli.

D: *Non possono essere aiutati a capire cosa sta succedendo quando sono in quello stato?*

S: Quando sono nel profondo di questo sonnambulismo spirituale è molto difficile raggiungerli. A volte bisogna solo dar loro del tempo, finché non sono pronti ad essere contattati ed aiutati a svegliarsi più velocemente.

D: *Ho sentito storie di spiriti che frequentano le taverne o le persone che bevono, usano droghe o cose del genere; suppongo che sia perché vogliono le sensazioni che ne derivano. Hai sentito di casi del genere?*

S: Ho parlato in precedenza del periodo di transizione. Alcuni spiriti, specialmente quelli che hanno attirato su sé stessi molte influenze negative, generalmente hanno un periodo di transizione difficile perché non vogliono rinunciare alle sensazioni fisiche delle cose. Di solito sono le sensazioni forti, esotiche, come quelle delle varie droghe che sono in uso nella vostra società: alcool, nicotina, eroina o altro. Così questi spiriti che sono in transizione stanno intorno a persone che sperimentano queste cose regolarmente per cercare di assorbire i loro sentimenti, le loro sensazioni fisiche. Cercano di divertirsi in modo vicario.

"Vicario" è una parola interessante e particolarmente adatta se usata in questo contesto. Il dizionario da questa definizione: "Prendere il posto di un altro. Sopportato o eseguito da una persona al posto di un'altra. Sentito dalla partecipazione immaginaria all'esperienza di un altro: come, un brivido vicario". Non avrebbe potuto scegliere una parola più appropriata per descrivere il concetto che stava cercando di trasmettere.

D: *Pensi che questi spiriti si rendano conto di essere morti?*

S: A volte sì, a volte no. Molte volte, sì, si rendono conto di essere morti, ma sperano di poter rientrare immediatamente nel piano fisico. Sono ancora nel periodo di transizione e non si rendono ancora conto di come le cose debbano essere equilibrate. Altri onestamente possono non sapere di essere morti e stanno cercando di partecipare alle cose fisiche come facevano quando erano vivi. Non si rendono conto che gli umani non possono percepirli. Alla fine si rendono conto che sono morti. Quando se ne rendono conto, allora diventano consapevoli del piano spirituale e finiscono il loro periodo di transizione.

D: *Forse pensano che ciò che è qui sulla Terra, è tutto ciò che esiste.*

S: Sì. Questi spiriti lo pensano all'inizio, ma più a lungo rimangono morti e più diventano consapevoli del piano spirituale, semplicemente per una questione di attrazione vibrazionale. Durante il periodo di transizione a volte questo tipo di spirito non può percepire immediatamente la guida che è venuta ad aiutarli. Non possono vederli o percepirli immediatamente perché sono ancora troppo in sintonia con il piano fisico.

D: *Cosa succede con questi spiriti che sembrano voler rimanere intorno alla Terra?*

S: In questi casi gli spiriti sembrano essere richiamati sulla Terra. Sono quelli che ci mettono più tempo ad adattarsi al piano spirituale che hanno raggiunto. Hanno i loro costrutti mentali di scene che gli sono familiari. Non crescono oltre a questo e lo usano come una stampella. Questo tende a farli rimanere vicini al piano fisico. Queste anime a volte hanno bisogno di aiuto. Molte volte hanno inavvertitamente hanno fatto qualcosa di negativo al loro karma e non vogliono affrontare questo fatto. Hanno paura di ciò che potrebbero vedere se gettano via la loro stampella di questi costrutti mentali.

D: *Vogliono rimanere con ciò che gli è familiare?*

S: Esatto. Solo per paura. Se continuano a rimanere vicini al piano fisico, le loro vibrazioni rimangono abbastanza in sintonia con il piano fisico, al punto che a volte ci possono essere echi di loro stessi sul piano fisico. Proprio come un'eco è per il suono, però sarebbe un'eco di energia. Questo spiegherebbe alcune delle apparizioni ectoplasmatiche che sono state registrate sul vostro piano - ciò che voi chiamate "fantasmi" e fenomeni simili.

D: *Non sono veramente quello spirito? Sono solo un'eco di quello spirito che rimarrebbe intorno alla casa?*

S: Sì, forse lo spirito dall'altra parte della barriera sta usando il costrutto mentale di una casa. Quando è inizialmente deceduto, lo spirito avrebbe immaginato la "casa", per esempio, per aiutarlo ad adattarsi a questa nuova fase della vita. Ogni volta che immaginano una specifica casa che probabilmente era la loro casa, la stanno solo vedendo e sono loro stessi nella casa. Ma realizzando - o forse non realizzando - che lo spirito ha paura di andare avanti, in questo modo continua ad aggrapparsi a questa immagine di casa come una stampella, solo perché gli è familiare. Ha paura di andarsene e così rimane in quella casa. Ecco perché questi echi spirituali, che voi chiamate fantasmi, di solito si vedono in un'area così limitata. Perché usano quest'unica immagine mentale a cui aggrapparsi, proprio come un bambino che si aggrappa ad un ciuccio. Poiché l'attraversamento della barriera è un'esperienza individuale, loro hanno chiuso la loro mente a ciò che li circonda perché usano questo costrutto mentale come una stampella. In un certo senso, sono soli con se stessi perché si sono chiusi in questa illusione di "casa". Non vedono che ci sono altri spiriti che li aspettano per aiutarli a completare il loro adattamento. È come se avessero chiuso gli occhi, fermato le macchine e pensassero solo a casa. Così, in effetti, sono soli e l'eco si riflette essendo inconsapevole di altre persone nei dintorni. Gli occupanti vivi della casa terrena possono vedere il fantasma, ma questo sembra ignaro della loro presenza.

D: *Questo significa che continuano a rivivere la loro casa nella loro mente o cosa?*

S: Sì. Tengono questa immagine nella loro mente che per qualche ragione significa molto per loro. Si concentrano solo su quest'unica immagine. Di solito questo accade quando lo spirito è molto spaventato e non si è adattato al trapasso. Così si bloccano su questo unico ricordo, questo unico momento di tempo della loro vita più recente. La loro mente è bloccata su questo e lo sta visualizzando, così l'eco spirituale passa attraverso le stesse azioni più e più volte, come risultato dell'eco di ciò a cui stanno pensando. Sarebbe come, quando sul vostro piano, qualcuno ha una paura irrazionale e c'è una parola fortunata che considera come un amuleto. La ripetono in continuazione per allontanare quella paura. È quel tipo di situazione.

D: *A volte la scena è un omicidio o qualcosa di violento che è accaduto; e le persone vedono dei fantasmi che recitano la stessa scena più e più volte.*
S: Esatto. Lo spirito potrebbe visualizzare un particolare edificio come suo costrutto mentale e aggrapparvisi. Potrebbe visualizzare una particolare azione che ha avuto luogo durante la sua vita più recente. A volte l'azione può coinvolgere un'altra persona e lui sta visualizzando anche quest'altra persona. Questo spiega perché le persone sul vostro piano a volte vedono due fantasmi che interagiscono tra loro nella stessa scena più e più volte. Fa parte di questa memoria che quest'anima sta usando come una stampella.
D: *Se fosse negativo, questo lo rende più potente?*
S: Di solito questo accade quando l'anima non sta reagendo bene alla transizione e la sta interpretando come un'esperienza negativa. È la forza della paura che li porta a fare questo. Di solito quando l'anima passa dall'altra parte e si rende conto che il livello di karma che ha raggiunto questa volta va in una direzione negativa, non vuole completare la transizione perché ha paura di ciò che vedrà. Nel frattempo la loro mente si blocca su questa fonte di paura, e potrebbe essere proprio quella scena della vita che ha causato lo sviluppo del karma in una direzione negativa. Questo è tutto ciò su cui riescono a concentrarsi. Non si rendono conto che le cose sono equilibrate sul piano spirituale. Anche se possono andare su un piano inferiore a quello in cui si trovavano prima, non è progettato per causare dolore o tortura. È solo una questione di compatibilita' un posto compatibile in modo che possano svilupparsi ulteriormente.
D: *Ma le gente ha esperienze con "fantasmi" o "spiriti" di qualcuno che è trapassato. Vengono, parlano con loro e danno loro dei messaggi. Questo è lo stesso fenomeno?*
S: No. Di solito quando le persone interagiscono con uno spirito che è tornato per dar loro un messaggio, di solito è la loro guida che cerca di contattarli. Se le persone sono abbastanza avanzate da essere in grado di gestire questo aspetto della vita, le loro guide le contatteranno in questo modo per aiutarle e dar loro consigli in modo più diretto.

D: *Vorresti dire che non è effettivamente lo spirito della persona amata o di chiunque altro?*
S: A volte lo è, se la persona amata è a disposizione per aiutare. E di solito vogliono aiutare, perché le persone rimangono karmicamente legate attraverso diverse vite. Anche se la persona amata è già passata dall'altra parte per un po' di tempo, sono ancora karmicamente legati a questa persona perché senza dubbio interagiranno in una vita futura, quindi sono disposti a cercare di aiutare. Molte volte la loro guida contatterà qualche persona cara dall'altra parte. Insieme lavorano per aiutare questa persona cara a lanciare un'eco di se stessi attraverso la barriera, verso questa persona, per consegnare un messaggio.
D: *Quindi non sono loro a tornare indietro direttamente; mandano solo un'eco di se stessi?*
S: Esatto. E' un processo simile, visto che questi spiriti guida usano chiunque sia trapassato per primo, ma questo processo è sotto controllo e viene fatto tutto deliberatamente. Calmano la loro mente per mettersi nello stato mentale giusto, è un'esperienza positiva e poi lanciano un'eco spirituale di loro stessi sul piano fisico. A volte devono farlo diverse volte prima che la persona sul piano fisico cominci a percepirlo. Ecco perché a volte prima che una persona percepisca quello che chiamano un "fantasma" o uno "spirito", di solito accadono altri eventi strani. Stanno già proiettando; solo che stanno cercando di portare l'attenzione della persona verso quell'aspetto delle cose in modo che sia più incline a percepire l'eco spirituale.
D: *A volte le persone dicono che gli spiriti tornano e danno loro qualche consiglio di cui hanno bisogno, o dicono loro di non soffrire per loro. Diverse cose del genere.*
S: Sì, perché un dolore eccessivo può trattenerti nello sviluppo del tuo karma. Dovete rendervi conto che incontrerete di nuovo questa persona che vi manca così profondamente e per la quale state soffrendo così tanto. Non vi siete separati per sempre. È solo una separazione temporanea e avete bisogno di lasciarli andare e continuare con la vostra crescita in modo da essere pronti per la vostra prossima vita.
D: *Ma se la persona vuole dargli dei consigli, è in grado di proiettarsi per dirle queste cose.*

S: Esatto. Le guide e i trapassati lavorano insieme per poter dare loro dei consigli di cui potrebbero avere bisogno in un momento particolare della loro vita.

D: *Vorresti dire che la guida potrebbe anche apparirgli nelle spoglie della persona amata?*

S: No. Farà in modo che una persona cara lanci il suo eco. Di solito ce n'è almeno una dall'altra parte, di solito di più.

D: *La guida non assume mai un'altra forma per consegnare un messaggio?*

S: No. A volte la guida stessa consegnerà un messaggio e la persona riferirà di aver visto un angelo o qualche altro essere celeste sconosciuto.

Capitolo 12

Pianificazione e Preparazione

UN SOGGETTO IN REGRESSIONE che stava rivivendo il periodo tra una vita e l'altra, mi diede le seguenti descrizioni di un attività che ebbe luogo in una delle scuole.

S: L'analogia più vicina è che sto assistendo ad una conferenza. È una situazione di apprendimento, in cui uno di noi che ha sperimentato qualcosa lo dice agli altri in modo che tutti possano imparare dalla sua esperienza. Suppongo si possa dire che sto assistendo ad una conferenza.
D: *Di cosa stanno parlando?*
S: Non sono sicura di potertelo dire, perché la conferenza è presentata in concetti mentali e immagini piuttosto che a parole. Alcune delle giustapposizioni non hanno alcun senso quando le metti in parole. È abbastanza strano. Penso che il modo migliore per dirlo è che ci sta dando una lezione sulla malleabilità dei sensi e su come possano essere ingannati. Ci mostra che non possiamo dipendere da ciò che i sensi ci dicono. Dovete seguire le vostre sensazioni intuitive, perché i vostri istinti sono in sintonia con il cuore pulsante dell'universo e vi guideranno. In questo momento, in questa parte della conferenza, le prove che presenta stano a dimostrare come i sensi possono essere ingannati. Per esempio, ci sta mostrando diversi oggetti naturali, che saranno del colore e della consistenza sbagliati per mostrare come gli occhi possano essere ingannati. Per esempio, il blu, ocra scintillante. (Risate) Sai, cose che sono molto bizzarre. Ma lui presenta queste immagini visive proprio accanto ad altre immagini per mostrare

come il naso e le orecchie possano essere ingannati e quindi è una conferenza molto interessante. Ci incoraggia ad usare i nostri poteri intuitivi e psichici perché è molto facile svilupparli da questo lato. E più li sviluppate qui, più è facile che si manifestino quando siete sul piano fisico, in modo da poterli usare anche lì. Perché il piano fisico crea una sorta di barriera che rende più difficile entrarne in contatto. Ma se li avete altamente sviluppate prima del vostro ritorno, potete superarla.

D: *Da quel lato fate le cose in base a ciò di cui sentite d'aver bisogno?*

S: Fondamentalmente dipende dallo stadio in cui ti trovi. A me sembra che ciò di cui si abbia bisogno, è ciò che si attira a se, ed è così che funziona. Viene attirato a te in modo che tu possa imparare ciò che hai bisogno d'imparare o sperimenti ciò che hai bisogno di sperimentare. Questo soddisfa quel bisogno di sviluppo.

D: *Quindi quelli che vogliono imparare le cose più complicate naturalmente se le cercheranno?*

S: Sì. Quelli che cercano le cose da imparare, la conoscenza sarà accessibile per loro. Arriva loro nell'ordine in cui ne hanno bisogno, in modo da poterne fare il miglior uso possibile. Ci sono quelli che... anche se pensano di voler imparare, fondamentalmente non imparano e vanno in giro chiedendosi perché non fanno progressi. Escono sempre fuori con nuove ragioni per spiegarselo.

D: *Naturalmente, molte persone vogliono solo tornare di nuovo alla vita e non vogliono imparare nulla.*

S: Questo è vero. Ci sono alcune anime sfortunate che insistono nel tenersi incatenate alla ruota del karma. Ma più sviluppi riusciamo a fare mentre siamo da questa parte, più ci si può liberare dalle cause passate. Allora puoi passare a cose più grandi e migliori per quanto riguarda il tuo karma. Riesci a capire?

D: *Per altre persone probabilmente no, ma per me sì, ha senso. Cerco sempre di imparare cose nuove, comunque.*

S: Sì, sei come uno di noi. Anche tu sei uno che impara.

Una SCENA che descrive gli eventi preparatori prima del ritorno sulla Terra.

D: *Cosa stai facendo?*

S: Sono con altre entità spirituali. C'è un gruppo di noi riunito assieme. Possiamo descriverlo come una sorta di gruppo di discussione e pianificazione. La maggior parte di noi qui presenti era karmicamente connessa nelle nostre vite passate. C'è uno, che è la nostra guida principale per il gruppo e le nostre guide individuali sono vicine. Stiamo discutendo e pianificando su quali problemi karmici lavoreremo durante la prossima vita, quella che questo soggetto sta vivendo attualmente. E stiamo discutendo e pianificando come le nostre vite e i nostri karma si intrecceranno e si collegheranno e cosa speriamo di risolvere karmicamente.

D: *Questi sono gli spiriti con cui sarai associata quando tornerai sulla Terra?*

S: Sì. Questa è una cosa che influenza con chi avete legami karmici. Un'altra cosa che a volte può influenzare, è se si scopre che due persone particolari quando sono insieme progrediscono geometricamente invece che aritmeticamente. Quando sono separate progrediscono ad un ritmo particolare, ma quando sono insieme la crescita si moltiplica geometricamente semplicemente per il modo in cui interagiscono tra loro. Naturalmente sono incoraggiati a continuare ad incrociarsi nelle vite future in modo che possano continuare a progredire insieme. Il mio spirito guida individuale sarà con me durante tutta la mia prossima incarnazione per aiutarmi, guidarmi e proteggermi. Come un'assicurazione extra, suppongo si possa dire così, e come amico per aiutarmi a connettermi con il lato spirituale delle cose, quando sono sul piano fisico.

D: *C'è un modo per sapere quando è presente?*

S: Lo spirito guida? Un modo per dirlo - almeno per questo soggetto quando sarò incarnata - è che la mia percezione visiva delle cose cambierà, al punto che tutto sembrerà brillare. Anche le cose di un colore solido sembreranno scintillare con intensi lampi di quel colore, come se il colore che è sul piano spirituale facesse capolino. In quei momenti il mio spirito guida sarà particolarmente vicino a me e saremo strettamente in armonia, al punto che i miei occhi cominceranno a vedere le cose attraverso i suoi occhi. E ci sarà anche una sensazione particolarmente pacifica.

D: *C'è un nome con cui potrai chiamarlo?*

S: Non ne sono sicura. È conosciuto con molti nomi. Posso contattarlo inviando una chiamata mentale, chiamando il mio amico spirituale. Lui dice che è sufficiente. Ha un nome, ma dice che non è necessario. Potrebbe essere difficile ricordarmelo.

D: *Così ogni volta che hai bisogno di aiuto durante questa vita, semplicemente ti basterà chiamare il tuo amico spirituale e lui sarà in grado di consigliarti?*

S: Sì. Lui può darmi dei consigli sia parlando direttamente nella mia mente, sia dandomi emozioni e sentimenti da seguire, intuizioni per guidarmi. Può anche aiutare a realizzare le cose, spingendole in certe direzioni.

D: *Alcune persone si chiedono come puoi sapere se è veramente la tua guida che ti parla e non qualcuno che vorrebbe farti del male. Sai come distinguerlo?*

S: E' difficile da descrivere con questo linguaggio. Quando è la tua guida c'è una particolare sensazione di calore, di formicolio nel tuo cuore, nel tuo petto, e ti sembra di vedere questo bellissimo effetto scintillante in ogni cosa. E' una combinazione particolare che non può essere duplicata. E i sentimenti associati alla sua presenza generalmente sono quelli di conforto, fiducia e sicurezza. Mentre se è un'entità spirituale che cerca di farvi del male, i sentimenti che avreste sarebbero di insicurezza, paura e forse rabbia. Se pensate di fare qualcosa che vi sembra giusto, fatelo. E se state pensando di fare qualcosa e non siete sicuri sia giusto o quando state per farlo cominciate a tremare o a sentire paura, allora aspettate un po' e vedete se vi vengono altre sensazioni. Se aspettate, di solito arriverà un'altra sensazione e direte: "Sì, è quello che devo fare". A volte sarà qualcosa di molto diverso da quello che avevate stabilito di fare, e a volte sarà solo leggermente diverso. Ma sarà il corso migliore.

D: *Mi è stato anche detto che quando è il tuo vero spirito guida, non cercherà mai di farti fare qualcosa.*

S: No, mai. Diranno solo: "Hai chiesto il mio consiglio e questo è il tuo miglior corso d'azione. Ma la scelta è tua. Se preferisci fare qualcos'altro, allora lavoreremo con quella scelta d'azione".

D: *Mi è stato detto che se c'è qualche tipo di forza coinvolta o se qualcuno cerca di farti fare qualcosa, allora non è per il tuo bene.*

S: Questo è vero. Questi concetti sono una delle strutture di base dell'universo.
D: Ci sono altre guide che ti aiuteranno?
S: Sì. Lui è il principale che sarà particolarmente in contatto con me. Ce ne sono altre che si preoccupano del mio progresso, come si preoccupano anche del progresso degli altri. E c'è un gruppo di guide che si preoccupa del nostro specifico progresso di gruppo. Molte volte in passato siamo stati connessi karmicamente e si potrebbe dire che stiamo progredendo in gruppo mentre ognuno di noi individualmente si abitua alle cose che dobbiamo sviluppare.
D: Dove vi trovate ora, è un luogo specifico?
S: No, nessun posto in particolare. Siamo solo... qui, riuniti in prossimità. Poiché siamo tutti in forma spirituale, si potrebbe dire che stiamo fluttuando. È su un piano diverso, ma non sono davvero sicuro di quale sia. Tutto è molto tranquillo qui e favorisce la concentrazione e la pianificazione. Quella che svolgerà il ruolo di mia madre sul piano fisico è qui. Queste conferenze di pianificazione sono piuttosto rare e quando si presenta l'opportunità le facciamo. Perché di solito uno o l'altro di noi in questo gruppo è sul piano terreno. Ma occasionalmente ci si sovrappone dove tutti noi siamo sul piano spirituale contemporaneamente, e ci riuniamo per coordinare le cose, per così dire.
D: Sì, suppongo che sia più difficile se qualcuno è già tornato nel fisico.
S: Esatto. Anche se potremmo comunicare con il loro subconscio, se necessario, ma non è una comunicazione molto chiara.
D: C'è qualcun altro lì che sarà importante nella tua vita quando tornerai sulla Terra?
S: Sì. C'è quello con cui sono karmicamente legata per essere l'anima gemella. Lui è qui. Tornerà sulla Terra poco prima di me. E c'è uno qui che si sta fissando per andarsene abbastanza velocemente. Sarà mio nonno e deve tornare prima che mia madre possa tornare indietro. Il suo soggiorno sul piano terrestre si sovrapporrà appena al mio, ma sarà sufficiente per lasciare un'impronta profonda nella mia vita. E questa impressione mi influenzerà per il resto del mio soggiorno terreno. È uno spirito molto avanzato karmaticamente.

È nebuloso quando guardiamo avanti, ma se le cose vanno nel modo in cui le stiamo elaborando qui e ora, allora è così che accadrà. Dovrò tenere a mente di essere paziente e di andare secondo i miei sentimenti interiori e non secondo ciò che mi verrà insegnato da bambina. Posso vedere molto chiaramente che ciò che mi sarà insegnato da bambina non sarà applicabile quando sarò adulta.

D: *È qui che entra in gioco il tuo libero arbitrio. Si suppone che tu riesca a pensare con la tua testa.*

S: Sì, dovrò passare attraverso alcune transizioni che saranno difficili per me. La mia guida mi aiuterà.

D: *Allora anche le piccole cose vengono risolte prima del tuo ritorno nel fisico?*

S: Cerchiamo di risolverle. Discutiamo su come interagire l'uno con l'altro. Quando arriviamo abbiamo il libero arbitrio riguardo a queste cose dal punto di vista fisico. Ma se elaboriamo queste cose in anticipo, siamo più inclini ad essere aperti alle nostre guide spirituali quando cercano di guidarci. È un modo per non prendere troppi rischi nel gestire il karma.

D: *Altrimenti è come sparare all'acqua, per così dire.*

S: Giusto. Comunque, alla fine tutto si bilancia.

UN'ALTRA SCENA:

S: Sto parlando col mio amico spirito. Quello che sarà il mio spirito guida quando mi incarnerò di nuovo.

D: *Puoi vederlo?*

S: Sì. L'aspetto che ha è quello di un uomo maturo sulla quarantina. I segni d'età che porta non sono dovuti alla sua condizione, ma ad una scelta personale per le reazioni mentali che vuole dagli altri. Ha capelli neri che stanno ingrigendo alle tempie, baffi e barba ben curati. Sembra un medico inglese d'inizio secolo. Ed è vestito con un abito vecchio stile, a tre pezzi, dall'aspetto molto distinto e con scarpe nere lucide. Questa è proprio l'immagine che mantiene oggi. Siamo in un luogo che sembra lo studio di un uomo. C'è un pavimento in legno, con un tappeto orientale e una scrivania dal piano in pelle. Sedie imbottite in pelle, scaffali di libri fino al soffitto e un camino. Ha degli occhiali con la montatura di filo metallico, tipo pince-nez. Ed è molto saggio.

D: *Credo di aver sempre visualizzato le guide con tonache bianchi.*

S: No, non sempre. È una questione di scelta personale. Lui vuole proiettare un'immagine verso di me. La sensazione di essere come un padre protettore o uno zio o qualcuno che ha in mente il mio benessere e vuole aiutarmi e proteggermi. Sa che mi sento più a mio agio con qualcuno che assomiglia ad un normale essere umano piuttosto che con qualcuno avvolto in vesti bianche e fluttuanti. Così sono più incline a sentire un'affinità con lui. Ha caldi occhi marroni ed è molto gentile.

D: *Ma questo è solo il tuo modo di vederlo, o è il modo in cui lo vedono anche gli altri?*

S: Io e lui siamo gli unici due in questo studio, però non fa parte di una casa. È solo un'immagine che ci circonda per creare una certa atmosfera. Così, se uno lo vedesse dall'esterno, vedrebbe semplicemente un grande pezzo di ectoplasma. Sembrerebbe piuttosto un blob di nebbia. Ma saprebbero, dalla sensazione psichica che emana da esso, che si tratta di un costrutto ectoplasmico utilizzato ad uno scopo specifico. Sarebbero anche in grado di rendersi conto che noi eravamo all'interno di questo costrutto di ectoplasma.

D: *Di cosa stai parlando con la tua guida?*

S: Durante questa discussione con te, mi ha aiutato ad organizzare le informazioni in modo che tu potessi comprenderle con questo linguaggio. Ma prima di questo, stavamo parlando - comunicando, dovrei dire - di come posso aiutare me stessa col mio karma sul piano dell'incarnazione.

D: *Quando tornerai la prossima volta?*

S: Sì. È difficile descrivere nella tua lingua quello che sta dicendo, in modo che tu sappia cosa intende. Ma capisco quello che sta dicendo.

D: *Però, in un altro momento, quando lo incontrerai, potresti essere in un altro ambiente o lui potrebbe apparire in modo diverso?*

S: No. La maggior parte delle volte quando ci incontriamo appare così, o meglio, questo è il suo volto. A volte è vestito in modo diverso. Altre volte ha più o meno grigio nei capelli. Di solito lo identifico con una certa sensazione psichica, piuttosto che con una particolare apparenza.

D: *A volte aiuta avere un'immagine nella mente di come è fatto.*

S: Sì, questo mi aiuta quando sono giù sul piano dell'incarnazione. Mi aiuta anche a riconoscere la sensazione psichica, in modo che io possa essere consapevole della sua vicinanza per aiutarmi, anche quando non lo visualizzo specificamente in quel momento.

Quando questo soggetto si svegliò e le raccontai della seduta, disse che la descrizione della stanza e dell'uomo assomigliava ai sogni ricorrenti che aveva fatto durante tutta la sua vita. Le suggerii che sarebbe stato utile se avesse potuto visualizzare quell'uomo e quella stanza quando desiderava parlare con la sua guida e chiedergli consiglio.

KARMA

S: Sto guardando le connessioni karmiche.

D: *Puoi spiegare cosa intendi?*

S: Attraverso il ciclo delle vite certe connessioni tra certi gruppi di persone appaiono ancora e ancora in varie permutazioni. Per esempio, in una vita una persona potrebbe essere il tuo compagno, in un'altra vita uno dei tuoi genitori, e in un'altra vita un figlio o un buon amico. Queste connessioni riappaiono in varie vite, a volte si rafforzano, a volte si indeboliscono, ma sono sempre in crescita. Poi alla fine, quando tutti raggiungiamo l'assoluto (la Sorgente), le connessioni si sono sviluppate al punto che, se c'è il desiderio, possiamo formare un'entità più grande di noi con tutti noi che ne facciamo parte.

D: *Ho sentito molto parlare del karma. Potresti darne una definizione dal tuo punto di vista?*

S: È così onnicomprensivo e complesso che non sarei in grado di fargli giustizia. Dubito di poterti dare una buona definizione nella tua lingua o anche nella mia. Karma - Ho parlato prima dei diversi universi e di come s'intreccino e reagiscono l'uno con l'altro. L'energia di ogni singola vita è come un universo in sé, il modo in cui s'intreccia e reagisce a tutte le altre energie nel vostro universo, in particolare le energie emesse da altre forme di vita, tesse il complesso arazzo che chiamiamo karma.

D: *Posso dirvi alcune delle definizioni che ho sentito e voi potete dirmi se sono adatte o no. Ho sentito dire che il karma è la legge dell'equilibrio, la legge di causa ed effetto. Se hai fatto qualcosa di male o se hai fatto del male a qualcuno in un'altra vita, ad un certo punto avresti dovuto ripagarlo. Ma ho anche sentito che può riguardare le cose buone.*

S: Sì, è così. La legge di causa ed effetto è una delle leggi fondamentali in vigore ovunque, indipendentemente dall'universo in cui ti trovi. Questa legge è uno dei principi fondamentali del karma che sostiene l'intera struttura. E il karma si applica a come le diverse energie interagiscono tra loro, a volte essendo causa e a volte essendo effetto, in una complessa combinazione di movimenti. Questo è ciò che costruisce il karma. E qualsiasi cosa, qualsiasi azione iniziata, può essere etichettata come "causa", e qualsiasi cosa che accade come risultato di ciò può essere "effetto". L'azione che ne risulta può anche essere chiamata causa di altri effetti. È tutto interconnesso. Sarebbe come avere una sfera fatta di anelli di catena che sono tutti interconnessi tra loro. Ogni anello della catena è interconnesso con ogni altro anello della catena all'interno della sfera. Si potrebbe usare questa analogia per immaginare causa ed effetto e come sono tutti collegati. Questo è il modo in cui il karma è collegato con tutte le energie di vita.

D: *Ho sentito che è nota come una delle leggi universali perché non c'è modo di sfuggire al karma - devi ripagarlo.*

S: Ci si lavora su tutto il tempo. Solo l'atto di respirare elabora il karma. Indipendentemente da ciò che fai, stai sempre elaborando il karma passato e creando il karma futuro. Questo è il ciclo della vita.

D: *Non c'è un modo per evitare di creare karma futuro?*

S: La creazione di karma futuro è ciò che fa andare avanti l'universo. Il tuo karma futuro non deve essere necessariamente karma cattivo. Mentre stai elaborando il karma passato e fai il meglio che puoi nella tua vita presente, il karma futuro che stai creando sarà un karma buono e avrà buoni effetti sulla tua vita futura. E sarete in grado di continuare e migliorare le vostre vite future fino a raggiungere l'assoluto.

D: *Ci sono molte persone che dicono che vogliono solo farla finita. Vogliono pagare tutti i loro debiti e non crearne altri.*

S: Quando raggiungi i livelli più alti di karma non devi più passare attraverso le vite fisiche per risolverlo. Puoi farlo sul piano spirituale e continuare a lavorare verso l'assoluto. E anche quando raggiungerete l'assoluto, il vostro karma influenzerà e includerà altri universi e l'elaborazione del complesso arazzo degli universi. Non è da considerarsi una prigione. È solo un ciclo naturale attraverso il quale puoi crescere e svilupparti per diventare il tuo sé finale.

D: *Molte persone dicono che non vogliono dover tornare indietro e rifarlo.*

S: Sono ancora immaturi. Hanno ancora molta crescita da intraprendere nel loro grande ciclo.

D: *Penso che il più delle volte le persone pensino al karma come: se hanno ferito qualcuno in passato, allora adesso devono pagare per questo.*

S: Questa è una visione immatura, quello è solo un aspetto. Per paragonarlo al tuo ciclo di vita: quando sei un bambino, pensi che la punizione sia sempre cattiva perché hai fatto qualcosa che non avresti dovuto fare. Più tardi ti rendi conto che serviva ad insegnarti cosa devi fare per poter sopravvivere e vivere bene. Più tardi, quando ti succedono cose buone o cattive, ti rendi conto che è a causa di un errore che hai fatto in passato e ora stai vivendo le conseguenze del tuo errore - l'errore che ha fatto qualcun altro. Poi, quando vivi più a lungo e fai meno errori, la tua vita si stabilizza in un modello confortevole. Queste persone che parlano del karma in relazione a qualcosa di brutto che hanno fatto in passato, sono nella fase in cui lo vedono come una punizione. Dovrebbero guardarlo come uno strumento d'insegnamento che li aiuta ad imparare a crescere e a diventare migliori. Sono ancora giovani nei loro cicli di vita.

D: *A volte sembra complicato. Per esempio, se qualcuno ha vissuto una buona vita e poi muore in modo molto violento. Nessuno riesce capire perché una persona così buona doveva morire in quel modo, cose del genere sembrano così ingiuste.*

S: A volte, prima che qualcuno scenda per un altro ciclo di vita, si offre volontario per passare attraverso qualcosa che potrebbe sembrare sproporzionato alla vita che condurrà. Perché il fatto che lo facciano volontariamente aiuta a risolvere una parte importante del karma che altrimenti richiederebbe molte vite per essere risolto. Non è perché vengono puniti per una particolare cosa che hanno fatto. È solo che hanno sentito di essere pronti ad elaborare una grande parte in una forma condensata.

D: *Ma influisce sulle vite delle altre persone con cui sono associate quando accade qualcosa del genere.*

S: Questo è vero, ma le altre persone possono usarlo come esperienza di crescita e acquisire saggezza.

D: *Questo è quello che mi è stato detto. Se si impara qualcosa da un'esperienza, allora ne vale la pena.*

S: Questo è vero.

D: *Hai detto che stavi guardando i cicli del karma. Questo ha a che fare con la tua vita o cosa?*

S: Sì, stavo guardando le connessioni che sembrano essere coerenti nei miei cicli di vita. E sembra che saranno coerenti nei cicli di vita futuri, fino a quello che chiameresti il tempo presente e il futuro.

D: *Intendi le persone con cui sei stato associato e con cui continuerai ad essere associato in futuro?*

S: Sì. Saranno riuniti nella sua vita attuale per lavorare su alcune cose karmiche. Hanno chiesto di essere di nuovo insieme in questa vita e gli è stato concesso.

D: *Allora stai solo guardando gli schemi per osservarli. Non c'è niente che tu possa davvero fare per influenzarli, vero?*

S: Intendi in una direzione positiva?

D: *Beh, speriamo in una direzione positiva. Non vogliamo una direzione negativa, se possiamo evitarlo.*

S: Non posso influenzare il karma delle vite passate perché è già avvenuto. Nella vita presente, forse posso dare una spintarella qua e là. Non so se avrebbe un effetto definitivo, ma non danneggerebbe nulla. Potrei forse piantare alcuni pensieri nel suo subconscio per influenzare le sue vite future e questi fiorirebbero nel futuro. Ogni vita influenza tutte le altre.

Capitolo 13

Il Consiglio Generale

PORTAI UN SOGGETTO IN REGRESSIONE al periodo tra due vite e la trovai seduta in un incontro del consiglio. L'ambiente era etereo, meravigliosamente bello ed ovviamente posizionato su piani superiori.

S: Se lo osservassi con occhi fisici, ti sembrerebbe che il luogo in cui siamo riuniti sia sospeso a mezz'aria, ma in realtà non è così. È sostenuto da un campo energetico che non potete percepire con gli occhi del vostro livello. Il campo energetico è di un bel colore viola profondo e ci circonda tutti. Non ci sono davvero pareti o soffitti definiti; tutto è di questo profondo color viola e oro. Sospesa al centro di questo campo d'energia c'è una camera di consiglio, suppongo che la chiamereste così. Ci sono colonne dorate scanalate tutt'intorno ai lati. Non servono davvero ad alcuno scopo se non come decorazioni, sebbene possano anche essere usate per concentrare il potere. Secondo la geometria in cui sono disposte, sono tutte uniformemente distanziate in modo da poter usare l'intera struttura come un generatore d'energia, ma non sono essenziali per questo. Ci sono dei drappeggi dorati dietro. Ed è molto bello, l'oro contro il viola. I mobili su cui siamo seduti sono fatti d'oro ma hanno le venature del legno. È come se fosse cresciuto un albero d'oro massiccio e lo avessero usato per fare questi mobili. È molto bello.

D: *Siete seduti ad un qualche tavolo o cosa?*
S: No, siamo intorno ai bordi di questa sala del consiglio. Ci sono circa quattro o cinque file di sedie sparse che salgono, in modo che le

persone dietro possano vedere sopra le teste delle persone davanti. Non sono veramente sedie. Sono gradoni, lisci che girano tutt'intorno come un anfiteatro. E circondano questo spazio vuoto al centro. Se qualcuno vuole farsi avanti e parlare o presentare qualcosa, può farlo lì dove tutti possono vedere. È come un'aula ovale incorniciata da colonne dorate e drappi dorati, con le gradinate che salgono intorno e lasciano uno spazio aperto dove c'è un podio. Ma è più elegante di un normale podio. È ornato fatto di legno, eccetto il fatto che è davvero fatto d'oro. È lì nel caso si debba presentare qualcosa. Per esempio, dal podio si può proiettare ciò che chiamereste: "ologrammi".

D: A che scopo lo farebbero?

S: Dipende da ciò che si discute e da ciò che è necessario presentare. Generalmente veniamo qui per discutere l'influenza che abbiamo avuto sulla Terra, l'influenza che avremo in futuro e come inserirlo nel piano generale delle cose. Le cose presentate lì nello spazio chiaro, sono cose che dimostrano lo schema generale in questo particolare universo. Come i nostri karma hanno interagito con questo schema generale e quale percorso dobbiamo continuare a seguire per raggiungere infine l'illuminazione. Nella forma in cui siamo, possiamo fluttuare se vogliamo. Non dobbiamo sederci, ma la maggior parte di noi è seduta, solo perché crea un'atmosfera più confortevole.

D: In che forma siete?

S: Vedo entità spirituali che sembrano luci bianche. Sembrano dei soli in miniatura di varie forme e colori, che irradiano luce dal centro. È come avere una sfera d'energia che emana raggi di luce. E mentre la luce si sprigiona dal centro, ha degli accenni di altri colori all'interno del bianco. È come un'aurora o un opale, eccetto che quando vedete un opale è fondamentalmente di un colore. Con queste entità, si vedono raggi di altri colori che sembrano indicare come si sentono, l'umore che hanno, cosa stanno pensando e quanto sono sviluppati.

D: Pensavo che la luce avesse la forma di una persona, ma è quella di una sfera?

S: È come guardare il sole. Non si vede un profilo preciso perché è troppo luminoso. Ma sai che c'è un centro d'energia lì e vedi tutta questa energia che sprigiona raggi.

D: Pulsando?
S: È un flusso costante.
D: Irradiando?
S: Questa è la parola giusta: irradiare da un centro comune. E ognuno è sospeso in una particolare posizione su questi livelli. Ognuno è consapevole di se stesso o autocosciente, nel modo in cui io e te siamo autocoscienti. È solo che loro percepiscono ad un livello più alto di quello che voi potete percepire. E la loro posizione su questi livelli è determinata da una sorta di energia. Sono sospesi a mezz'aria e dipende da come la loro energia interagisce con l'energia dell'ambiente che li circonda. Questi livelli irradiano energia in una sorta di schema, ed è l'equivalente di sedersi su una sedia. Si sostengono su questo cuscino d'energia mentre interagiscono con questi livelli.

D: Hai detto che questo era su un piano superiore?
S: Sì. Tutti noi qui siamo tra una vita e l'altra e ci siamo sforzati di elevare il nostro karma, per così dire (vedi capitolo 12). Abbiamo raggiunto questo livello in cui, quando non siamo direttamente coinvolti in una vita, possiamo venire su questo piano superiore per pianificare il nostro percorso futuro. E per pianificare modi diversi di aiutare gli altri che non sono ancora avanzati quanto noi - così come ci sono quelli che sono più avanzati di noi che ci stanno aiutando. E tutti ci aiutiamo a vicenda. Tutto è interconnesso in questo modo.

D: Vuoi dire che questo è un luogo più avanzato di quello che altre persone hanno raggiunto, ma ci sono ancora altri piani che sono più alti del vostro?
S: Giusto. Il piano più alto di tutti è quando si raggiunge l'illuminazione totale. Noi non l'abbiamo ancora raggiunto. Ma ci stiamo lavorando e ci è stato assicurato che stiamo facendo buoni progressi. Ecco perché ci viene affidato il compito di aiutare altri meno avanzati di noi.

D: È come essere una guida?
S: Beh, quando siamo tra due vite come adesso, qui il tempo non si applica come sul piano terrestre. E le persone che sono direttamente coinvolte in una vita sul piano terrestre a volte hanno bisogno d'aiuto. Possiamo aiutarle da questo piano senza un grande dispendio di energia, perché siamo su un piano superiore.

Suppongo tu possa dire che siamo come delle guide. È un po' come avere un fratello o una sorella maggiore che ti aiuta occasionalmente. Inoltre, altri che sono tra due vite in questo momento, ma non così avanzati come noi, spesso hanno bisogno di aiuto per pianificare le vite future, in modo da continuare a progredire nel loro karma. Noi diamo loro consigli e suggerimenti in base alle nostre esperienze e poi loro prenderanno le loro decisioni - proprio come quelli che sono su piani più alti fanno con noi. Ci dicono cosa hanno fatto per raggiungere il loro livello di karma e se queste cose si possono applicare al nostro karma mentre ci sforziamo di raggiungere obiettivi superiori.

D: *Allora se avete domande a cui non potete rispondere, chiedete a quelli di altri livelli. Riuscite a vedere le altre persone sugli altri livelli?*

S: Non in questo momento. Siamo in un consiglio di questo livello e per ora stiamo gestendo le cose. Ma se dovessimo arrivare ad un punto di stallo, per così dire, possiamo contattare quelli dei livelli superiori dal podio con i pilastri del potere e loro possono venire e comunicare con noi.

D: *Non potete andare al loro livello per contattarli? Dovrebbero venire loro al vostro livello?*

S: Possiamo contattarli attraverso un metodo di comunicazione a distanza, proprio come una radio al vostro livello. Ma loro dovrebbero venire al nostro livello per entrare in contatto con noi direttamente, perché abbiamo raggiunto solo un certo livello di illuminazione. Non possiamo andare ai livelli superiori perché il nostro livello energetico non è ancora compatibile con loro. Ma possiamo visitare i livelli inferiori perché siamo già stati a quei livelli e sappiamo come regolare la nostra energia e renderla compatibile ad essi. In questo modo possiamo andare ed aiutare quelli che sono lì. Quando migliorate il vostro karma attraverso le vostre vite sulla Terra e tornate, quelli dei livelli superiori v'informano di ciò che avete raggiunto. E trovate che la vostra energia è compatibile con il livello che avete appena raggiunto. Vi ricordate com'era agli altri livelli, così potete tornarci per aiutare le persone che sono lì.

D: *Hai detto che potete aiutare le persone del vostro livello senza un grande dispendio d'energia. Ci vuole più energia su altri livelli, o cosa?*

S: Dipende dalle circostanze. Si possono aiutare le persone sul piano terrestre senza un grande dispendio di energia perché siamo sempre in contatto ripetuto con quel piano. Quando siamo su questo piano, possiamo vedere come la struttura sottostante dell'energia o dell'illuminazione colleghi ogni cosa. Così possiamo, per così dire, dare una spinta qua e là per aiutare qualcuno in una particolare direzione. Non deve essere niente d'importante, ma fa sì che gli eventi vadano in un'altra direzione, piuttosto che quella verso cui si stavano originariamente sviluppando.

D: *Dove ci vuole più energia?*

S: Ci vuole più energia per contattare i livelli superiori perché la nostra energia non ne è compatibile. Si tratta di concentrare la nostra energia e di raffinarla in modo che possa raggiungere una vibrazione simpatica nel livello superiore. Un'altra cosa che richiede molta energia è quando si deve visitare e aiutare persone che hanno fatto molte cose negative al loro karma. Più il karma di una persona è negativo, più c'è incompatibilità e questo rende più difficile comunicare con loro e cercare di aiutarli. È come cercare di unire gli stessi poli di due magneti diversi. Sapete come si respingono a vicenda [mentre i poli opposti si attraggono]. E' come cercare di lavorare in quel tipo di situazione. Crediamo che sollevino delle barriere energetiche senza volerlo. Non si rendono conto di quello che stanno facendo al loro karma. Sembra che entrino in un circolo infinito danneggiamento del loro karma. Di solito dobbiamo osservarli molto attentamente e cercare di coglierli in un momento vulnerabile in modo da poter fare breccia e dar loro un barlume di speranza. Solo il barlume di un messaggio per aiutarli ad uscire dal loro ciclo ed iniziare a fare progressi positivi nel loro karma.

D: *Questo è molto più difficile che lavorare con persone che sono aperte al vostro supporto.*

S: Esatto. Quelli che stanno lavorando sul karma negativo, sono come una ciambella vuota. Stanno correndo intorno, all'interno di questa ciambella e semplicemente rimangono nello stesso solco. O se si tratta di un caso davvero difficile, è come se andassero verso il basso in una spirale, e qualcuno cercasse di prenderli e farli risalire. Invece, nel caso di persone che stanno lavorando sul loro karma in una direzione positiva, è come salire una scala. È una situazione molto più aperta ed è molto più facile contattarli. Le persone che stanno lavorando sul karma negativo S è di solito una situazione di tipo chiuso dove è più difficile sfondare.

D: *Probabilmente non si rendono nemmeno conto che siete lì.*

S: Esattamente. Hanno costruito muri mentali e muri di energia intorno a loro per bloccare tutto ciò che non vogliono affrontare.

D: *Qualcuno di voi è specificamente assegnato a qualcuna di queste persone o semplicemente aiutate chiunque vediate?*

S: Non è che siamo assegnati a persone specifiche. Siamo piuttosto come degli osservatori. Ci viene detto di tenere d'occhio una particolare porzione del quadro generale e quando vediamo una parte che ha bisogno di una piccola spinta o di un piccolo aiuto, andiamo avanti e agiamo di nostra iniziativa. Potrebbe non essere la stessa persona. Ogni volta che diamo una spintarella per assisterli nel loro percorso; aiutiamo il quadro generale del karma positivo e a volte una particolare persona potrebbe beneficiarne. Ma spesso è un'azione che benefica molte persone.

D: *Queste persone sono assegnate a delle guide?*

S: Sì, ce l'hanno. Ma dove mi trovo io, stiamo lavorando con eventi generali piuttosto che con persone specifiche.

D: *Sarebbe corretto dire che siete più in alto delle guide regolari? O c'è una gerarchia del genere?*

S: Non credo proprio. Penso che sia una questione di dove tu sia col tuo karma per quanto riguarda il tipo di compito che ti viene assegnato. "Compito" è la parola sbagliata. Quando sei sul piano terreno stai lavorando sul tuo karma, ma quello non è l'unico posto dove lo stai facendo. Quando siete tra una vita e l'altra e su altri piani come questo, anche voi state lavorando sul vostro karma, ma in un modo diverso. È difficile da spiegare; le lingue terrestri sono prive di sfumature. Quelli che guidano persone particolari, sono in un posto diverso nel loro sviluppo karmico. Forse hanno bisogno di crescere in una specifica direzione per vedere le cose sotto un aspetto piu ampio che include la necessità di guidare le persone individuali. Potrebbero aver già fatto quello che io sto facendo ora; non c'è un ordine particolare. Dipende solo da come si cresce individualmente. Nel mio caso, ho fatto un po' da guida individuale in passato. E quelli sopra di me hanno sentito che il mio karma sarebbe migliorato maggiormente se questa volta fossi in questo consiglio generale. A loro piace che tutti abbiano la possibilità di essere nel consiglio generale in modo che possano avere una visione d'insieme delle cose. In questo modo hanno una buona idea di come stanno procedendo e quindi continuano a progredire nella giusta direzione. Di solito, dopo aver partecipato a questo consiglio generale, le persone fanno progressi abbastanza buoni con il loro karma; perché hanno una migliore visione generale delle cose.

D: *Hai detto che eri principalmente coinvolto con degli eventi, ma che stavi anche lavorando con certe persone cercando di fargli comprendere qualcosa. Saresti anche in grado di contattare le loro guide e dare loro dei suggerimenti?*

S: Sì. Lavoriamo molto a stretto contatto con gli spiriti che agiscono come guide individuali. Cooperiamo gli uni con gli altri. Loro si occupano di aiutare una persona individuale e lavorano anche con noi. Vogliono assicurarsi d'essere totalmente al corrente degli eventi, in modo da poter aiutare queste persone individuali a trarne il massimo vantaggio per il loro karma. A volte ci dicono che una certa persona è legata e determinata a fare una certa cosa. Ci chiedono come questo influenzerà gli eventi generali e se avremo bisogno di modificarli in qualche modo, per avere un'effetto positivo sul maggior numero di persone. Quindi lavoriamo tutti insieme a stretto contatto, tutti interconnessi.

D: *Quindi da dove sei, puoi vedere i possibili effetti di quello che stanno facendo? In altre parole, puoi vedere il futuro?*

S: Beh, possiamo vedere gli schemi generali di ciò che è probabile che avvenga, e in generale si realizzano. Di solito i loro dettagli sono diversi a causa di altre decisioni individuali prese lungo la strada. A volte, in un punto cruciale, un individuo può prendere una decisione totalmente diversa da quella che la sua guida sta cercando d'influenzare e questo cambia un po' il quadro a quel punto. E più avanti dovremo dare una spinta ad altri eventi. Ma le cose sono sempre state così e questo è ciò che mantiene l'universo vivo e fluttuante.

D: *Gli dai una spintarella per tornare sul percorso originale?*
S: Non necessariamente a loro stessi, individualmente, ma se prendono una decisione che influisce su un evento, in seguito potremmo aver bisogno di dare una spinta ad un altro evento per minimizzare gli effetti negativi che possono essersi verificati.
D: *In questo modo hanno ancora il libero arbitrio di fare ciò che vogliono.*
S: Ehhh, sì.
D: *Cercate d'evitare d'influenzare il risultato generale, non è così?*
S: Esatto. Ognuno ha il proprio libero arbitrio per fare ciò che vuole. Ma se prendono una decisione che influisce negativamente su molte altre persone, beh, queste altre persone non hanno scelto d'esserne influenzate in quel modo. Questo, in effetti, toglie un po' del loro libero arbitrio. Per esempio, se una singola persona prende una decisione che ha un drastico effetto negativo su altre persone, cerchiamo di contenere gli eventi in modo che abbiano un effetto meno drastico sugli altri spiriti.
D: *Questo sembra una cosa difficile da fare.*
S: È complicato, ma fa parte della nostra crescita e ci piace farlo.
D: *Dev'essere di vasta portata se influisce su molte persone.*
S: È solo una questione di mantenere le cose all'interno dello schema. È difficile da descrivere sul vostro piano, ma qui lo schema può essere percepito molto chiaramente. Non vediamo necessariamente le cose in visioni di singole persone e singoli eventi, almeno in questo consiglio generale. Ciò che vediamo è lo schema generale, come ragnatele scintillanti d'energia. E se c'è un intoppo nella rete d'energia, ci lavoriamo su con altra energia e questo guarisce perché la ragnatela è di nuovo intera. In questo modo influenza gli eventi sulla Terra perché è il modello generale d'energia che fa sì che qualsiasi cosa esista ed avvenga.
D: *Ma voi non avete potere assoluto, vero? A volte fate degli errori?*
S: Non abbiamo il potere assoluto, no, ma in generale non facciamo errori, perché i livelli superiori si assicurano che non ci venga dato più di quanto non possiamo gestire.
D: *Sembra che tutto interagisca e sia così complicato da poter sbagliare di tanto in tanto, per così dire.*

S: Beh, se sembra che stiamo per sbagliare, qualcuno dei livelli superiori ci darà dei consigli, proprio come noi consigliamo le persone ai livelli inferiori.
D: *Ci sono stati enormi eventi negativi nella storia che sembravano essere andati fuori controllo. Sto pensando alle guerre e a cose del genere.*
S: Sì. E coloro che sono in questo consiglio, hanno fatto del loro meglio per cercare di contenere queste decisioni negative di massa. Molte volte queste cose possono essere ricondotte ad una singola manciata di persone, così bloccate nel loro karma negativo che nulla possa toccarli. Si tratta di cercare di contenere i risultati delle loro decisioni, in modo tale da aiutare a mantenere il danno sotto controllo.
D: *Ma avevi detto che state osservando tutto questo. Riuscite a vedere le cose che accadono sulla Terra da dove siete?*

Speravo di ottenere qualche informazione sugli eventi del nostro futuro.

S: Non in questo momento. Siamo in una riunione di consiglio per discutere di qualcos'altro che riguarda un altro piano e non il piano terrestre. Di solito quando abbiamo a che fare con le cose sulla Terra ci preoccupiamo dello schema generale delle cose. Tendiamo a concentrarci sull'aspetto dell'energia karmica, piuttosto che sull'aspetto individuale di persone e cose. Lavoriamo a stretto contatto con coloro che guidano le singole persone. Queste guide sono quelle che vedono le cose come appaiono sul piano fisico, così da poter aiutare gli individui.
D: *La guida individuale è in grado di vedere cosa succederà, se una certa persona fa un certo tipo di azione?*
S: Sì. Noi saltiamo avanti e indietro tra le vite, per decidere se lavorare in un consiglio generale come questo o essere una guida specifica. Facciamo entrambe le cose molte volte, perché non c'è mai troppa esperienza in questo campo. E quelli che sono delle guide, di solito hanno servito nel consiglio generale prima o hanno servito a stretto contatto con esso e sono consapevoli di come funziona. Ogni volta che lavoriamo su qualcosa insieme, hanno l'opportunità di vedere lo schema generale delle cose molto

chiaramente, così come noi avremo la possibilità di concentrarci sugli individui e vedere come il nostro lavoro con lo schema generale li sta influenzando. Quindi c'è molto scambio d'informazioni. È solo una questione di diverse prospettive.

D: *Ma avevi detto che ciò di cui state discutendo ora al consiglio riguarda un altro piano?*

S: Sì. Ci sono alcuni spiriti che sono recentemente passati al lato degli spiriti. Hanno lasciato da poco la Terra e ora sono nel processo di adattamento. Ogni spirito ha bisogno di un periodo di adattamento quando passa dal piano fisico al piano spirituale o viceversa. Per abituarsi alle nuove situazioni, prima di poter ricominciare a lavorare sul loro karma. Così, mentre questi spiriti stanno attraversando il periodo di adattamento, il consiglio si riunisce e discutiamo della loro situazione e di cosa hanno bisogno. E come possiamo servirli al meglio per aiutarli a sviluppare il loro karma in questa nuova fase in cui si trovano. Ci sono alcuni spiriti che stanno attraversando questo periodo di adattamento su un particolare piano spirituale. Stiamo mettendo insieme gli ultimi dettagli in modo che quando saranno pronti, potremo contattarli, guidarli e aiutarli, in modo che possano usare costruttivamente questo periodo tra le vite prima che arrivi il momento per loro di tornare al piano fisico.

D: *Quando fanno il passaggio per la prima volta, viene dato loro un certo tipo di ambiente che rende più facile il loro adattamento?*

S: Sì, dipende dal loro sviluppo spirituale. Le loro guide personali lavorano con noi e possiamo vedere guardando le vibrazioni energetiche, il loro sviluppo karmico e sapere a quale livello di sviluppo spirituale si trovano. Quando passano da questa parte, prima percepiscono quello che sono in grado di gestire. E di solito, quando è possibile, se altre entità spirituali che erano collegate a loro durante la loro vita recente, sono ancora sul piano spirituale, le portiamo lì per aiutarli ad attraversare, per così dire. Per aiutarli a fare il primo adattamento, perché l'adattamento primario è sempre il più difficile. Ma dopo aver accettato il fatto d'essere dall'altra parte e in un nuovo piano d'esistenza, allora si tratta di dare loro il tempo di adattarsi a questa nuova situazione delle cose. A quel punto le esperienze sul piano fisico non sono più così fresche nella loro memoria e possono iniziare a pensare alle cose da una prospettive spirituali. Poi possiamo aiutarli per continuare a crescere fino a quando sono pronti a ritornare nuovamente nella prospettiva fisica.

D: *In questo modo non è proprio uno shock per loro. È questo che intendi?*

S: Esatto. La transizione è comunque uno shock, ma cerchiamo di diminuire lo shock il più possibile, in modo da non dare all'entità spirituale uno shock traumatico.

D: *Allora questi ambienti potrebbero essere qualsiasi cosa. Me lo chiedo spesso: le persone hanno esperienze di pre-morte e a volte descrivono le stesse scene.*

S: Sì. Ciò che descrivono è ciò che vedono fino a che non si avvicinano alla barriera tra il fisico e lo spirituale. L'approccio fino a questa barriera è di solito molto simile, perché si deve passare attraverso gli stessi tipi di campi energetici per passare al lato spirituale. Ma una volta che superano quella che viene solitamente descritta come una luce brillante alla fine di un tunnel - questa luce brillante è la barriera stessa - allora ciò che vedono differisce a seconda del loro sviluppo individuale.

D: *Hanno descritto di vedere scene e persone, a volte è come attraversare un tunnel. Ma tutte queste cose portano alla barriera?*

S: Giusto. E' per aiutarli a prepararsi nel più breve tempo possibile allo shock che stanno attraversando. L'atto di lasciare il corpo è un atto molto naturale; è come respirare. Ma l'atto di passare dal lato fisico al lato spirituale può essere uno shock per il sistema. Queste scene che vedono servono per aiutarli ad imprimere loro il fatto che si stanno preparando ad attraversare e per aiutarli a prepararsi, per così dire.

D: *Poi una volta passati oltre quella luce, non possono tornare nel corpo fisico a quel punto?*

S: Esattamente. Quando riattraverseranno quella luce, sarà per entrare in un altro corpo.

D: *Mi è stato detto che c'è un cordone che dovrebbe collegare lo spirito al corpo.*

S: Sì, e quando si passa attraverso quella luce brillante si interrompe il cordone perché attraversi un intenso campo energetico. Il cordone che collega il corpo astrale al corpo fisico è un tipo d'energia. E quando si passa attraverso la barriera energetica, viene dissolto.

D: Allora le persone che descrivono esperienze di pre-morte vanno solo fino a quel punto. Dicono che si sentono come se venissero tirati verso la luce e poi tornano indietro. Apparentemente non sono andati abbastanza lontano.

S: Non era ancora il loro momento di attraversare la barriera. Ora, quando moriranno, sentiranno ancora la stessa sensazione di attrazione, ma questa volta completeranno la transizione. Ed è un'esperienza molto piacevole. È solo un grande cambiamento e quindi è uno shock da quel punto di vista.

D: Allora queste persone che hanno avuto queste esperienze stavano davvero morendo, per così dire,

S: Sì, semplicemente non hanno completato il processo.

D: Poi girandosi e tornando indietro sono stati in grado di rientrare nel corpo. A volte dicono che la loro vita è cambiata dopo un'esperienza del genere.

S: Esattamente, come dovrebbe essere. Quando accadono queste cose, di solito è perché la loro guida ha deciso che stavano andando verso un vicolo cieco nel loro karma. Non volevano veramente uscire dai loro schemi. Qualcosa del genere accade per scuotere profondamente il loro pensiero, così iniziano a seguire nuovi schemi e possono iniziare a guidare il loro karma in nuove direzioni, si spera schemi più positivi.

D: Allora questo è ciò che intendono con l'espressione "attraversare" - attraversano quella barriera energetica.

S: Sì. Ci sono molte metafore per questo fenomeno nelle lingue terrene. "Attraversare il Giordano", "passare attraverso il velo" o "passare oltre"; ognuna di queste metafore si riferisce a questa parte dell'esperienza. Sto cercando di usare termini che penso vi siano familiari. La metafora di "spogliarsi dei vecchi abiti per prenderne di nuovi" si riferisce al vostro cordone energetica che viene dissolto dalla barriera ed entra in un nuovo livello di esistenza.

D: Quindi vedono degli ambienti o delle scene in quel momento?

S: Quando attraversano la barriera, tutto ciò che vedono è energia luminosa. E si sentono come se venissero purificati perché l'energia sta regolando le loro vibrazioni spirituali per renderle compatibili con il livello che hanno raggiunto. Questo corrisponde alla metafora di "essere lavati nel Giordano" corrispondente al trapasso. Una volta arrivati dall'altra parte, all'inizio, durante il loro periodo di adattamento, possono vedere scene che assomigliano a cose che ricordano o che hanno immaginato sul piano fisico, ma queste sono molto più belle e perfette di quanto potessero immaginare. Poi, man mano che si adattano, si rendono conto che queste sono davvero costruzioni della loro mente e cominciano a vedere il livello in cui si trovano e come è realmente. Ma è una transizione molto dolce perché è guidata unicamente da ciò per cui le loro menti sono pronte. Le loro menti costruiscono queste visioni che vedono finché non sono pronti a vedere le cose come sono veramente.

D: *Come sono veramente?*

S: Dipende dal livello in cui ti trovi. È difficile descrivere come sono veramente le cose perché le leggi della fisica non si applicano qui come sul piano fisico. Per esempio, di solito quando ci si immagina di essere da qualche parte, ci si immagina su un pianeta con un particolare ambiente. Ma sul piano spirituale questo non sarà necessariamente vero. Potresti essere in un particolare tipo di campo energetico con varie proprietà. E vari eventi potrebbero avere luogo a causa della vostra interazione con questo campo energetico e con gli altri che si trovano in questo campo energetico. Dunque dipende da quale sia il piano e quindi è difficile da descrivere. A volte vedrete delle analogie visive per aiutarvi a fare delle connessioni con ciò che state vedendo rispetto a ciò che avete già sperimentato.

D: *Devi tornare al tuo consiglio? Non ti sto interrompendo, vero?*

S: No, niente affatto. Perché ogni volta che quelli di noi del consiglio e di questo piano sono contattati da spiriti comprensivi sul vostro piano, fa parte del nostro karma aiutare offrendo le risposte più chiare che siamo in grado di dare. Fa parte del tuo karma e questo, il tuo karma soggettivo, è di aiutare a portare più conoscenza dei piani superiori nel vostro piano per aiutare altri spiriti in generale a progredire nel loro karma. Fa tutto parte dello schema.

D: *Ecco perché devo cercare di scrivere in parole che la gente possa capire, perché è molto complicato. È molto importante che io lo presenti in un modo comprensibile, ma questo è difficile.*

S: Questo è uno dei motivi per cui mi è stato dato questo incarico di presentare metafore. Gli spiriti superiori mi dicono che sono brava ad articolare metafore che possono essere comprese dalle persone sul piano fisico, per aiutarle ad immaginare cose che sono inimmaginabili.

D: *Sì, ho bisogno di metafore e analogie. Mi rendono più facile afferrare questi concetti. Altrimenti andrebbe tutto oltre la mia testa. Accolgo sempre volentieri qualsiasi informazione che mi potete dare, perché non so mai in che direzione stiamo andando. Tutte le informazioni sono importanti.*

S: Queste domande che pensi di fare da sola; sono in realtà suggerimenti della tua guida sulle cose da chiedere. Continua a restare in contatto con la tua parte creativa e resta aperta a queste domande che ti vengono in mente apparentemente dal nulla, segui queste diverse domande. E da questo lato, io e altri continueremo a cercare di presentarti queste informazioni in modo comprensibile per te e per altri sul piano fisico.

D: *Pensiamo che sia ora che la gente sappia queste cose.*

S: Sì, lo è. La tua guida ti ha presentato questo pensiero. Perché siamo noi quelli che dicono quando le persone sono pronte ad imparare di più su queste cose.

Mi è stato detto che oltre ai consigli generali, ci sono anche numerosi livelli di consigli al di sopra di essi. Non so se c'è un limite, poiché mi è stato detto di consigli universali che gestiscono interi universi e anche consigli a livello del Creatore. Quelli a quel livello sono considerati co-creatori con Dio e lavorano alla creazione di nuovi universi o qualsiasi cosa sia necessaria, ad infinitum.

Penso che sia impossibile aspettarsi che le nostre menti mortali afferrino o capiscano anche solo una parte di ciò che è veramente tutto questo. Ma è affascinante rendersi conto che c'è più di quanto abbiamo mai sognato possibile.

Capitolo 14

Imprinting (Impronte)

L'IDEA RADICALE dell'imprinting emerse per caso mentre stavo facendo una domanda casuale ad un soggetto maschio.

D: Hai vissuto molte vite su questo pianeta Terra?
S: Questa è la mia prima vita fisica, la mia prima vera incarnazione su questo pianeta. Ho ricevuto imprints (impronte) da molti altri e ho assistito molti altri. Tuttavia, questa è la mia prima vera incarnazione fisica sulla Terra.

Cosa voleva dire? Questo mi stava confondendo, perché quando iniziammo a lavorare insieme, toccammo circa altre quattro vite che avevano sicuramente avuto luogo su questo pianeta. Cosa era successo durante quelle sessioni precedenti?

D: Quindi le altre di cui abbiamo parlato non erano reali?
S: Erano impronte e assistenze, non erano vere incarnazioni fisiche.

Ho avuto molte rivelazioni sorprendenti durante la mia non ortodossa ricerca della conoscenza, ma questa mi ha davvero sconvolto. Non avevo mai sentito parlare di imprinting (impronte). Nel mio lavoro con le regressioni, o hai vissuto una vita o non l'hai vissuta. L'unica altra alternativa è che il soggetto stesse fantasticando o immaginando il tutto. Mi sono sempre vantata di saper riconoscere la differenza. Di tutto ciò che ho letto riguardo alle possibili spiegazioni dei ricordi di altre vite, non avevo mai sentito parlare di qualcosa chiamato "imprinting". Ero confusa. Se una vita non viene considerata una vera incarnazione fisica, come avrei mai potuto sapere con cosa avevo a che fare?

D: Vorresti dire che quando alcune anime entrano in una vita, piuttosto che aver vissuto queste esatte esperienze di vita passata, prendono...
S: Possono prelevare informazioni dai registri Akashic, imprimere queste informazioni nella loro anima e queste diventeranno la loro esperienza.

Altri ricercatori hanno detto che i registri Akashic non contengono alcuna menzione del tempo, solo la registrazione degli eventi, delle emozioni e delle lezioni apprese.

D: Bene... Puoi dirmi come posso capire la differenza quando faccio un lavoro come questo?
S: No, perché nemmeno io riesco a vedere la differenza. Se sono in un imprinting (impronta), quell'imprinting è reale come se l'avessi realmente vissuto. Tutte le emozioni, i ricordi, i sentimenti, praticamente tutto di quella vita è in quell'imprint (impronta). Quindi, dal mio punto di vista, non sarei in grado di distinguere perché sarei completamente assorbito dall'esperienza. Questa è l'intero concetto dietro all'imprinting. E' la capacità di vivere migliaia, centinaia di migliaia di anni su un pianeta e in realtà non esserci mai stato prima.
D: Ma a che scopo?
S: Se uno non ha mai sperimentato una vita sulla Terra prima, o se forse è passato molto tempo dall'ultima incarnazione, non avrebbe nessun punto di riferimento, niente a cui connettersi o con cui relazionarsi. Se uno arrivasse su questo pianeta senza l'aiuto degli imprinting, sarebbe completamente perso. Non si capirebbero i costumi, le religioni, la politica, o come agire in ambito sociale. Questa è la necessità dell'imprinting, se non c'è una precedente esperienza terrena dell'esistenza umana nel loro subconscio. Affinché questa persona si senta a suo agio, ci deve essere qualcosa a cui attingere e confrontare le esperienze quotidiane che si incontrano. Perché se non fosse così, la sensazione di totale disarmonia sarebbe virtualmente presente ogni singolo giorno,

fino a quando non arriva il momento in cui si può guardare indietro e vedere una parvenza di storia. Cioè, nell'ultima parte della vita. Tuttavia, la confusione e la disarmonia derivanti dall'esperienza di questo disagio, negherebbe qualsiasi apprendimento, perché ci sarebbe sempre questa disarmonia, attraverso la quale tutto l'apprendimento verrebbe filtrato. Tutto l'apprendimento sarebbe macchiato da questa disarmonia e non porterebbe, in effetti, ad alcun apprendimento. Quindi ci deve essere questo imprinting per permettere al veicolo di sentirsi a suo agio nel suo nuovo ambiente e in quelle esperienze che gli sarebbero altrimenti, totalmente estranee. Perché anche cose semplici come un litigio, diventerebbero così terrificanti per il veicolo da renderlo totalmente inutile. Questi innocenti non hanno esperienza della rabbia o della paura come la conoscete voi. Li renderebbe incapaci. Li paralizzerebbe. Sarebbero totalmente traumatizzati.

Molte persone credono che tutto questo sia comunque condizionato dall'ambiente. Che la mente di un bambino è totalmente fresca e tutte le informazioni vengano apprese e assorbite mentre cresce e vive la sua vita. A quanto pare ci affidiamo ai nostri ricordi subconsci più di quanto non ci rendiamo conto. Sembra essere come una banca dati da cui costantemente attingiamo nella nostra vita quotidiana. Secondo questa nuova idea, uno spirito che arriva per la prima volta in un corpo terreno e affronta una strana nuova cultura deve avere qualcosa nei suoi ricordi passati per orientarsi e dargli qualcosa con cui relazionarsi. Tutta questa idea fu imprevista per me e apri' un modo completamente nuovo di pensare. Riusci' a cambiare tutta la mia visione della reincarnazione.

D: Ma c'è un modo, quando lavoro con le persone, per capire se stanno ricordando e rivivendo una vita reale o un imprint (impronta)?
S: Ti chiediamo perché vorresti saperlo?
D: Beh, probabilmente è per aiutarmi a provare qualsiasi cosa io stia cercando di dimostrare.

Risi interiormente, perché si riduceva tutto a: Cosa sto comunque cercando di dimostrare? Sembrava che mi leggesse nel pensiero.

S: E cosa stai cercando di dimostrare?

Scossi la testa e risi sconcertato. "Questa è una ottima domanda".

S: Tra poco dimostreremo che risponderai alla tua stessa domanda.
D: Beh, sto cercando di dimostrare la realtà della reincarnazione, perché molte persone non credono in questo concetto. Facendo ricordare a qualcuno una vita passata ed essendo in grado di provare che quella persona è esistita in quel periodo, sto cercando di verificare queste cose. Ma se qualcuno ricordasse un imprint (impronta), come sarei in grado di verificarlo?
S: Questo è corretto, perché l'esperienza è stata effettivamente vissuta, anche se non è stata vissuta dal veicolo con cui stai parlando attualmente. Tuttavia, tutte le informazioni sarebbero le stesse, come se tu avessi effettivamente parlato con l'anima stessa che era in quel veicolo in quel momento. Gli imprint (impronte) diventano in realtà una parte di quell'anima e sono così portati avanti da quell'anima.
D: Sarebbe questa una spiegazione per la teoria che a volte più di una persona sembra aver vissuto la stessa vita precedente? Per esempio, diverse Cleopatra, diversi Napoleoni. Nell'imprinting bisogna prenderebbe in considerazione anche questo?

A me non è mai successo, ma è uno degli argomenti presentati dagli scettici.

S: Assolutamente. Perché non c'è... (fece fatica a trovare la parola giusta) diritto di proprietà su questi imprint (impronte). Sono aperte a tutti. E così diventa inutile cercare di individuare chi fosse effettivamente quella persona, perché non ha senso.
D: Questo è uno degli argomenti che la gente ha contro la reincarnazione. Dicono che se si trovano molte persone con le stesse vite, allora non può essere vero.

S: Sono solo sforzati ad ampliare il loro campo di conoscenza. Ricevono dei fatti che contraddicono le loro miopi credenze e sono così sfidati ad espandere la loro consapevolezza.
D: *Quindi non importa se qualcuno era la vera Cleopatra o chiunque altro. Abbiamo comunque accesso alle informazioni sulla loro vita.*
S: Si può verificare altrettanto facilmente con l'anima reale o con una delle molte centinaia di altre anime che sperimentano la stessa impronta. Non fa alcuna differenza.
D: *Ma persone diverse potrebbero forse percepire l'impronta in modo diverso? Se si interrogasse una persona che ha avuto la vita di Cleopatra e un'altra che dichiara d'aver avuto la stessa vita, i loro concetti sarebbe forse diversi?*
S: Un'ottima domanda. Diremmo che l'esperienza umana è come un filtro che macchia le percezioni che la attraversano. Così, se un'esperienza in quell'incarnazione di Cleopatra fosse ritenuta discutibile, per la coscienza della persona che la sta riferendo, allora verrebbe cancellata o cambiata per presentarla in modo tale da non causare lo sconvolgimento di quell'entità.

Questo suona come un auto-programmazione. Questo potrebbe quindi giustficare gli errori che a volte si verificano? Non sarebbe simile al modo in cui la gente capisce e usa la ricerca per i propri scopi e per dimostrare i propri punti di vista?

D: *Sarebbe comunque vero, sarebbe solo un modo diverso di vedere la cosa.*
S: Esattamente. Verrebbe presentato nel modo più accurato possibile, ma anche in quello più comodo.
D: *Questo potrebbe spiegare anche la questione delle vite parallele, due vite che apparentemente avvengono nello stesso momento o che si sovrappongono?*
S: Sì, è così che nasce il paradosso o la contraddizione delle vite parallele. Si tratta semplicemente di acquisire esperienze della società, delle leggi, dei regolamenti, dei costumi, per svolgere efficacemente la propria incarnazione.
D: *Allora non ha molta importanza se può essere dimostrato o meno, vero?*

S: Esattamente. Qual è il punto? Si potrebbe andare avanti per millenni a ricercare le proprie "vite passate" e in questo senso sarebbe totalmente inutile. Tuttavia, c'è molto da imparare da questi imprint. Non solo da un punto di vista personale per il destinatario, ma anche per coloro che leggono e sentono parlare di tutto questo. Molta conoscenza può essere condivisa quindi sono molto utili per tutti.

D: *Rivivendo le vite passate, alcune persone ricevono molti benefici nella loro vita personale, come la comprensione delle loro relazioni personali con gli altri.*

S: Sì, questo è vero.

D: *Come si decide quali imprint (impronte) riceverai o qualcun altro avrà? Certi imprint sono scelti per certi individui?*

S: L'impronta è determinata a seconda degli obiettivi d i quell'incarnazione. Se uno dovesse diventare un leader, un presidente, per esempio, potrebbe avere impronte di vari livelli di leader, dai leader tribali in su, fino ai leader presidenziali del passato, forse un sindaco, forse un leader di ladri. Se l'enfasi fosse sul dirigere, si potrebbero usare molti imprint (impronte) di natura dirigenziale, in modo che l'entità abbia familiarità con l'aspetto o l'idea di quale sia il lavoro di dirigere. C'è anche il secondario e persino terziario vantaggio di imparare l'umiltà, la pazienza, il divertimento e l'intrattenimento. Tutte le moltitudini di esperienze sono in questi imprinting. Il metodo dell'imprinting non mi è chiaro. L'effetto è quello di sperimentare più vite, forse simultaneamente, forse in serie. Ma l'effetto è quello di imparare lezioni dalle esperienze di altre persone. Le lezioni sono condivise. Le esperienze che ognuno di noi sta facendo ora, in questa vita, saranno disponibili alla fine di questa vita per essere impresse ed utilizzate da chiunque ne abbia bisogno. È semplicemente come prendere a prestito dei libri da una biblioteca, se volete considerare ogni vita come un libro, leggerlo e comprenderlo all'istante.

D: *Allora stai dicendo che l'energia della vita è come immagazzinata in un libro e posta in una biblioteca ed è disponibile per essere impressa nelle vite di altre persone se desiderano usare quelle informazioni?*

S: Esattamente. Non c'è alcuna limitazione di quanti possano usare una particolare vita. Migliaia di persone potrebbero avere l'imprint (impressione) della stessa esperienza simultaneamente.

D: *Quindi sarebbe possibile per me regredire più di una persona ad una specifica vita, se solo l'imprint (impronta) fosse disponibile per entrambi gli individui.*

S: Esattamente. Gli imprint (le impressioni) sono scelti prima dell'incarnazione. C'è un metodo che è troppo complesso da capire. Ma si può dire che c'è un computer, un computer centrale che ha accesso a tutte le vite, ogni vita precedente. Così l'informazione di ciò che ci si aspetta da questa vita viene inserita e le impronte appropriate vengono poi selezionate e sovrapposte. C'è una gerarchia di spiriti il cui compito è fare questo. C'è un consiglio che sovrintende a questo processo. Loro assistono l'anima. Questo computer o consiglio riceve tutte le informazioni riguardanti la missione e le esperienze passate dei veicoli da cui attingere. E così c'è la scelta tra la vita precedente che è stata depositata nei registri e la corrispondenza tra ciò che è pertinente e l'esperienza che sta per iniziare. Tutta la memoria, tutti i pensieri, tutti i sensi, tutto ciò che avrebbe una vita realmente esistente, è lì intatto. È un ologramma, un riassunto tridimensionale di quella vita. Tutte le esperienze, i ricordi, le emozioni sono impressi in quell'anima e diventano parte di quell'anima. Queste informazioni sono poi trasportate dopo la fine dell'incarnazione e sono un dono dell'aver vissuto in questo regno d'esistenza e quindi diventano parte dei registri permanenti di quell'anima.

D: *Non sarebbe corretto dire che l'imprint (impronta) è come uno schema? Sarebbe un'altra parola utilizzabile? Si scelgono questi modelli e li si usa per provare a modellare la propria vita?*

S: Si potrebbe usarla.

D: *Ho appena avuto un'idea interessante. È un po' come fare ricerche in una biblioteca, no?*

S: Sì. Ti vengono dati libri su molti argomenti e con quella conoscenza in mano vai avanti.

D: *Però quando una persona vive veramente una vita, guadagna molto dall'esperienza quotidiana di viverla. Otterrebbe lo stesso valore, per così dire, dall'imprint (impronta)?*

S: Tu parli da un punto di vista karmico e noi diremmo che questo non è corretto. Perché l'imprint (impronta) dà semplicemente un riferimento da cui attingere. Non aiuta ad eliminare alcun karma. È semplicemente uno strumento in più con cui lavorare per eliminare il karma. Se tutti ricevessero l'imprint (delle impressioni), ci sarebbe una situazione di stallo in cui nessuno sperimenterebbe una vera vita. E non ci sarebbe nulla, alla fine, di relativo da cui prendere l'imprint (l'impronta). Quindi c'è o devono esserci vite reali, che vengono vissute e con le quali aumentare questa libreria dei registri.

D: *Sicuramente, dopo un po', l'anima preferirebbe le scorciatoie all'esperienza reale,*

S: Per alcune anime è appropriato prendere le scorciatoie, per altre no. Questo veicolo sta vivendo ora una vita per cui è appropriato. Si potrebbe dire che avrebbe potuto semplicemente aspettare che qualcun altro avesse vissuto un'incarnazione in questo momento e poi potrebbe ricevere quell'imprint (impronta), no? Tuttavia, non avrebbe appreso l'effettiva esperienza. Il libero arbitrio dell'anima è qui, nel senso che l'imprint (impronta) è prodotta dal libero arbitrio dell'anima e non dal libero arbitrio di qualcun altro. Tutte le informazioni relative sono presenti in questo computer e le incarnazioni appropriate sono poi presentate per l'imprinting. Gli imprint (le impressioni) sono disponibili da questa fonte, ma l'individuo prende la decisione finale. L'anima ha il potere di rifiutare, se trova un imprinting (impronta) a lui non accettabile, per qualsiasi motivo. Se decide semplicemente di usare la sua autorità per dire: "Quella preferisco non averla", allora così sia.

D: *Questo mi crea un po' di confusione. Allora stai dicendo che non esiste la reincarnazione come la conosciamo noi?*

S: Lasciami dire che esiste la progressione da corpo a corpo. Ci sono anche gli imprint (le impronte). Qualcuno, in realtà, può aver vissuto cinque vite, eppure ne ha l'esperienza di cinquecento. È una combinazione di effetti.

D: *In altre parole, sono informazioni che hai dalla nascita e che utilizzi durante la tua vita.*

S: Gli imprinting sono completi al momento della nascita. Ma quando è necessario, sono disponibili anche impronte extra. Questo sarebbe simile a fare i bagagli per un viaggio e scoprire durante il viaggio che si è dimenticato qualcosa. E così, ci sono negozi lungo la strada. Sai cosa sono le sovrapposizioni di mappe? Per esempio, potresti avere i confini fisici degli Stati Uniti senza i confini politici, come gli stati o le contee. Ma queste mappe sarebbero su lucidi. Ogni lucido viene poi posato in successione e si ottiene un quadro completo. Questa potrebbe essere un'analogia degli imprint (impronte). Gli imprint (le impronte) possono essere sovrapposte in molti modi diversi, uno dei quali sono i sogni o un'esperienza fisica di qualche tipo. Potrebbe essere un'esperienza traumatica, come una morte in famiglia o la perdita del lavoro o qualsiasi momento in cui si è aperti dall'interno da qualche esperienza. Che sia gioiosa, dolorosa o in qualsiasi altra emozione nel mezzo, qui l'apertura di se stessi è la chiave. E l'imprint (impronta) necessaria si inserirà perfettamente, senza che l'entità se ne accorga. Ma il fatto è che si può anche vivere molte vite, senza mai avere un'imprint (impronta). Gli imprint (le impronte) sono semplicemente degli aiuti. Non sono necessari per tutti.

D: *Mi è appena venuta un'idea: la vita di Gesù è disponibile per essere impressa su una persona qualsiasi?*

S: La Sua vita è disponibile ed è stata utilizzata nel corso della storia. Si tratta di una vita estremamente eccezionale che è stata resa disponibile. Quella vita incarna tutti gli ideali a cui l'umanità aspira.

D: *Questi sarebbero i principi della vita di Gesù, è questo che intendi?*

S: Esattamente.

D: *Allora sarebbe molto ammirevole essere impressi da quella vita.*

S: Sarebbe molto utile. Sarebbe correlata come un amico ad un amico, nei piani interiori di questa vita. L'esperienza potrebbe anche essere sovrapposta ad una persona. In molti che sono incarnati ora hanno questa impronta. Gesù è venuto come fondamento per questa attuale evoluzione, per imprimere questa particolare vita al fine della guarigione di questo pianeta. Questo è ciò che viene chiamato "Coscienza Cristica". E ogni persona che cammina su questo sentiero, come amico dell'amico o come guaritore, proprio come era Gesù, ha quest'imprint (impronta). E sono in grado di invocare quest'imprint (impronta) quando hanno raggiunto un certo stato di coscienza nel loro sviluppo.

D: Mi stavo chiedendo se questa esperienza è correlata a ciò che i cristiani chiamano: "nascere di nuovo" e l'intero cambiamento della vita della persona? Sarebbe quello che succede se assumono l'imprint (impronta) del Cristo?

S: È un risveglio a questo imprint (impronta), ed viene percepito come "nascere di nuovo". Molti lo descrivono come se il Cristo fosse entrato nella loro vita, quando in realtà Lui è sempre stato lì. Sarebbe come trovare un gioiello nell'armadio.

D: In questo modo la loro vita cambia quando si risvegliano a questo imprint?

S: Questo è sicuramente corretto.

D: Quando c'è un vero cambiamento, avviene anche un cambiamento nel loro livello di coscienza in modo che operino secondo la coscienza di Cristo?

S: Operano con la Coscienza Cristica attraverso i loro piani interiori. Lo Spirito Cristico viene poi portato nella fiamma eterna, all'interno del cuore e si fa strada come amore incondizionato.

D: Allora questa è un'esperienza reale; fatta da molte persone religiose.

S: Certamente. È un'esperienza molto profonda, certa proprio come una luce che si accende nell'oscurità.

D: Ho sempre pensato che ci sarebbe stato un modo per correlare il lavoro che sto facendo con queste esperienze che i cristiani hanno avuto, e dimostrare che non c'è davvero alcun conflitto.

S: Semplicemente sono coinvolte le terminologie. Molti conflitti sono creati da discussioni su come chiamare queste esperienze. È semplicemente una questione di semantica o di etichetta, e il modo in cui le persone sono attratte dal proprio orientamento religioso. Ognuno farà l'esperienza e la chiamerà in un altro modo e qui nascerà la discussione. Ogni persona è attaccata al suo concetto o percezione credendolo quello più corretto. Si deve fare molto lavoro per assicurare a queste persone che le loro credenze sono valide, anche senza la loro etichettatura. Perché l'etichettatura diventa una stampella, così possono aggrapparsi a ciò che non si vede. Allora l'etichettatura diventa più importante di ciò che è etichettato.

D: Queste esperienze sono uniche della religione Cristiana?

S: Ci sono esperienze simili in tutta l'umanità fin dagli inizi e continueranno per tutta l'esistenza dell'umanità. È in tutti gli aspetti religiosi e nell'evoluzione di tutte le culture. Come ho detto, migliaia di persone potrebbero imprimere la stessa esperienza simultaneamente. Il corpo incarnato di Gesù non fu l'unica incarnazione su questo pianeta della coscienza Cristica. Questo pianeta ha avuto molti di coloro che hanno incarnato questi concetti, come Gautama (Buddha), Maometto, Mosè, Elia, ecc.

D: *Penso che si riduca tutto a: "la verità è la verità", non importa come si voglia chiamarla.*

S: Esattamente.

D: *Questo aiuta a spiegare che in realtà non ci sono tante differenze quante le persone pensano che ci siano.*

S: C'è solo tanta etichettatura e le controversie associate a queste etichette. Lo sforzo deve essere diretto a mostrare alla gente cosa c'è sotto alle etichette e ad accettarle per ciò che sono.

Capitolo 15

Walk-ins

QUESTA ESPERIENZA CON UN WALK-IN è avvenuta con una spontaneità totalmente inaspettata. Sarebbe comunque impossibile prevedere una cosa del genere. La maggior parte dei miei soggetti, quando vengono portati attraverso l'esperienza della nascita, rivivono l'arrivo in questa vita in modo convenzionale. Così non ero preparata a questo modo radicalmente diverso di entrare nel corpo fisico.

Il soggetto di questa seduta era una ragazza che aveva raccontato la storia della sua nascita in questa vita attuale. Disse che era nata morta durante un parto in casa. Il medico aveva provato, ma non era riuscito a fare nulla per lei, così aveva messo da parte il suo corpo immobile per occuparsi di sua madre. È stato solo grazie all'intervento della zia che lei era ancora viva. Anche se il medico aveva detto loro che fosse inutile provare, la zia aveva lavorato sul corpo senza vita della neonata per diversi lunghi minuti fino a quando, finalmente, non si sentì un debole gemito. Questa giovane donna aveva sentito questa storia per tutta la vita. La famiglia credeva pienamente che se non fosse stato per la perseveranza della zia, lei non sarebbe qui oggi.

Volevo farle attraversare nuovamente l'esperienza della nascita per vedere cosa fosse realmente accaduto. Molti soggetti hanno tratto grande beneficio da regressioni come questa. In particolare hanno ricevuto una maggiore comprensione dei sentimenti e degli atteggiamenti dei membri più stretti della loro famiglia, perché è stato dimostrato che un'entità è pienamente consapevole di tutto ciò che accade durante la gravidanza e prima della nascita.

Ho regredito abbastanza soggetti attraverso le loro esperienze di nascita per essere sicura che questa giovane donna non era nemmeno nel corpo del bambino in quel momento, ma aveva ritardato l'entrata per qualche motivo. Forse stava ancora conversando con insegnanti e maestri a scuola, sull'altro piano e non aveva quasi fatto in tempo ad entrare. Forse stava avendo dei ripensamenti sull'entrare in questa vita e gli insegnanti hanno dovuto persuaderla. Spesso l'entità cerca di assumere troppo karma da elaborare mentre pianifica il proprio programma in questa classe terrena. Cominciano a chiedersi se stanno assumendo un carico troppo pesante. È molto simile ad iscriversi all'Università. Spesso ci sono corsi obbligatori, molto più difficili dei corsi extra-curriculum. Spesso uno studente si rende conto che sta assumendo più di quanto possa comodamente gestire. Questo è simile a quando si entra in una vita. Sembra sempre più facile durante la fase di pianificazione. Ma spesso i piani sono andati troppo oltre, con relazioni karmiche già organizzate, ecc., ed è troppo tardi tirarsi indietro per l'entità.

Con il mio lavoro ho scoperto almeno due modi principali in cui un'entità può nascere. Possono entrare nel corpo mentre è ancora nel grembo materno e passare attraverso la nascita vera e propria, se desiderano fare questa esperienza. Possono anche rimanere fuori dal corpo del neonato ma in prossimità della madre e semplicemente guardare. Hanno la libertà durante questo periodo di andare avanti e indietro nei piani dello spirito, poiché non sono ancora totalmente legati nascituro. Il requisito principale, indipendentemente dal modo in cui scelgono di farlo, è che entrino nel corpo del neonato al primo respiro. Se non lo fanno, possono provocare la morte del feto.

A causa delle circostanze della sua nascita, invece di chiederle di andare al momento della nascita, le ho chiesto di andare al momento in cui è entrata per la prima volta in questo corpo fisico a cui stavo parlando. Forse sono state queste esatte parole ad attivare l'incidente. Iniziai a contare a ritroso e poi le ho chiesto cosa stesse facendo.

S: Sto osservando.

Non ero sorpresa perché sapevo che non sarebbe stata nel corpo del bambino.

D: Dove sei?

S: Ai piedi del letto. (Un respiro profondo) Mi sto preparando ad entrare nel corpo permanentemente. Fino a questo punto è stato solo per... brevi periodi.
D: *Intendi il corpo del bambino?*
S: No. Non è il corpo di un bambino. È il corpo di un adulto.

Questo fu uno shock e mi colse totalmente impreparata. Cosa voleva dire?

D: *Vorresti dire che non stai entrando nel corpo di un bambino appena nato?*
S: No.
D: *Non è una cosa normale, vero?*
S: No, ma sta diventando più normale di quanto molte persone sarebbero portate a credere.
D: *Hai detto che sei entrata in questo corpo solo per brevi periodi fino a questo momento? Cosa intendevi dire?*
S: C'è stato uno scambio di anime. Un periodo di prova, per così dire, per decidere se la rinuncia avrebbe avuto luogo o meno. Per vedere se lei avrebbe accettato o meno, ciò che aveva chiesto.
D: *Questo lo aveva richiesto lei?*
S: Sì. E' qualcosa che è avevo desiderato e l'altra entità sentiva che il suo tempo era arrivato.

Avevo difficoltà ad accettare tutto questo. Sembrava molto simile al fenomeno noto come: "walk-in". Questo è un termine che ebbe origine negli scritti di Ruth Montgomery e successivamente diventato d'uso comune. In termini generici, significa uno spirito che "cammina dentro" (entra) in un corpo vivente, invece di nascere come un bambino. Avevo incontrato questo fenomeno solo una volta in passato durante le mie session d'ipnosi regressiva. Quell'esperienza riguardava un'entità che entrato' nel corpo di un bambino molto malato. Quando l'anima occupante volle uscire ebbe luogo uno scambio d'anime. Quell'esperienza ebbe luogo durante una seduta condotta negli anni '60, molto prima che il termine "walk-in" fosse coniato. (Riportata nel mio libro "Five Lives Remembered").

D: *Perché? Era successo qualcosa? C'era una ragione per questo evento?*
S: Le decisioni che hanno influenzato quella vita. Pensava che sarebbe stata in grado di gestire i problemi che si era proposta di affrontare, ma quando ha scoperto che erano troppo forti, ha chiesto di essere riportata a casa.
D: *Per piacere, puoi spiegare cosa intendi?*
S: (Fece un respiro profondo) Non aveva la forza che pensava d'avere; perciò chiese d'essere sollevata dalla situazione.
D: *Questo non sarebbe successo con la morte del corpo?*
S: Sì, però perché far morire il corpo, quando un altro potrebbe prendere il suo posto e fare molto meglio. È stata l'anima a decidere di non poter affrontare il karma che aveva scelto di affrontare, e ha preferito lasciare il corpo. Questo corpo... non era il momento di lasciarlo morire. Deve continuare. In questi casi, il corpo viene lasciato in funzione affinché un'altra anima possa entrarvi.
D: *E fare una cosa del genere non riceve alcuna disapprovazione?*
S: Verrebbe disapprovato se prendesse la vita del corpo fisico.
D: *Vuoi dire come il suicidio?*
S: Sì. Ma nel cederlo semplicemente ad un altro che farebbe del bene, non c'è danno e non c'è nessun giudizio negativo verso questa entità. E' uno scambio che si fa con l'accordo di entrambe le parti.

Credo che una cosa che mi stesse confondendo era l'impressione che fosse simile alla possessione. Ultimamente ci sono stati così tanti film come l'Esorcista, che l'idea mi spaventava.

S: Non c'è nessun tipo di somiglianza. Una possessione è quando uno spirito deviato ne controlla un altro. In una situazione di "walk-in" non c'è alcun controllo. C'è solo un'entità in quel corpo. L'unico modo in cui quell'entità possa entrare in quel corpo è che l'altra lo abbandoni volontariamente. C'è un permesso totale. Con una possessione, è esattamente quello: una possessione senza diritto.
D: *Dove viene deciso tutto questo? Dove viene elaborato?*
S: Dalla parte dello spirito. Ne discutiamo con i maestri e poi vengono prese le decisioni.

Mi chiedevo se la personalità fisica avesse qualcosa da dire al riguardo. Questa ragazza certamente non era cosciente di una decisione di quella portata.

D: *Va da qualche parte in momenti diversi per discuterne?*
S: Sì, quando è in uno stato che appare come sonno agli altri, lei viaggia.

Questo era un pensiero inquietante per me. Pensare che come esseri umani coscienti, abbiamo così poco da dire su ciò che succede nella nostra vita. È come se la nostra coscienza non fosse che una sottile patina che copre un interno estremamente complicato.

D: *La discussione va avanti da un bel po'?*
S: Da circa due mesi.
D: *Quanti anni ha questo corpo fisico in cui stai per entrare?*
S: Ventuno.

Ventuno? Questo fu un altro shock. Avevo incontrato questa ragazza poco dopo il suo ventiduesimo compleanno. Ciò significa che questo scambio era avvenuto poco prima che io la conoscessi. Eppure non sembrava diversa da tutti gli altri con cui venivo a contatto quotidianamente.

D: *È rimasta con quel corpo per molto tempo.*
S: Sì. C'erano molte cose che sono state rimosse. C'era semplicemente troppo karma che era stato accettato e che non poteva essere portato a termine.

Era questa la ragione del suo ritardo nell'entrare originariamente nel corpo fisico alla nascita? Stava avendo dei ripensamenti sulla sua capacità di portare a termine tutti i compiti che si era data? Aveva già avuto molti problemi nella sua giovane vita e, a quanto pare, li aveva affrontati e risolti in modo ammirevole. Aveva davvero vissuto la sua vita con riluttanza e aveva raggiunto i 21 anni solo grazie alla perseveranza?

Questo significa che non c'è modo di conoscere veramente una persona? Forse significa che non potremo mai veramente conoscere noi stessi? Questa situazione mi colpi' profondamente per la prima volta: la separatezza delle diverse parti di un essere umano e quanto poco controllo abbiamo veramente su queste altre parti di noi stessi.

D: Chi ha preso la decisione su chi sarebbe entrato nel corpo?
S: I maestri decisero che c'era abbastanza somiglianza tra le due entità, che il cambiamento non sarebbe stato molto evidente.
D: Conoscevi l'altra entità?
S: Più in alto? Sì. Abbiamo anche condiviso altre vite insieme.
D: Hai detto che questo evento sta diventando più frequente. Perché? Forse le pressioni di vivere sulla Terra stanno diventando troppo grandi?
S: Sì. Più il fatto che coloro che stanno entrando non sono passati attraverso il trauma dell'infanzia o della nascita e sono più aperti alle influenze di questo lato. Attualmente e in futuro c'è un grande bisogno di questa apertura. Queste sono persone che guideranno gli altri nei tempi a venire. Una delle ragioni del fenomeno dei walking-in è la carenza di tempo e di veicoli. Ci devono essere coloro che hanno un orecchio aperto, per così dire, verso l'altro lato. E quale modo migliore se non d'evitare di dover passare attraverso il parto, l'infanzia e dimenticare tutti i ricordi passati? Perciò attraverso di loro si può fare molto bene. L'energia che portiamo con noi entrando come "walk-in" influenza anche chi ci circonda, in molti modi che non sempre si notano in superficie. Si sta facendo molto lavoro importante.

Dal lavoro che ho fatto con le regressioni, ho sviluppato una teoria riguardo ai bambini e i ricordi delle vite passate. Quando l'anima entra nel corpo, i ricordi sono ancora molto vicini alla superficie. Deve essere molto frustrante trovarsi improvvisamente intrappolati nel corpo di un bambino incapace di comunicare. Non c'è da meravigliarsi che piangano così tanto. Stanno cercando di trasmettere il pensiero alle persone, che sono davvero un'anima vecchia, intelligente che conosce più di quanto possano immaginare. Durante i primi due anni di vita, lo spirito è così coinvolto ad imparare come far funzionare questo nuovo corpo, ad imparare come comunicare nuovamente, che i ricordi vengono soppressi e messi in secondo piano. I pochi bambini che ancora ricordano e cercano di raccontarlo alla gente, sono di solito criticati o ridicolizzati finché non smettono di provare e si rassegnano ad essere "normali". Credo che se questi bambini fossero incoraggiati, invece d'essere discriminati, imparerebbero ad usare queste capacità a loro vantaggio. I "walk-in", invece, entrano nel corpo senza il trauma della nascita e senza passare anni a cercare di far funzionare il corpo. Così sono molto psichici perché i ricordi e le abilità che si portano dall'altro piano, sono molto sviluppate, fresche e attive.

D: Il corpo fisico nota qualche differenza quando avviene lo scambio?
S: No, la frequenza cardiaca e la respirazione continueranno. In molti casi questo scambio viene fatto sul punto di morte, dove una persona sembrerebbe morire e poi ricominciare. Ma non succede sempre così. Molte volte basta andare a dormire. E quando si svegliano, loro... tu sei quella persona e l'altro non c'è più. Ma tutti i ricordi sono stati assimilati, quindi tu sei quella persona.

D: E il karma dell'altra entità? Lo continui per loro?
S: Sì. Secondo gli accordi presi, devo finire certe cose che l'altra persona aveva stipulato e che devono essere completate.

D: Devi gestire tu il karma dell'altra persona
S: Non tanto il karma, quanto la presenza di cose che quello originale aveva assunto all'inizio del corpo. C'è così tanta interazione con le altre anime che se certi obblighi non fossero portati a termine ci sarebbero troppe ripercussioni su troppe vite. Perciò i patti richiedono che questi obblighi possano essere soddisfatti.

D: Vorresti dire che l'anima entrante conosce tutti gli obblighi che aveva il precedente occupante del corpo? Ed è totalmente consapevole prima di entrare di ciò che ha...
S: (Interrompendo) Sì, quello che devono fare.

D: Così hai i tuoi ricordi e stai assorbendo anche i suoi ricordi?
S: Ho i suoi ricordi di questa vita, ma non di quelle passate.

D: Quindi non hai i registri delle sue altre incarnazioni?
S: No. Solo i miei.

Questo ha aperto un'altra idea intrigante. Questo significa che se l'avessi fatta regredire qualche anno prima, avrei ottenuto i ricordi di vite totalmente diverse da quelle che mi aveva dato durante l'anno in cui ho lavorato con lei? Questo è successo ad altri ricercatori ed è un punto che viene spesso colto da psichiatri e scettici per rinnegare la reincarnazione.

D: *Perché la persona, l'entità fisica, non sa che è successo qualcosa del genere?*
S: A volte sarebbe troppo traumatico saperlo in quel momento. Alcuni "walk-in" passano il resto della loro esistenza senza saperlo. Ma vivono meglio e più felici di prima, facendo molto bene agli altri e per gli altri. Ricordare non è sempre importante. Il bene che fanno lo è.
D: *Stavo pensando, se il corpo fisico a volte non sa nemmeno che è successo qualcosa, significa che il corpo fisico è un'entità separata?*
S: Non è così? Se nasci in un corpo, il corpo continuerebbe per un certo tempo senza che l'anima sia in esso. Perciò c'è separatezza.
D: *Stai facendo riferimento a quando lo spirito va avanti e indietro, quando il corpo è ancora un neonato?*
S: Sì.

Questo era un punto che è stato sollevato durante molte regressioni, che l'anima lascia il corpo del bambino continuamente, per lunghi periodi di tempo, quando il bambino è piccolo. Questo accade spesso mentre il bambino dorme e tutti sanno che i bambini dormono molto. Continua ad accadere finche il bambino ha raggiunto l'età di circa due anni. In questo periodo l'anima di solito conversa con i maestri della scuola e prende decisioni dell'ultimo minuto. Questa è un'altra possibile spiegazione delle morti in culla. L'anima è rimasta lontana troppo a lungo o ha deciso di rinnegare il suo contratto. Così in questo modo il corpo può essere separato e continuare ad esistere per periodi di tempo senza la forza vitale al suo interno. Credo che questo sia ciò che succeda anche alle persone in coma. Il corpo continua a vivere ma l'anima è andata altrove. Questo è il motivo per cui penso che sia sbagliato tenere in vita un corpo clinicamente morto. Quando il corpo è stato lasciato inerte troppo a lungo, ci sono poche probabilità che l'anima scelga di rientrare. Il corpo potrebbe anche essere danneggiato al punto da rendere impossibile il rientro dell'occupante originario o di qualsiasi altra anima. In questi casi il corpo potrebbe essere impossibile da riattivare.

Mentre parlava, la sua voce suonava stanca e le sue risposte cominciavano a smorzarsi. Non aveva più interesse a rispondere o non riusciva a ricordare le risposte alle domande. Avevo già assistito a questo fenomeno di passato, quando l'entità stava entrando nel corpo di un bambino. Quando vengono tagliati fuori dall'altro lato, anche la conoscenza viene tagliata fuori. Non pensavano più in termini spirituali, ma stavano iniziando a rimanere coinvolti nel fisico.

D: *So che ti stai stancando, perché quando entri nel corpo cominci ad assorbire. Adesso sei entrato nel corpo?*
S: Sì.
D: *E il corpo fisico sta dormendo di notte mentre stai entrando?*
S: Sì.
D: *E l'altra entità se n'è andata?*
S: Sì.

Le sue risposte stavano rallentando sempre di più, come se si stesse addormentando.

S: (Dolcemente) È strano sentire di nuovo il cuore. Sentire il corpo.
D: *Avevi intenzione di tornare così presto, o avevi intenzione di rimanere dall'altra parte?*
S: Doveva succedere presto. Preferisco di gran lunga in questo modo. Non ho così tanti problemi da affrontare come durante la crescita. Adesso, c'è molto lavoro da fare. È molto più facile in questo modo.
D: *Bene, allora ti lascio riposare, perché deve essere un bel calvario fare una cosa del genere.*

Per non parlare del calvario che mi aveva appena fatto passare.

Quando a questa giovane donna fu detto, ciò che aveva detto in trance, rimase a dir poco sbalordita. Disse: "No! Non posso crederci." Non si sentiva diversa; sapeva di essere ancora la stessa persona. La sua mente cosciente si ribellava all'idea e aveva la stessa difficoltà che avevo io ad assorbire qualcosa di questa portata. Le dissi che se non voleva accettare l'idea, non doveva farlo. Poteva semplicemente considerare l'informazione come una curiosità interessante. Disse solo che i suoi genitori avevano notato che sembrava diversa, che era cambiata nell'ultimo anno o giù di lì. Ma questo poteva fare semplicemente parte del naturale processo di crescita. Nessuno di noi rimane lo stesso; siamo costantemente in crescita.

Dato che la storia della sua nascita era un fatto ben appurato ed era stato raccontato molte volte nella sua famiglia; ovviamente questa informazione sull'essere una walk-in, era l'ultima cosa che si aspettava venisse fuori durante la regressione.

Successivamente ho ricevuto informazioni molto simili su questo argomento da altri soggetti.

D: Hai mai sentito il termine "walk-in"?
S: Certo.
D: Può spiegarmelo?
S: Come abbiamo detto in passato, ci sono più anime in attesa di incarnarsi che corpi per accoglierle. A volte arriva un momento nella vita di un individuo in cui scopre che veramente non desidera più di restare nel fisico. Ha raggiunto un punto in cui i pesi e le preoccupazioni fisiche hanno trascinato l'anima ad un livello dal quale non può più sostenersi. E così all'individuo viene data la possibilità di passare dall'altra parte. Quindi diviene disponibile l'opportunità per un individuo sul lato dello spirito, di venire e dimorare in quel corpo. Così ci sarebbe uno scambio reciproco di posti, per così dire. Questo è molto vantaggioso per entrambi. Perché potete vedere che l'anima originale riceve sollievo per tornare alla sua vera casa. E all'individuo dalla parte dello spirito viene concesso un veicolo con cui lavorare il karma.
D: Se lo spirito volesse tornare indietro, perché il corpo non potrebbe semplicemente morire?
S: Ci sarebbe la perdita del veicolo: il corpo fisico. E spesso c'è un lasso di tempo che deve essere considerato. Per esempio, supponiamo che l'entità o l'anima originale avesse una relazione da risolvere con sua moglie. La situazione si era sviluppata al punto che il marito riconosce di non poter più continuare in quella condizione, e così gli è permesso tornare nella parte dello spirito. L'entità entrante nel corpo sarebbe stata poi incaricata della responsabilità di lavorare attraverso quel karma con la moglie.

Così, dopo aver completato i vari compiti concordati in precedenza, l'entità entrante può iniziare a lavorare sui propri compiti e karma.

D: *Quindi deve accettare di finire ciò che il veicolo aveva iniziato?*

S: Questo è corretto. Non c'è scambio senza il consenso di entrambe le parti. Cioè, che uno rinunci al karma e che l'altro assuma il karma.

D: *Come si decide chi entrerà in questo corpo che deve ancora essere tenuto in vita?*

S: Si decide nello stesso modo in cui si decide chi entra all'inizio. Dipende da chi ha del karma da risolvere con queste persone. Se si percepisca o meno che sono in grado di gestire ciò che deve essere fatto. E se la persona è abbastanza avanzata da non aver bisogno delle lezioni dell'infanzia, della nascita e da entrare in un'entità con piena memoria.

D: *Questo lo rende più difficile, vero, non perdere quei ricordi alla nascita?*

S: (Enfaticamente) Non si perdono i ricordi alla nascita. I bambini li hanno ancora. Si possono riconoscere in alcuni dei giochi che fanno, che i genitori e gli adulti chiamano "finzione". Noi, adulti, li mettiamo a tacere in molti modi, che lo si voglia o no. Ma i ricordi diventano più silenziosi man mano che si cresce, a causa di queste influenze esterne, più di qualsiasi altra cosa nell'entità.

D: *Pensavo che forse il trauma della nascita e della crescita, l'imparare ad usare il corpo, potrebbe far sfumare i ricordi.*

S: Si, un parte, ma non tutti.

D: *Poi suppongo che, crescendo, se questi ricordi non sono utilizzati, si dimenticano. Sto cominciando a comprendere meglio questo concetto, ma credo che la ragione per cui mi abbia sempre dato fastidio, è che suona molto simile alla possessione spiritica.*

S: Come abbiamo detto, non c'è nessuno scambio senza l'accordo espresso consenziente tra le due anime. Viene concordato in anticipo e spesso viene stabilito un programma tra i due. Un programma ordinato in cui la procedura deve essere completata. E così non è affatto un atto involontario e sconosciuto. È un accordo di collaborazione.

D: *Ma che dire del veicolo cosciente? La persona è consapevole dei cambiamenti avvenuti?*

S: Spesso il veicolo non sa che la proprietà è passata di mano, per così dire. Perché con l'impianto del nuovo spirito, c'è il trasferimento di tutti i ricordi passati della vita di quel veicolo. E così dal punto di vista fisico non c'è nessun apparente cambio di proprietà o di custodia.

D: *Allora il veicolo cosciente non ha nulla da dire al riguardo. In altre parole, non viene consultato.*

S: La coscienza non viene mai interrotta. La subcoscienza cambia di mano, per così dire. Non c'è nessun disagio e nessuna interferenza. A volte, quando è necessario o desiderato, ci sarà la realizzazione e il ricordo dell'effettivo trasferimento. E spesso col tempo c'è la graduale realizzazione ed perfino il ricordo del momento esatto del trasferimento.

D: *Penso che sia questo che mi preoccupa. Sembra che voi abbiate così poco da dire al riguardo.*

S: Non è che non abbiamo niente da dire. Semplicemente abbiamo più cose da dire di quante possano essere ricevute.

Evidentemente non aveva capito la mia osservazione. Mi riferivo al fatto che la persona fisica non aveva niente da dire. Pensava che volessi dire che lui, come comunicatore, non stava fornendo abbastanza informazioni. Questo dimostra come il subconscio interpreta letteralmente le osservazioni che vengono fatte durante lo stato di trance.

S: Semplicemente non sappiamo quali siano le tue domande finché non le fai.

D: *Questo è vero. In passato avete detto che le domande sono importanti quanto le risposte.*

S: Questo è corretto. Ci deve esserci un vuoto, prima che si possa riempire il vuoto.

D: *Quindi non c'è disapprovazione quando un'anima vuole uscire, per così dire, o vuole rinnegare l'accordo?*

S: Non è un rinnegamento; è semplicemente una situazione in cui un'anima si trova. Perché è ben visibile e ben noto da questa parte che non va tutto come previsto. Quindi è semplicemente una situazione che presenta una soluzione ideale. Troviamo beneficio in questo trasferimento perché è abbastanza ammirevole e nobile.

È molto più utile ed efficace che lasciar morire il veicolo, nel quale non si può avere più alcun uso o bontà o lavoro dal corpo.

D: Stavo cercando di capire la differenza tra un walk-in e un suicidio. È diverso perché il suicidio distrugge il corpo?

S: Esattamente.

D: È questo che viene disapprovato?

S: Esattamente. Non semplicemente perché il corpo è morto senza che qualcuno lo riempisse. C'è la rottura dell'armonia dell'anima a causa di questo. È un atto inaccettabile.

D: Allora quel corpo aveva delle cose da compiere ma l'ordine di diverse cose viene interrotto?

S: Questo è corretto.

D: In circostanze normali, può dirmi a che punto o in quale momento del progresso dello sviluppo fisico umano l'anima o lo spirito abita il corpo?

S: È a quel punto in cui lo spirito sceglie di abitare il corpo. Potrebbe essere nel momento preciso della fecondazione o del concepimento, forse anche in un momento successivo all'esperienza della nascita, per non dover vivere il trauma del parto. Dipende interamente dalla scelta di quello spirito individuale. È anche determinato da quali lezioni lo spirito abbia bisogno d'imparare.

D: Quindi ciò che stai dicendo è che una persona potrebbe avere vita per un periodo di tempo, senza avere uno spirito o un'anima?

S: No, perché ci dovrebbe essere la forza vitale. Tuttavia, risiedere nel corpo fisico non è un requisito del concetto di forza vitale, in quanto la forza vitale forse potrebbe emanare dalla madre. Tuttavia, la presenza dello spirito in quella forma sarebbe facoltativa o dipende dallo spirito individuale, per quanto riguarda il momento in cui lo spirito assumerebbe la custodia di quella forma di vita, quindi integrarla nella propria realtà e cominciare a nutrirla con la propria forza vitale.

D: Quindi quello che stai dicendo è che non saremmo in grado di definire a che punto abbia veramente inizio la vita.

S: Questo è esatto. E così l'aborto non dovrebbe essere criticato come l'uccisione di un'anima perché non è possibile valutare a che punto quella forma di vita fisica abbia effettivamente accolto un'anima.

D: *Se capisco quello che stai dicendo, con ogni probabilità un aborto non toglierebbe effettivamente una vita. Esatto?*
S: Forse la cosa migliore è sapere che nel decidere se abortire o meno, la responsabilità è condivisa non solo dalla madre, ma anche dalla forza vitale che dimorerebbe il veicolo che abortito. Si fa ad un livello di consapevolezza un po' più profondo del subconscio, ma non completamente nei regni interiori. C'è una certa comunicazione cosciente inerente a questo processo decisionale. E' ad un livello che è un po' interiore e un po' esteriore simultaneamente.

Abbiamo già discusso che l'anima in arrivo ha scelto i genitori e l'ambiente durante la fase di pianificazione, precedente all'entrata nel feto. Allo spirito non piace rimanere confinato all'interno del bambino durante lo sviluppo, perché è abituato ad essere libero, quindi non rimane nel corpo del nascituro durante tutta la gravidanza. Può ancora andare avanti e indietro tra i mondi dello spirito se lo desidera. Durante questo periodo il bambino è tenuto in vita dalla forza vitale della madre, quindi l'anima in arrivo non deve essere presente. Se la gravidanza viene interrotta da un aborto voluto o uno spontaneo, questo non può danneggiare l'anima, perché è eterna e non può essere danneggiata. Se l'anima entrante vuole ancora essere collegata a quella famiglia, semplicemente aspetterà la prossima opportunità. Forse la prossima volta che la madre diverrà gravida, sarà in grado di gestire meglio la responsabilità del bambino. Nel frattempo sono state presentate molte lezioni da imparare. Così nel caso di un aborto l'anima in arrivo dice semplicemente: "Va bene così. Ci vediamo la prossima volta". Nel caso di un aborto spontaneo, il corpo del bambino non si stava sviluppando correttamente e non sarebbe stato un veicolo appropriato per completare il piano che l'anima voleva realizzare. Quindi succede la stessa cosa, l'anima semplicemente aspetta la prossima opportunità appropriata per entrare nella stessa famiglia.

Una cliente mi disse: "Avrei voluto che tu lo dicessi a mia madre. Ha abortito un bambino prima di me e ha sofferto tutta la vita per quel bambino". Le dissi che non c'era motivo di soffrire, perché sua madre non aveva perso nulla. Quel primo nascituro era già tornato nella forma della mia cliente, il secondo nascituro. Questo è successo anche nella mia famiglia. Una delle mie figlie diede alla luce un bambino nato morto e quasi lo stesso giorno, un anno dopo, ha avuto un secondo bambino. Non ci siamo mai addolorati per il primo, perché sappiamo che è tornato come il secondo. Apparentemente, la prima volta non era del tutto pronto a fare il salto per entrare in questo mondo caotico. Doveva essere persuaso: "Hai firmato un contratto. Hai preso un accordo e ora devi andare fino in fondo".

D: *Un'altra domanda sulla stessa linea di pensiero. Alla fine della vita, siamo giustificati nel cercare di mantenere la vita in un corpo che ha perso la sua capacità di funzionare?*
S: Anche questa decisione sarebbe condivisa. Coloro che sono coinvolti nel processo decisionale dovrebbero andare all'interno, nella propria coscienza e sintonizzarsi, non solo con se stessi ma con l'individuo che sta facendo questa scelta per se stesso. Questo processo decisionale, cioè la svolta interiore, è una sintonizzazione con quell'energia vitale che sarebbe coinvolta in questa decisione.
D: *Tornando allo spirito che prende la forma di vita: E' concepibile che uno spirito per qualche ragione possa rifiutare quella particolare forma di vita?*
S: Questo è possibile.
D: *Cosa accadrebbe a quel veicolo o corpo?*
S: Questo, in vostri termini, si può descrivere come una morte in culla. Cioè, la forza vitale semplicemente lascia il veicolo e porta con sé l'energia vitale.
D: *Sarebbe questa la ragione principale delle morti in culla?*
S: Esattamente. C'è stata una decisione inversa o una necessità di ritirarsi. Forse qualche evento a livello fisico o su qualche piano spirituale ha reso necessario il ritiro dell'energia. Forse una connessione karmica per quel bambino è andata persa. Forse una persona con la quale quel bambino aveva un contratto e con la quale si era accordato per incontrarsi ad un certo punto di quella vita futura era stata uccisa, forse per un incidente o una malattia, o aveva deciso di non incarnarsi. Allora forse la forza vitale avrebbe scelto di non incarnarsi perché il contratto, per così dire, non poteva essere consumato.
D: *Ci sono anche casi in cui gli spiriti cambiano semplicemente idea?*

S: Certamente.

D: Se lo spirito previsto non prende il veicolo...

S: (Interrompendo) Sì, il veicolo sarebbe allora disponibile al fine che un altro possa abitare quella forma. È possibile che un altro spirito prenda il suo posto. In questi casi il neonato resusciterebbe in modo apparentemente miracoloso. Dipende interamente da tutti gli individui coinvolti. Spesso può includere un karma molto complicato che va oltre la vostra attuale capacità di comprensione.

Apparentemente noi, come esseri umani coscienti, siamo i partecipanti meno informati in tutto lo scenario terreno.

Capitolo 16

Il Viaggio di Ritorno

PRIMA DI INIZIARE IL VIAGGIO DI RITORNO nella vita fisica, lo spirito non solo passa attraverso le sessioni di pianificazione con i maestri e gli insegnanti e si consulta con le altre persone con cui cercherà di lavorare sul karma, ma controlla anche la famiglia in cui sta pensando di nascere. Una donna a cui ho parlato di questo, pensava che l'idea fosse molto inquietante. "Vuoi dire che il mio bambino mi ha osservata per tutto il tempo della gravidanza?" mi chiese, con gli occhi spalancati dallo stupore. L'idea è un po' inquietante, ma apparentemente fa tutto parte del piano e mostra che lo spirito ha il controllo totale delle circostanze della sua nascita. I seguenti sono alcuni esempi di uno spirito che controlla le cose prima di rinascere in una famiglia.

D: Cosa stai facendo?
S: Sto osservando la famiglia in cui nascerò.
D: Non sei ancora tornato sulla Terra?
S: No. Li sto studiando e imparo, così saprò come trattarli.
D: Da dove li stai guardando?
S: Sono qui.

Descrisse il luogo dove la famiglia viveva. Stava per nascere in una vita da contadina in Cina.

D: Sai perché hai scelto questa famiglia?

S: Ci siamo conosciuti prima e ho delle cose che devo fare. Sono persone con cui ho delle cose da risolvere e in questo modo mi aiuteranno ad ottenere molto.

D: *Cosa fai? Aspetti qui fino al momento della nascita?*

S: No. Guardiamo e impariamo e a volte torniamo con i maestri e loro ci insegnano delle cose.

D: *Allora non dovete restare lì con la famiglia. Bene, quando entrate nel nuovo corpo?*

S: A volte prima della nascita, a volte alla nascita, a volte un po' dopo.

D: *Allora non devi essere nel corpo del bambino prima che nasca?*

S: No. Alcuni non entrano fino a giorni dopo la nascita del bambino. Dipende dalla lezione che devi imparare. Questa volta probabilmente sceglierò di entrare prima della nascita.

D: *Vuoi dire che lo spirito rimane come appeso intorno al bambino?*

S: Sì. Oppure alcuni di quelli che sono entrati se ne andranno per brevi periodi di tempo. Forse non vogliono rimanere; stanno discutendo. Nella maggior parte dei casi c'è sempre una scelta, per il primo breve periodo, se uno deve rimanere o meno, o se uno decide che, per qualche motivo, non va bene e decide di andarsene.

D: *Ci sarebbero delle ragioni per cambiare idea?*

S: Sì. Ci potrebbero essere alcune cose che sono cambiate da quando hanno deciso di entrare in quel corpo. Forse decidono che i genitori non erano pronti per loro o non erano pronti a dare loro ciò di cui avrebbero avuto bisogno. O che loro stessi non fossero pronti.

D: *Quindi non è proprio un sistema infallibile. Ci sono modi per tirarsi indietro. Hai detto che a volte possono andarsene per un po', andare e tornare. Questo è un problema per il corpo?*

S: Di solito succede quando il corpo dorme e non ci sono grandi danni, amenoché' uno non stia via troppo a lungo. Questo potrebbe causare danni; il corpo potrebbe morire.

D: *Ma la maggior parte delle volte possono andarsene e tornare?*

S: È una nuova esperienza. Non nuova nel senso che non l'hanno mai fatto prima, ma è forse andata dimenticata col tempo. Specialmente se sono rimastati nell'esistenza dello spirito per molto tempo. Ora si sentono intrappolati.

D: *Posso capirne il perché. Così gli è permesso andarsene per un po' mentre il bambino è molto piccolo e in questo modo non c'è alcun danno. C'è una certa età in cui devono smettere e rimanere nel bambino? Ci sono delle regole a proposito?*

S: È preferibile che smettano all'età di un anno circa. Ma ci sono stati casi in cui l'hanno fatto fino a tre e anche a cinque anni. Ci sono quelli che ricordano più a lungo di altri com'erano le cose da questa parte.

D: *Ma il corpo non sa cosa sta succedendo, vero?*

S: No. Continua la sua esistenza per quel periodo di tempo.

D: *Sai cosa devi imparare in questa vita in cui stai entrando?*

S: Dovrò imparare il significato di... non volere così tanto. Imparare a trattare con le persone in modo individuale e a non bramare, come è detto in un libro.

D: *Un libro? Cosa vuoi dire?*

S: Una delle cose con cui impariamo, è una guida. Spero d'essere in grado di padroneggiare queste cose.

D: *In passato hai voluto troppo?*

S: In alcune occasioni, sì. E' una delle cose che forse è un po' più difficile da imparare di altre. Perché se non hai niente e vedi che quelli intorno a te hanno delle cose, le desideri anche tu. Perché dici: "Perché questa persona è meglio di me e ha molto di più". Questo è qualcosa che deve essere imparato e affrontato.

D: *Questo è molto umano. Non ne hai bisogno ma lo vuoi.*

S: Devi imparare la differenza tra il bisogno e il desiderio, e trovare una via di mezzo.

D: *Questa è una delle cose che speri di imparare in questa vita?*

S: Mi sforzerò di farlo.

D: *E pensi che questa famiglia possa aiutarti.*

S: Si può sperare.

D: *Ok, ma in questo momento li stai solo osservando, preparandoti per il momento in cui tornerai. Sei più o meno assegnato a questa famiglia?*

S: Sì, la scelta è stata fatta.

D: *Ci deve volere un po' di tempo per mettere insieme tutte queste cose e tutti questi diversi fattori, giusto?*

S: Sì, inoltre anche il momento della nascita deve essere giusto.

D: *Sembra tutto complicato. Per me, almeno. Immagino che non lo sia per quelli che sono a capo.*
S: Almeno sembra funzionare.

Era ironico che questa vita non andasse come l'entità l'aveva programmata prima di entrare nel corpo. La sua lezione principale avrebbe dovuto essere quella di non bramare, ma mentre viveva la vita, l'attrazione della carne era troppo forte e naturalmente, non aveva memoria dello schema accuratamente preparato che la sua anima aveva elaborato dall'altra parte. Divenne un commerciante cinese molto scaltro. Io lo consideravo un ladro, o almeno un "truffatore" con un vivace dono della parlantina. Lui si considerava solo un abile uomo d'affari. La sua rovina venne quando bramò una perla nera e riuscì ad ottenerla. Ma questo gli causò l'arresto e la morte per fustigazione. Come disse un'altra entità, le cose sembrano così semplici sul piano dello spirito, ma quando si è nel corpo fisico le cose diventano più complicate, e si perde di vista la meta.

Un altro esempio di pre-nascita:

S: Guardo la donna che sarà mia madre. In questo modo saprò cosa aspettarmi.

Descrisse la famiglia e la casa.

D: *Cosa ne pensi della famiglia?*
S: Sono molto insicura. Sono molto esigenti. Hanno delle idee precise su ciò che vogliono fare. La decisione finale non è stata presa.
D: *Quando verrà presa?*
S: Presto. Ho una scelta. Devo decidere se le lezioni che sento di dover imparare possono essermi insegnate in questa particolare esistenza.
D: *Per quanto li osservi prima di prendere una decisione?*
S: A volte qualche giorno, a volte di più.
D: *Se decidi di non voler nascere lì, verrebbe un altro spirito?*
S: Sì. Ma c'è bisogno di me in questa situazione. Potrei imparare molto da questo.
D: *Cosa speri di imparare in questa vita?*

S: L'umiltà. Affrontare le relazioni con le persone a livello quotidiano, imparando la tolleranza verso gli altri. Devo imparare ad offrire me stesso più liberamente. A non trattenermi, a lavorare e ad avere buoni legami con gli altri invece di essere troppo autosufficiente.

D: *È questo che hai fatto in passato?*

S: Sì, e devo imparare a correggere questo difetto in me.

D: *Ci sono persone in questa vita con cui avrai del karma?*

S: Sì. Ci sono stati dei problemi nella mia relazione con l'anima che sarà mia madre. Dobbiamo risolverli e imparare ad amare nonostante i difetti.

D: *Ci sono altre persone in questa vita con cui hai già preso accordi?*

S: Sì, ci sono quelli che saranno lì con me. Vedo qualcuno che mi vedrà come una guida, alla quale mi devo sforzare di dare. C'è stato un fallimento e c'è la necessità di ripagarlo.

D: *Sai cosa diventerai in questa vita?*

S: Sarò un sacerdote. È necessario che io segua questo cammino per pagare i debiti che ho contratto.

D: *Suppongo che siano debiti che hai contratto nelle vite passate. La vita è già stata pianificata?*

S: Nella misura in cui le cose sono pianificate, è stato ordinato. Bisogna ancora coinvolgere il libero arbitrio.

D: *Ho sentito che ci sono alcune cose che devono accadere. E non c'è modo di cambiarle?*

S: Se ne hai bisogno per accentuare la tua crescita, questo avverrà indipendentemente dal desiderio.

D: *Ma si dice che i migliori piani spesso vanno a monte. Succede? Capisci cosa voglio dire?*

S: Strategie e piani? Qualcuno dirà che... questo non è un piano fatto dall'uomo, quindi non tutto ciò che è pianificato può essere cambiato. Se è stato dimostrato che è necessario, accadrà.

D: *Non si potrebbero rendere le cose così infallibile che non ci sia una via d'uscita. Da non ti lasciarti alcun libero arbitrio. Quindi, anche se pianifichi le cose molto attentamente, non possono sempre andare come vuoi tu, vero?*

S: A volte no.

D: *Ma puoi sperare, suppongo.*

S: Non devi sperare, devi credere. La speranza non ha potere o forza, ma credere sì. Con la fede possiamo lavorare verso il nostro destino finale.

Rimane ironico che i piani per questa vita siano diventati più complicati, in pratica che in teoria. Lui divenne davvero un sacerdote, ma non fu una sua scelta. Durante il periodo in cui visse, se una famiglia aveva molti figli, un figlio veniva spesso dato al monastero per diventare un prete, piuttosto che avere un'altra bocca da sfamare. Questo era il destino di molti all'interno della chiesa a quel tempo e poiché non erano entrati nella religione per il desiderio d'aiutare l'umanità, i superiori erano spesso amari ed esercitavano un potere sui monaci che equivaleva alla crudeltà. Così l'entità divenne un sacerdote, ma non per aiutare. Visse una vita indigente, solitaria ed infelice fino a quando non scappò avendo un attacco di cuore precoce. Ancora una volta i migliori piani e strategie erano andati male.

HO PORTATO MOLTI SOGGETTI IN REGRESSIONE attraverso l'esperienza della nascita. Ho condotto molti soggetti regrediti attraverso l'esperienza della nascita. Si verifica ciò che è già stato spiegato, che lo spirito a volte scelga di osservare la nascita ed entrare nel corpo del bambino dopo che è nato. Oppure può decidere di entrare nel bambino mentre è nel corpo della madre e sperimentare la nascita fisica. A loro non piace essere dentro il feto in via di sviluppo; è una sensazione angusta e scomoda. Hanno la sensazione di sentire caldo ma di essere al buio. Possono anche descrivere tutte le emozioni che la futura madre sta provando. Ho avuto alcune regressioni molto tristi in cui la madre non voleva il bambino e lo spirito era molto consapevole di questo. Ma sentivano che non c'era modo di tirarsi indietro e che forse sarebbero stati in grado di rettificare la situazione una volta nati. Sentivano ancora la necessità di nascere in quella famiglia per qualche ragione, probabilmente karmica.

E' molto strano osservare qualcuno che attraversa il processo di nascita vero e proprio. Spesso sperimentano una forte pressione sulla testa e sulle spalle. A volte rantolano come se avessero difficoltà a respirare. È in questi momenti che devo cercare di minimizzare qualsiasi disagio fisico. Non vedono nulla fino a quando non escono alla luce del sole. Allora sentono molto freddo e sono totalmente confusi. Un soggetto vide le persone vestite di bianco, ma disse che erano vestite diversamente dalle persone a "casa", anch'esse vestite di bianco. Sono consapevoli dei pensieri di tutti gli altri e non gli piace essere separati dalla madre. I loro primi pianti sono di frustrazione per non poter comunicare con queste strane creature in questo nuovo ambiente. Poi dolcemente un'ondata di dimenticanza sembra travolgerli mentre le loro risposte si affievoliscono e i ricordi degli altri piani e delle altre esistenze svaniscono.

MOLTE PERSONE si sono interrogate sulla cosiddetta "questione della popolazione". Dicono che ci sono più persone sulla Terra ora che il totale della popolazione accumulata che abbia mai vissuto sulla Terra, e il numero continua ad aumentare. Se queste sono solo le stesse anime che ritornano più e più volte, come si spiega l'aumento della popolazione? Le persone che pongono queste domande sono ovviamente ostacolate da una visione ristretta. Pensano che le anime che si sono incarnate da tempi storici, come noi li conosciamo, siano tutte le anime che ci siano.

S: Comprendiamo la tua domanda. Da dove provengono tutte queste nuove anime? Vorremmo chiederti di capire che ci sono molte più anime di quanti siano i veicoli disponibili. Perché se fosse vero il contrario, potresti immaginare dei corpi che vanno in giro senza anime? Questa sarebbe una situazione interessante. Tuttavia, come abbiamo detto, ci sono più anime disponibili per incarnarsi che corpi in cui incarnarsi. E così esiste un processo d'attesa per ottenere il veicolo giusto.

D: *Penso che il loro argomento sia che ci sia una maggiore popolazione ora, di quanta non ce ne sia mai stata. E se queste sono tutte le persone che abbiano mai vissuto...*

S: Questo non è corretto. Perché se tutti si incarnassero, non rimarrebbe nessuno nel mondo degli spiriti per occuparsi del negozio, per così dire. Ci deve sempre essere qualcuno da questa parte per assistere, guidare e dirigere. Perché qui c'è del lavoro da fare in senso burocratico o governativo proprio come sul vostro pianeta.

D: *Questo è ciò che ho cercato di dire loro. Che non tutte le anime che sono state create non si sono incarnate.*
S: Esattamente. Perché non c'è mai stato un afflusso totale, di tutte le anime su questo pianeta. Se fosse così, voi sareste sicuramente in piedi con diversi metri di persone, spalla a spalla su tutta la Terra.
D: *Non vogliamo questo.*
S: Nemmeno noi. Quindi ci limitiamo a dire che le anime adesso si stanno incarnando ad un ritmo che è compatibile con la quantità di veicoli disponibili.

Ci sono molte lezioni da imparare sulla Terra. Se se ne imparano alcune, questo rende le altre più facili.

S: Adesso dobbiamo parlarti dell'amore incondizionato. Diremmo che per sperimentare questo concetto si dovrebbe necessariamente sperimentare una mancanza di questa stessa energia che chiamiamo amore incondizionato. Così, nello schema delle cose, nel grande disegno, uno si ritrova riportato fuori dall'oscurità, dalla mancanza di amore e comprensione. E da lì di nuovo nella luce, da questa parte, circondati da coloro che forniscono questo amore incondizionato. Allora si può facilmente ricordare la mancanza di amore e relazionarsi nel modo più armonioso con l'abbondanza d'amore. Questa è una lezione che ora questo pianeta nel suo insieme sta imparando. La confusione e la disarmonia presenti sul pianeta, hanno offuscato e distorto questo amore a tal punto da renderlo quasi irriconoscibile. Questa transizione da un amore condizionato ad un amore incondizionato è ora nelle sue ultime fasi.
D: *Puoi definire l'amore incondizionato per me?*
S: Questo sarebbe in qualche modo impossibile da definire accuratamente nel vostro sistema di concetti e parole, poiché non ci sono concetti disponibili per rendere giustizia a questa idea. Può essere descritto, ma non può essere definito.
D: *Allora potresti descrivermelo o darmi un'analogia?*
S: Diremmo che la rappresentazione o l'esempio più preciso di questo sul vostro pianeta sarebbe quello dell'amore di una madre per suo figlio, perché lei ama questo figlio indipendentemente dai suoi meandri dentro e fuori il conformismo sociale. Quando si scopre

che il proprio figlio ha trasgredito le leggi della società e deve pagarne la punizione, allora si dà più amore, si versa più comprensione. Ed è esattamente così che dovrebbe essere, poiché dal punto di vista del bambino c'è un bisogno molto maggiore di questo amore e comprensione. Così questo amore è dato incondizionatamente indipendentemente dalle circostanze delle trasgressioni. Questo amore è dato semplicemente a causa della natura del legame tra i due. Questo è un esempio di amore incondizionato.

D: *Questo è ciò che dobbiamo imparare gli uni dagli altri?*
S: Esattamente.
D: *Ma tu sai come sono le persone. L'amore è molto difficile per alcune persone, figuriamoci l'amore incondizionato. Questo è un concetto molto difficile da capire per alcune persone.*
S: Questo è vero. Questa è la saggezza dimostrata nell'usarlo come una lezione perché è così difficile da imparare.
D: *Non era questo che Gesù stava veramente cercando d'insegnare quando venne sulla Terra?*
S: Questo è un fatto indiscusso! La sua incarnazione era la personificazione dell'amore incondizionato. Molti si stanno ora sintonizzando su questo fatto e stanno diventando consapevoli delle sottigliezze negli insegnamenti del Cristo. Ci sono molte più lezioni ad un piano più sottile di quante si potrebbe mai sperare in quello letterale.
D: *C'è un'altra lezione che volevi presentare?*
S: Diremmo che la tolleranza e la pazienza sono come due gemelli, nel senso che una è un complementare all'altra. Perché senza l'una non potrebbe esserci l'altra.
D: *Sono queste alcune delle lezioni che dovremmo cercare d'imparare quando veniamo sulla Terra?*
S: Esattamente. Una personalità completa e sana non mancherebbe di queste qualità.

S: Vorremmo parlare a coloro che sentono che forse ci dovrebbe essere di più nella vita di quello che hanno sperimentato. Desiderate di più eppure sembra che non troviate la porta, forse, da attraversare per sperimentarlo. La vostra porta, se scegliete di usare questa analogia, è la vostra stessa mente e semplicemente niente di più. L'obiettivo finale sul piano fisico è quello di conoscere voi stessi. Vi saranno offerte molte lezioni che vi sfideranno a conoscere voi stessi. E spesso queste saranno dolorose. Vogliamo chiedervi di esaminare la rosa e vedere che in tale bellezza c'è sempre qualche elemento di dolore. Perché per godere veramente della rosa deve essere strappata dal gambo. E così c'è il pericolo di infilare il dito sulle spine della rosa. Questa potrebbe essere usata come analogia della vita sul piano fisico. Tuttavia, in quei momenti di angoscia e di urgenza, vi chiediamo di ricordare sempre che le vostre esperienze sono date da voi stessi. Voi stessi scegliete ciò che deve essere sperimentato, affinché possiate imparare le lezioni di cui avete bisogno. Così, attraverso queste esperienze dolorose, comincerete davvero a conoscere voi stessi. E se imparerete qualcosa da queste esperienze, allora non saranno state vane. Siete veramente il padrone della vostra sorte e del vostro destino. Voi stessi siete in pieno controllo di ciò che chiamate la vostra vita. Siete voi a decidere quando, dove e come. Noi, dal nostro punto di vista, possiamo vedere tutte le opzioni sparse davanti a voi. Ma siete voi stessi che dovete prendere le decisioni finali. Inoltre non potete fare a meno di influenzare altri individui mentre vivete su questo piano. Voi influenzate gli altri individui continuamente.

D: Pensavo che non dovessimo influenzare un altro individuo.

S: Una cosa è dominare, e una cosa completamente diversa è influenzare. Vi sarebbe forse possibile insegnare se non foste in grado di influenzare? L'influenzare non è un male. Perché ogni persona ha la capacità di discriminare tra ciò che è buono e ciò che non lo è. Semplicemente, mettete i vostri pezzi sulla scacchiera e lasciate che gli altri decidano quale scegliere. Sembra che ci sia sempre tanto fermento sulla Terra. Questo è abbastanza naturale, nella natura ciclica degli eventi che sono destinati a verificarsi su questo pianeta. Tuttavia, dal vostro punto di vista questo è molto innaturale, perché sembrate preferire quel periodo in cui tutto è come dovrebbe essere, per così dire. Tuttavia, se tutto rimanesse come dovrebbe essere, non cambierebbe mai nulla. Sarebbe come dovrebbe essere per sempre. Non è questo lo scopo della Terra. Perché la Terra è un banco di prova, un campo di battaglia, un parco giochi, e molti altri concetti. Quindi, al fine di ospitare queste molteplici manifestazioni esperienziali, in mancanza di una terminologia migliore, è necessario spostare occasionalmente le realtà in modo che l'enfasi sia meno su una e più sull'altra. Forse sarà meno un parco giochi e più un campo di battaglia e così via. Le priorità vengono semplicemente spostate a seconda delle necessità. E quello che percepite come sconvolgimento è in realtà solo la manifestazione fisica del rimescolamento delle priorità. Noi diremmo che dovreste seguire la vostra guida intuitiva mentre siete sulla Terra. Questo sarebbe il metodo più appropriato. Perché ciò che è altamente indesiderabile per uno, può in realtà essere altamente desiderabile per un altro. Non c'è una realtà fissa o definitiva. Nessuna verità reale, perché tutto è in realtà relativo. Quindi bisogna fare attenzione nell'assegnare verità e realtà, per vedere che queste realtà e verità non interferiscano con quelle di un altro. Così, quando si creano delle realtà, è importante ricordare sempre di includere la clausola di esclusione della responsabilità, che si manifesterà solo ciò che è più appropriato. Diremmo che ciò che è necessario è ciò che si manifesterà.

D: *È molto difficile per noi qui sulla Terra vedere l'angoscia, lo strazio e il dolore di altre persone, e riconoscere che si tratta di evoluzione.*

S: Questo è vero, data la prospettiva dell'esperienza mortale. Sentiamo che questa è forse un'area non del tutto compresa da molti che stanno lavorando ora sul vostro piano. Non sarebbe utile descrivere il punto in cui vi trovate ora sulla Terra in questa evoluzione. Perché se dichiarassimo che è l'inizio, allora ci sarebbe una grande pesantezza di cuore, che non dovrebbe esserci. E se dichiarassimo che siamo alla fine, ci sarebbe un'impaziente anticipazione di ciò che potrebbe non manifestarsi per qualche tempo. Quindi sarebbe più appropriato accettare semplicemente che siamo in questo sconvolgimento e agitazione in qualsiasi periodo di tempo ci troviamo. E che lavoriamo in questo periodo in cui siamo, permettendo al ciclo di continuare da solo. Il periodo più importante su cui lavorare è il presente. E se la vostra realtà è ora solo nel ciclo di lavaggio o nella centrifuga, è irrilevante. Perché il bucato sarà sicuramente fatto.

D: *(Risate) Ma noi non sappiamo in quale ciclo siamo.*

S: Le anime che decidono di scendere e fare un altro ciclo di vita nel vostro tempo sono avventate o coraggiose, a seconda del loro punto di vista. Alcune lo fanno solo per dovere perché sanno che devono passare attraverso un certo numero di vite per potersi sviluppare fino ad un certo punto. La maggior parte di queste vite sono quelle piuttosto monotone, noiose e convenzionali sul vostro mondo. Altre anime che sono più avanzate lo fanno con entrambi gli occhi aperti, sapendo bene che sarà difficile. Ma sanno che questo farà progredire il loro karma poiché entrano in quella vita già avanzati e sanno che saranno in grado di fare due o tre vite di avanzamento in una sola vita. Questo è possibile, scendendo in questo particolare momento in cui è difficile avanzare spiritualmente nel materialismo del vostro mondo. Queste anime più avanzate sono in grado di rimanere in contatto e in sintonia, e fanno molto progresso spirituale a causa del lavoro che devono fare. A causa della resistenza della tendenza generale del mondo, questo li fa diventare molto più forti, fino al punto in cui è l'equivalente di due o tre vite di crescita. Quando ritornano su questo lato, sono estremamente avanzati e di solito viene loro chiesto di rimanere su questo lato per un po', al fine di aiutare a preparare quelli di noi che desiderano tornare indietro. Poi, dopo un po', dicono: "Beh, caspita, sapete che anche a me piacerebbe tornare indietro e fare qualche altro avanzamento", e così fanno. E questo è il modo in cui va nello schema delle cose. Ora vorremmo dire a voi riuniti in questa stanza, che ognuno di voi può, a vostro modo, vedere in una forma o nell'altra un viaggio che vi aspetta. In realtà, diremmo in termini molto semplici, tutti su questo pianeta hanno questo stesso viaggio. Tuttavia, molti ne sono più consapevoli di altri.

D: *Siamo tutti sullo stesso cammino, solo che andiamo in direzioni diverse.*

S: Questo è esatto. Tuttavia, tutti i sentieri alla fine convergeranno e si incontrano in un unico luogo.

D: *Solo che fa molte più curve e svolte lungo la strada.*

S: Esattamente.

È FANTASTICO che tutte le informazioni di questo libro siano state ottenute da molte persone diverse che non si conoscevano. Erano di varie religioni e occupazioni. Eppure, nonostante le loro differenze, le informazioni che hanno presentato mentre erano in trance profonda non si contraddicono, piuttosto si completano a vicenda. In molti punti si integrano così bene da sembrare quasi che provengano da una sola persona invece che da diverse. In sé per sé, questo è un fenomeno sorprendente e quando viene messo assieme, crea un solido libro d'informazioni coese. Per me questa è la prova che vedevano e riportavano scene simili quando venivano regrediti al cosiddetto stato della "morte". Se tutti vedono le stesse cose, allora credo che l'aldilà debba essere un luogo molto reale, identificabile, con regole e regolamenti definiti e una gerarchia che tiene tutto in ordine.

Non pretendo di avere tutte le risposte - le domande su un argomento come la vita dopo la morte, sono troppo profonde e complesse. Il lettore probabilmente potrà pensare a molte domande che avrebbe voluto porre e alle quali non ho nemmeno pensato. Ma le cose vanno così quando si apre la porta alla ricerca della conoscenza; e si va a caccia delle risposte a domande che la maggior parte delle persone rifiuta perfino di riconoscerne anche solo l'esistenza. Le informazioni che ho ricevuto nel mio lavoro, probabilmente sono solo una minima scrematura della superficie. Ci danno un assaggio di ciò che si trova in nell'altro mondo che tutti un giorno dovremo visitare. Non può essere un caso che informazioni simili provengano da molti soggetti durante la trance profonda. Affinché le loro descrizioni assomiglino così tanto a ciò che hanno detto altri individui, devono veramente aver visualizzato gli stessi luoghi e le stesse circostanze. Non è sempre facile accettare un altro modo di pensare, che in parte o in toto sconvolga lo schema per noi stabilito fin dall'infanzia. Ma se contiene l'anello della verità, allora vale la pena considerarlo ed esplorarlo. Ancora una volta, queste informazioni sono solo narrazioni e non sapremo mai finché non faremo il viaggio noi stessi. Ma se possiamo scoprire questa conoscenza da coloro che hanno già intrapreso il viaggio e portato l'esperienza nei ricordi della loro anima; allora siamo almeno un passo più vicini alla comprensione dello spaventoso regno dell'ignoto. Credo che tutti noi portiamo dentro questi ricordi che forse saranno risvegliati nel momento in cui ne avremo più bisogno.

Penso che la mia ricerca sia un po' come leggere in un libro di geografia di un paese strano ed esotico che si trova al di là del mare.

È un luogo reale, sappiamo che esiste perché il libro lo descrive, ce ne mostra le immagini e racconta delle attività in cui sono coinvolti gli abitanti. Ma fino a quando non ci andremo e non lo vedremo con i nostri occhi, le informazioni rimarranno solo parole ed immagini in un libro. Forse l'autore ha esagerato, forse l'autore ha minimizzato, forse ha riportato solo dal suo punto di vista, mentre un altro libro di geografia avrebbe riportato i fatti in modo diverso. Ogni volta che viaggiamo in un paese straniero lo vediamo con i nostri occhi e possiamo notare qualcosa che è completamente sfuggito a qualcun altro. Tutto ciò che ci accade è colorato dai nostri pensieri e dalle nostre esperienze.

Però non lo sapremo mai veramente, almeno finché non lasceremo il nostro corpo per l'ultima volta e viaggeremo verso la luce brillante che segna la barriera tra questo mondo e l'altro. Anche con la conoscenza che ho acquisito attraverso il mio lavoro non sono ansiosa di fare quel viaggio. Almeno, non ancora. Sento che ho ancora molto da realizzare qui, su questo piano. Perché nel mio studio della morte, ho trovato la celebrazione della vita.

Però ritengo che quando arriverà il momento, il viaggio non farà più tanta paura come una volta. Perché so che non sto andando in un ignoto strano, buio e proibitivo. Sto semplicemente tornando a casa e su quei piani ci saranno tante persone e vedute familiari quante ce ne sono su questo piano. Forse le informazioni che ho trovato ci hanno permesso di sollevare un po' il velo per sbirciare oltre. Ci hanno permesso di intravedere attraverso il vetro, nell'ombra e ciò che vediamo non è così buio come lo era prima. È il risveglio di ricordi a lungo sepolti. E i ricordi sono davvero meravigliosi, perché quello che vediamo è uno spettacolo bellissimo da vedere.

Sono grata d'aver avuto il permesso di conversare con quegli spiriti. Ciò che mi hanno detto incoraggia a liberarsi delle paure, dei dubbi e porta a realizzare che quanto si trova oltre la barriera è solo un gioioso "ritorno a casa".

Nota sull'Autore

DOLORES CANNON è nata nel 1931 a St. Louis, Missouri. È stata educata e ha vissuto nel Missouri fino al nel 1951, anno del suo matrimonio con un uomo in carriera nella Marina. Ha trascorso i successivi 20 anni viaggiando in tutto il mondo come una tipica moglie della Marina e prendendosi cura della sua famiglia.

Nel 1968 ebbe il suo primo impatto con la reincarnazione attraverso l'ipnosi regressiva, quando suo marito, un ipnotizzatore dilettante, si imbatté nella vita passata di una donna con cui stava lavorando (descritta nel libro Five Lives Remembered / Cinque Vite Ricordate). A quel tempo l'argomento "vita passata" non era ortodosso e pochissime persone stavano sperimentando in quel campo. La cosa suscitò il suo interesse, ma dovette essere messa da parte perché le esigenze della vita familiare avevano la precedenza.

Nel 1970 suo marito venne congedato come veterano disabile e si ritirarono sulle colline dell'Arkansas. Iniziò allora la sua carriera di scrittrice e cominciò a vendere i suoi articoli a varie riviste e giornali. Quando i suoi figli iniziarono una vita indipendente, il suo interesse per l'ipnosi regressiva e la reincarnazione si risvegliò. Si mise a studiare i vari metodi d'ipnosi e così sviluppò una sua tecnica che le ha permesso di ottenere un raccolta più efficiente d'informazioni dai suoi soggetti. Dal 1979 ha regredito e catalogato le informazioni ottenute da centinaia di volontari. Si definisce una regressionista e una ricercatrice psichica che registra la conoscenza "perduta". Ha anche lavorato con il Mutual UFO Network (MUFON) per un certo numero di anni.

I suoi libri pubblicati includono Conversazioni con Nostradamus (3 volumi), I Custodi del Giardino, Gesù e gli Esseni. Ha scritto diversi altri libri (in traduzione) sui suoi casi più interessanti.

Dolores ha quattro figli e dodici nipoti che richiedono un solido equilibrio tra il mondo "reale" della sua famiglia e quello "invisibile" del suo lavoro. Se desiderate corrispondere con Dolores riguardo al suo lavoro, potete scriverle al seguente indirizzo. (Si prega di allegare una busta affrancata per la sua risposta).

Dolores Cannon, c/o Ozark Mountain Publishing, Inc., P.O. Box 754 Huntsville, AR 72740-0754

Other Books by Ozark Mountain Publishing, Inc.

Dolores Cannon
A Soul Remembers Hiroshima
Between Death and Life
Conversations with Nostradamus, Volume I, II, III
The Convoluted Universe -Book One, Two, Three, Four, Five
The Custodians
Five Lives Remembered
Jesus and the Essenes
Keepers of the Garden
Legacy from the Stars
The Legend of Starcrash
The Search for Hidden Sacred Knowledge
They Walked with Jesus
The Three Waves of Volunteers and the New Earth
A Vey Special Friend
Aron Abrahamsen
Holiday in Heaven
James Ream Adams
Little Steps
Justine Alessi & M. E. McMillan
Rebirth of the Oracle
Kathryn Andries
Cat Baldwin
Divine Gifts of Healing
The Forgiveness Workshop
Penny Barron
The Oracle of UR
Dan Bird
Finding Your Way in the Spiritual Age
Waking Up in the Spiritual Age
Julia Cannon
Soul Speak – The Language of Your Body
Ronald Chapman
Seeing True

Jack Churchward
Lifting the Veil on the Lost Continent of Mu
The Stone Tablets of Mu
Patrick De Haan
The Alien Handbook
Paulinne Delcour-Min
Spiritual Gold
Holly Ice
Divine Fire
Joanne DiMaggio
Edgar Cayce and the Unfulfilled Destiny of Thomas Jefferson Reborn
Anthony DeNino
The Power of Giving and Gratitude
Carolyn Greer Daly
Opening to Fullness of Spirit
Anita Holmes
Twidders
Aaron Hoopes
Reconnecting to the Earth
Patricia Irvine
In Light and In Shade
Kevin Killen
Ghosts and Me
Donna Lynn
From Fear to Love
Curt Melliger
Heaven Here on Earth
Where the Weeds Grow
Henry Michaelson
And Jesus Said – A Conversation
Andy Myers
Not Your Average Angel Book
Guy Needler
Avoiding Karma
Beyond the Source – Book 1, Book 2
The History of God

For more information about any of the above titles, soon to be released titles, or other items in our catalog, write, phone or visit our website:
PO Box 754, Huntsville, AR 72740|479-738-2348/800-935-0045|www.ozarkmt.com

Other Books by Ozark Mountain Publishing, Inc.

The Origin Speaks
The Anne Dialogues
The Curators
Psycho Spiritual Healing
James Nussbaumer
And Then I Knew My Abundance
The Master of Everything
Mastering Your Own Spiritual Freedom
Living Your Dram, Not Someone Else's
Gabrielle Orr
Akashic Records: One True Love
Let Miracles Happen
Nikki Pattillo
Children of the Stars
Victoria Pendragon
Sleep Magic
The Sleeping Phoenix
Being In A Body
Charmian Redwood
A New Earth Rising
Coming Home to Lemuria
Richard Rowe
Imagining the Unimaginable
Exploring the Divine Library
Garnet Schulhauser
Dancing on a Stamp
Dancing Forever with Spirit
Dance of Heavenly Bliss
Dance of Eternal Rapture
Dancing with Angels in Heaven
Manuella Stoerzer
Headless Chicken
Annie Stillwater Gray
Education of a Guardian Angel
The Dawn Book
Work of a Guardian Angel

Joys of a Guardian Angel
Blair Styra
Don't Change the Channel
Who Catharted
Natalie Sudman
Application of Impossible Things
L.R. Sumpter
Judy's Story
The Old is New
We Are the Creators
Artur Tradevosyan
Croton
Jim Thomas
Tales from the Trance
Jolene and Jason Tierney
A Quest of Transcendence
Paul Travers
Dancing with the Mountains
Nicholas Vesey
Living the Life-Force
Dennis Wheatley/ Maria Wheatley
The Essential Dowsing Guide
Maria Wheatley
Druidic Soul Star Astrology
Sherry Wilde
The Forgotten Promise
Lyn Willmott
A Small Book of Comfort
Beyond all Boundaries Book 1
Beyond all Boundaries Book 2
Stuart Wilson & Joanna Prentis
Atlantis and the New Consciousness
Beyond Limitations
The Essenes -Children of the Light
The Magdalene Version
Power of the Magdalene

For more information about any of the above titles, soon to be released titles, or other items in our catalog, write, phone or visit our website:
PO Box 754, Huntsville, AR 72740|479-738-2348/800-935-0045|www.ozarkmt.com

www.ingramcontent.com/pod-product-compliance
Lightning Source LLC
Chambersburg PA
CBHW060502090426
42735CB00011B/2082